本书系河北大学第九批教学改革研究项目"基于项目化教学的经济学专业人才培养质量提升策略"（编号：XJGYB017），教育部首批新文科研究与改革实践项目"经济学类国家级一流本科专业融入理工要素的人才培养模式改革研究"（编号：2021050022），河北省高等教育教学改革研究与实践项目"大数据时代经济学类国家一流本科专业'开放式'创新人才培养模式研究"（编号：2020GJJG003），以及河北省社科基金项目"河北省城镇化高质量发展中流动人口职业健康的风险评估与保障机制"（编号：HB22RK001）研究成果

劳动就业与收入分配

杨胜利　王伟荣　编著

武汉大学出版社

图书在版编目(CIP)数据

劳动就业与收入分配/杨胜利,王伟荣编著.—武汉:武汉大学出版社,2023.1
ISBN 978-7-307-23347-8

Ⅰ.劳… Ⅱ.①杨… ②王… Ⅲ.①劳动就业—中国—高等学校—教材 ②收入分析—中国—高等学校—教材 Ⅳ.①D669.2 ②F124.7

中国版本图书馆 CIP 数据核字(2022)第 185457 号

责任编辑:邓 喆　　责任校对:李孟潇　　整体设计:韩闻锦

出版发行:武汉大学出版社　(430072 武昌 珞珈山)
　　　　　(电子邮箱:cbs22@whu.edu.cn 网址:www.wdp.com.cn)
印刷:湖北金海印务有限公司
开本:787×1092　1/16　印张:14.25　字数:269 千字　插页:2
版次:2023 年 1 月第 1 版　2023 年 1 月第 1 次印刷
ISBN 978-7-307-23347-8　　　定价:43.00 元

版权所有,不得翻印;凡购买我社的图书,如有质量问题,请与当地图书销售部门联系调换。

作 者 简 介

杨胜利，男，1982年10月出生，河北肃宁人，法学博士。现为河北大学经济学院副教授，硕士研究生导师。主要从事劳动与社会保障、人口迁移流动与城镇化等教学与研究工作。主持国家社科基金项目、全国教育科学规划项目、河北省社科基金项目、河北省软科学项目等课题10余项，出版专著3部，先后在《中国人口科学》《中国人力资源开发》《人口学刊》等学术期刊发表论文60余篇。

王伟荣，女，法学硕士，河北大学就业指导中心讲师，主要从事创新创业与职业培训等方面的教学与研究工作。先后主持大学生创新创业课题、河北省社科基金项目、河北省人力资源与社会保障厅项目、河北省社会科学发展项目等多项课题，出版专著2部，先后在《云南财经大学学报》《石家庄铁道大学学报》《农业经济与科技》等学术期刊发表论文10余篇。

前　言

2020年第21期《求是》杂志发表了习近平总书记的重要文章《国家中长期经济社会发展战略若干重大问题》，在文章中总书记指出："要把扩大中等收入群体规模作为重要政策目标，优化收入分配结构，健全知识、技术、管理、数据等生产要素由市场评价贡献、按贡献决定报酬的机制。要扩大人力资本投入，使更多普通劳动者通过自身努力进入中等收入群体。"收入及财富分配问题是经济学永恒的话题。经济学研究，特别是马克思主义政治经济学正是从分配问题入手，分析了资本主义经济和运动规律。研究分配问题，特别是研究收入分配的理论问题和方法问题，有着极其重大的理论与实践意义。构建收入分配经济学，要坚持马克思主义政治经济学的基本原理，也应当借鉴西方经济学的分析方法，更重要的是要结合中国特色社会主义收入分配制度、体制和机制，分析探索高质量发展背景下，中国经济增长与收入分配的内在规律，为发展中国特色社会主义政治经济学做出积极探索。

劳动就业与收入分配是中国社会经济发展进程中引人注目的两个焦点问题。理论界对上述两个问题的研究为中国收入分配制度变革与劳动力市场建设提供了相应的理论背景。第七次全国人口普查数据显示全国人口共141178万人，其中15～59岁人口为89438万人，占63.35%，15岁及以上人口的平均受教育年限为9.91年。我国人口规模大，劳动力资源丰富的优势依然存在，就业与收入分配问题依然是很紧迫的任务。改革开放以来，党和政府采取了一系列的政策措施，有效地促进了就业，使收入分配格局更加合理。我国就业方面的主要矛盾是劳动者充分就业的需求与劳动力总量供给、劳动力素质提升、产业转型升级之间的矛盾。当前农村劳动力转移就业与城镇就业压力并存，大学毕业生就业与失业人员再就业并存，导致促进就业、提升就业质量工作变得十分复杂。扩大就业、提升就业质量、关注低收入群体的就业状况、解决零就业家庭和就业困难人员的就业问题，成为缩小收入分配差距，实现共同富裕的重要环节。

本教材主要分为上、中、下三篇，上篇介绍了劳动就业的相关理论与现代劳动就业

前　言

的挑战；中篇主要从我国收入分配的方式及其与宏观变量之间的关系入手，展开介绍了收入分配的理论、制度变迁、功能性与规模性收入分配；下篇从改善收入分配格局，促进共同富裕角度出发，介绍了职业培训在劳动就业与收入分配中的创新性发展。全书环环相扣，逻辑严谨，思路清晰，运用科学有效的方法，将整本书构成一个完整的知识体系，对研究劳动就业与收入分配的学者具有积极的参考作用。

为了拓宽研究思路，丰富理论知识与实践表达，作者阅读了很多相关学科的著作与成功案例，吸取了大量交叉学科的知识并将其运用到本书撰写中，让研读的人能够真正清楚地理解这些内容，以便今后更好地实施。书稿的完成还得益于前辈和同行的研究成果，具体已在参考文献中列出，在此一并表示诚挚的感谢。

河北省人口学会会长王金营教授、河北大学经济学院院长成新轩教授、华东师范大学公共管理学院院长高向东教授对本书的编写工作给予了悉心指导，笔者对此深表谢意。河北大学人口研究所的崔红威副教授、段世江教授、胡耀岭教授、吕红平教授、王伟荣老师等参加了本书框架设计、内容确定工作，提出了大量宝贵的建议和建设性意见，在此表示衷心的感谢。本书在编写中还得到了武汉大学出版社的支持，在此一并表示感谢。

由于劳动就业与收入分配问题的复杂性以及作者水平所限，书中如有疏漏，敬请读者批评指正。

作　者

2022 年 5 月 10 日

目　录

上篇　劳动就业

第一章　劳动就业概论 …………………………………………………… 3
　第一节　劳动就业的基本理论 ……………………………………………… 3
　第二节　就业模式的基本理论 ……………………………………………… 5
　第三节　就业水平的基本理论 ……………………………………………… 8
　第四节　就业结构的基本理论 ……………………………………………… 15

第二章　劳动就业的影响因素 …………………………………………… 24
　第一节　人口总量与就业 …………………………………………………… 24
　第二节　经济发展与就业 …………………………………………………… 28
　第三节　技术进步与就业 …………………………………………………… 34
　第四节　社会发展与就业 …………………………………………………… 39
　第五节　就业管理服务与就业 ……………………………………………… 46
　第六节　劳动力市场 ………………………………………………………… 57

第三章　经济全球化背景下劳动就业的挑战 ………………………… 67
　第一节　一体化与业务外包 ………………………………………………… 67
　第二节　跨国就业与跨行兼职 ……………………………………………… 72
　第三节　物质资本与人力资本 ……………………………………………… 77

1

中篇　收入分配

第四章　收入分配的理论基础 ········· 85
- 第一节　古典经济学收入分配理论 ········· 85
- 第二节　新古典经济学的收入分配理论 ········· 90
- 第三节　马克思的收入分配理论 ········· 97
- 第四节　新剑桥学派的收入分配理论 ········· 100
- 第五节　激励理论与收入分配 ········· 105

第五章　收入分配的方式与测量 ········· 109
- 第一节　收入分配的方式 ········· 109
- 第二节　规模性收入分配和结构性收入分配 ········· 116
- 第三节　收入分配的测度 ········· 121

第六章　我国收入分配制度变迁 ········· 126
- 第一节　改革开放前的收入分配制度 ········· 126
- 第二节　改革开放以来我国收入分配制度的改革 ········· 127
- 第三节　我国收入分配领域重大关系演变 ········· 134

第七章　经济增长与收入分配 ········· 144
- 第一节　经济增长的基本理论 ········· 144
- 第二节　经济增长对收入分配的影响 ········· 145
- 第三节　国际贸易与收入分配 ········· 168

下篇　职业发展与职业培训

第八章　职业发展与规划 ········· 175
- 第一节　职业分类及发展趋势 ········· 175
- 第二节　自我认知与职业发展 ········· 180

第三节　职业兴趣与职业发展 …………………………………… 186
　　第四节　职业目标与职业发展 …………………………………… 192

第九章　职业培训 ………………………………………………………… 195
　　第一节　职业培训的基本理论 …………………………………… 195
　　第二节　我国职业培训工作的发展历程 ………………………… 196
　　第三节　再就业培训的基本理论 ………………………………… 199

第十章　基于劳动就业的收入分配策略 ………………………………… 202
　　第一节　收入分配中要正确处理政府与市场的关系 …………… 202
　　第二节　强化职业培训，提高劳动者职业技能 ………………… 204
　　第三节　促进中低收入职工工资合理增长 ……………………… 206
　　第四节　健全要素市场决定的报酬机制 ………………………… 208
　　第五节　健全再分配调节机制 …………………………………… 209

参考文献 ………………………………………………………………… 215

上 篇

劳动就业

第一章 劳动就业概论

《"十四五"就业促进规划》提出："实现更充分、更高质量的就业是促进高质量发展的内在要求，也是推进共同富裕的坚实基础。"就业是民生之本，是人民群众改善生活的基本前提和基本途径。就业与再就业问题，不仅事关亿万人民群众切身利益，也事关改革发展稳定全局，更是当前政府、社会、居民共同关心的重大经济社会问题。

第一节 劳动就业的基本理论

一、劳动就业的内涵

劳动是劳动者运用劳动能力改变劳动对象，以创造适应人们生存和发展的社会财富的有目的的社会实践活动。① 就业指达到法定劳动年龄、具有劳动能力的人，运用生产资料依法从事某种社会劳动，并获得赖以为生的报酬收入或经营收入，以满足自己及家庭成员的生活需要的经济活动。由于经济与社会发展具体条件不同，不同国家和地区对就业的理解存在差异。

一般认为就业者要满足三个条件。一是在法定的劳动年龄内且具有劳动能力。世界各国对法定劳动年龄的规定各不相同，世界银行建议劳动年龄为15~64岁，我国法律规定劳动年龄为男性16~60岁，女性16~55岁。二是从事合法的经营活动。不论生产资料所有制性质和用工形式，只要符合国家法律规定的社会劳动都应视为就业。三是有劳动报酬或经济收入。即使劳动者从事合法劳动，但如果没有取得经济收入也不属于就

---

① 常凯：《劳动关系·劳动者·劳权——当代中国的劳动问题》，北京：中国劳动社会保障出版社1995年版，第2页。

业。虽然就业受到法定劳动年龄、社会劳动时间长短、劳动报酬或者经济收入等因素制约，但是国际劳工统计协会（IAEA）规定每个国家都要结合本国国情来制定与之相适应的劳动体系。凡在法定劳动年龄内，属于下列情况者之一者视为就业者：一是在规定时间内，正在从事有报酬或有收入职业的人；二是有固定职业，但因疾病、事故、休假、劳动争议、旷工，或因气候不良、机器设备故障等原因暂时停工的人；三是雇主或独立经商的人员，以及协助他们工作的家庭成员，其劳动时间超过正规工作时间的1/3以上者。①

从整体劳动力就业状况看，社会存在充分就业和不充分就业两种状态。凯恩斯认为，充分就业指"在某一工资水平下，所有愿意接受这种工资的人都能得到工作"②。充分就业并不是失业率等于零，而是总失业率等于"自然失业率"。不充分就业指在法定劳动年龄内的劳动者，有就业愿望和劳动能力，但不能充分得到有报酬的、自由选择的、生产性的就业。

现代意义上的就业，不仅包括是否从事有报酬的工作，而且包括就业质量问题，就业已不再是传统的以获取报酬为核心，而是以能否发挥个人专长，能否实现个人价值为核心。如今人们的观念随着社会发展和经济水平的上升而改变，现代就业，不仅对劳动报酬提出要求，而且看重就业硬环境和软环境。

二、劳动就业的功能

马克思指出："任何一个民族，如果停止劳动，不用说一年，就是几个星期，也要灭亡。"③劳动就业是人力资源与物质资料相结合创造社会财富的过程，也是社会求职者走上工作岗位的过程与状态，所以就业的功能可以概括为实现个人价值的功能和促进社会发展的功能。

1. 劳动者实现自我价值的功能

首先，对社会个体而言，就业是一个人取得经济收入的首要途径，也是一个人维持生活、保持家庭经济生活的物质基础。劳动者通过就业获得自身生存和养育后代所需的生活资料，保障了劳动资源供给质量和再生产质量的提升，有利于发挥劳动生产要素的经济功能。其次，就业是个人发挥才能，满足精神需求，实现名誉、地位、权力等自身

---

① 姚裕群、傅志明：《发展与就业》，北京：中国劳动社会保障出版社2010年版，第144页。
② [英]凯恩斯：《就业、利息和货币通论》，北京：商务印书馆1977年版，第17页。
③ 《马克思恩格斯文集》第3卷，北京：人民出版社2009年版，第432~435页。

价值的途径。劳动者具有知识和能力，需要适当的岗位发挥自己的才能，得到社会的认可，同时自身的才能只有在就业中才会不断完善和发展。

2. 促进社会发展的功能

劳动就业既满足了劳动者自我需求，还是劳动者服务社会的主要途径。首先，就业可以生产出物质财富和精神财富，为人类社会的发展提供经济基础。对国家和社会而言，就业会带来经济增长、协调社会成员之间的分工协作，使每个劳动者实现为人民劳动、为社会服务。其次，劳动就业可以促进社会稳定。劳动就业直接关系到社会的平等与稳定，安居乐业、劳有所得是每个劳动者的生活追求，也是社会秩序得以维护的重要条件。反之，失业会带来社会成员的贫困，扩大社会贫富差距，引起阶级矛盾甚至冲突。正因为如此，充分就业在很多国家被视为宏观经济调控的首要目标。

第二节 就业模式的基本理论

一、就业模式的分类

从就业的模式看，就业包括正规就业和非正规就业。所谓正规就业就是传统的有固定工作单位的全日制就业形式，劳动者为雇主工作，并从雇主手里获得维持生存的劳动报酬。自我雇佣就业指所有者、经营者和劳动者三位一体的就业形式，一般是劳动者自己经营、自负盈亏的工作。例如，从事种植业、养殖业、加工运输业的给自己打工的劳动者；从事个体零售、小吃店、印刷社、装修公司等小本生意的劳动者；从事摄影、绘画、音乐、律师、牙科治疗、会计、自由撰稿等具有专业技能工作的自由职业人士。随着现代科技(尤其是互联网技术)的发展，工作内容和形式也日益多样化：工作过程中脑力劳动的重要性更为凸显，更加灵活的就业方式成为人们(尤其是年轻人)越来越重要的选择。

1. 灵活性就业

灵活就业，指正规就业形式之外的其他就业形式。中国灵活就业形式兴起于20世纪70年代末至80年代初，随着第三产业发展和市场经济竞争加剧，灵活就业受到就业大军和用人单位的共同关注。从劳动时间、收入报酬、工作场地、劳动关系、保险福利来看，灵活就业与以工业化、现代化企业制度为依托的传统主流就业模式存在较大差异。

从劳动者的角度来看，灵活就业可分为三类。

第一类是劳动标准方面的灵活性，即劳动条件、工时、工资保险以及福利待遇等不同于传统就业形式。例如，灵活工时存在临时工、季节工、小时工等多种形式。

第二类是现代灵活就业形式，如发达国家广泛流行的非全日制就业、阶段性就业、兼职就业、远程就业（如一些印度女性在家通过网络，在带孩子的同时可为美国公司提供会计服务）等。

第三类是独立于单位就业之外的就业形式，例如自雇型就业、自主就业（自由职业者，如律师、作家、自由撰稿人、翻译工作者、中介服务工作者），临时就业（如小时工、街头小贩、待命就业人员和其他类型的打零工者）。

对于用人单位而言，依据企业规模所采用的灵活就业主要有两类。

第一类存在于小型和微型企业之中，这些企业的就业人员因薪酬待遇偏低、劳动条件恶劣、社会保险不足而流动性很大。多数劳动者把这份工作视为应急措施或者临时工，在边缘就业的情况下，一遇到机会便"跳槽"，劳动关系很不稳定。

第二类存在于大中型企业之中，分两种情况：一种是劳务派遣用工，此种用工形式是用人单位与受雇者没有劳动合同而与劳务派遣单位有用工协议；另一种是直接从社会上招聘临时工、劳务工、季节工等，这类劳动者通常不是有组织地受雇并进入企业，而采取单独的，分散的形式被雇佣，由企业直接同雇佣者达成书面或者口头协议。

2. 弹性就业

弹性就业，是相对于全日制就业而言的，包括非全日制工作、临时性工作、季节性工作、小时工作等不限时间、不限收入、不限场所的灵活多样的就业方式。弹性就业通常在社区服务行业较为适用，其特点是服务点较多，服务面较宽，服务时间也不固定。以餐饮业为例，其服务人员大多以按小时聘用的弹性形式进行就业，既节省了人工成本又增加了就业机会。弹性就业门槛普遍偏低，适合年龄大和技能偏差的失业人员实现就业或再就业。

3. 阶段性就业

阶段性就业，指一种劳动者在职业生涯中自愿退出社会劳动一段时间再参加社会劳动的就业形式。阶段性就业，最初是对一些国家女性就业特征的描述和归纳。

4. 流动性就业

流动性就业，指劳动者有相对固定的居住地，但工作地点不断变化，劳动者流动于两地之间,并在地域变动中相对稳定地实现就业的一种就业形式。流动性就业的基本特点是就业地与居住地相距一定距离,不具备早出晚归的条件和可能性。

二、新就业形态与就业选择

(一)新就业形态的含义

新就业形态是一种以互联网平台为依托的零工经济。究其实质这一概念,可从生产力与生产关系两大不同视角来认识。从生产力角度来看,新就业形态是在新一轮工业革命背景下产生并发展起来的以智能化、数字化、信息化为主要特征,由劳动者与生产资料互动构成的虚拟与实体生产体系灵活协作的工作模式;在生产关系视角下,新就业形态指随着互联网技术进步和大众消费升级而产生的去平台化和雇主化就业模式。互联网平台所衍生出的新就业形态已发展为我国吸纳就业的一条重要通道。在经济转型期,以就业容量较大、进出门槛较低、灵活性较强为主要特征的新就业形态将持续对"保就业"工作产生积极影响。

新就业形态主要集中在快递、外卖配送、网约出行、网络直播以及网约家政服务等行业。2020年中国平台企业员工数量达到了631万人,而依托于平台经济的服务人员数量则高达8400万人。2020年上半年,有295.2万名骑手在某外卖平台上实现了收益。外卖平台吸纳了大量从二、三产业中分离出来的从业人员,已经成为劳动实现就业的主要渠道。为了规范新就业形态,保障劳动者权益,2021年7月16日,国家人社部与发改委等八部门联合印发《关于维护新就业形态劳动者劳动保障权益的指导意见》,进一步规范平台用工关系,对维护好新就业形态劳动者的劳动报酬、合理休息、社会保险、劳动安全等权益都作出明确要求。2021年7月26日,市场监管总局、国家网信办、国家发展改革委、公安部、人力资源社会保障部、商务部和中华全国总工会共同发布了《关于落实网络餐饮平台责任切实维护外卖送餐员权益的指导意见》,从各方面提出了维护外卖送餐者合法权益的要求。

(二)全球化与就业趋势

经济全球化背景下,全球范围内各国通过国际贸易、资本跨国流动和产业国际转移等多种方式紧密相连,同时也深刻影响着全球劳动就业市场。全球化使劳动就业在全球范围内融通,从而导致就业数量的波动、就业结构的改善、劳动力流动性的增强以及对劳动者素质要求的提高等变化。全球性就业融通的前提是国际文化和制度的交融,这将会引导人们生活方式与消费方式的改变,从而产生新的劳动需求和就业方式。总之,在全球市场的激烈竞争下,企业为了实现加强竞争力以及减低成本的目标,国家为了达成协助企业更有效率地进行生产以促进整个国民经济快速发展的目标,分别采取相关措施,共同促成了全球劳动市场弹性化的发展。

(三)就业选择特点

1. 注重工作关系胜于雇佣关系

雇佣关系(员工与所属组织之间的劳动合同关系)是决定组织是否使用好雇员这一较有价值资源的重要因素之一。在雇员层面上研究雇佣关系属于心理契约理论的范畴,它以Rousseau学派心理契约概念为依据,强调心理契约就是雇员个体对于雇佣双方在交换关系上相互义务的一种主观认识。随着就业方式的变化,如灵活就业、劳务派遣等形式的出现,雇佣关系与工作关系也发生分离。

2. 注重职业发展前景胜于薪酬

随着文化的普及和经济的快速发展,人们的就业观念发生了很大的变化,大部分求职者在进行就业选择时,不再将对薪酬福利的要求作为首要的择业条件,而是更加注重自身整个职业生涯的发展。现代社会中的求职者具备更加长远的眼光。

3. 追求新兴行业胜于主导行业

主导行业并不是一成不变的。随着技术进步和人类需求层次的提升,主导行业与新兴行业之间存在更迭交替。伴随行业更迭交替,行业提供的就业岗位和专业技能要求也发生交替变化。

第三节 就业水平的基本理论

一、就业水平的测度

工业化、城市化以及经济发展和科技进步都能引起就业水平的变化。就业水平的测度可以采用劳动参与率、就业率、就业不足率、雇佣结构等指标进行科学度量。

1. 劳动参与率

按照参与社会经济活动的愿望，人力资源可分为经济活动人口和非经济活动人口。其中，经济活动人口是估算劳动力熟练程度、研究劳动力供求平衡的重要依据。通过经济活动人口，可以计算出经济活动人口的劳动参与率，人力资源的可利用数量和质量在一定程度上被反映出来。

如图 1-1 所示，根据中国的统计制度，经济活动人口也被称为劳动力人口，指在劳动年龄内参加或要求参加社会经济活动并取得劳动报酬或经营收入的人口，包括就业人口和失业人口。

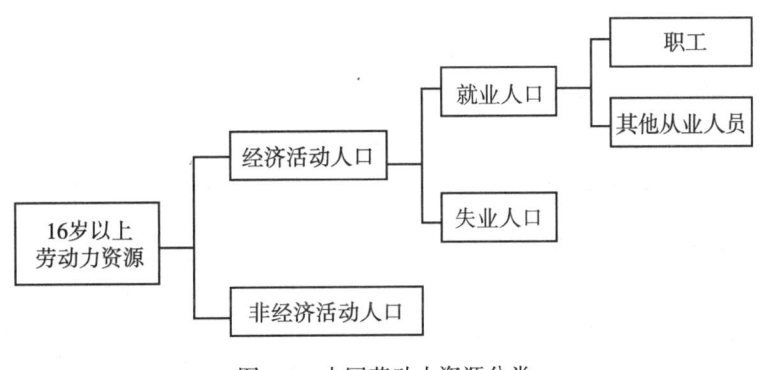

图 1-1 中国劳动力资源分类

劳动参与率称劳动人口比，是经济活动人口（劳动力人口）占劳动年龄人口的百分比。劳动参与率是衡量一国劳动力市场活动水平的首要指标，在研究确定一国人力资源规模、构成因素和预测未来劳动力供给时具有重要作用。

$$劳动力参与率 = 劳动力人口 / 劳动年龄人口 \times 100\%$$

对劳动参与率按年龄、地区、性别加以划分，可分别得到男性劳动参与率、女性劳动参与率、城镇人口劳动参与率、农村人口劳动参与率、青年劳动参与率、中年劳动参与率、老年劳动参与率以及总的劳动参与率等分类指标。

男性非经济活动率可反映一个国家的社会结构状况，女性非经济活动率则可说明一个国家的社会风俗和对待妇女就业的态度等。

$$非经济活动率 = 不在业劳动力人口 / 劳动年龄人口 \times 100\%$$

2. 就业率

就业率，指就业人口与劳动力人口的百分比。就业人口即在指定时期内届满一定下限年龄，有工作并取得报酬或收益的人；或有职位而暂时没有工作（如生病、工伤、劳资纠纷、假期等）的人；以及家庭企业或农场的无酬工作者。对非全日制工作者需要予以足够的重视，因为有一部分就业者并非全日制工作者。这些非全日制工作者中，一部分人员是自愿减少工作时间，另一部分人员是由于找不到全日制工作而从事非全日制工作。在一定程度上，就业人口等于从业人员。从业人员指从事一定社会劳动并取得劳动报酬或经营收入的人员，其包括全部职工、私营业主、个体户主、私营和个体从业人员、再就业的离退休人员、乡镇企业从业人员、农村从业人员以及其他从业人员等。而单位从业人员，指在各级国家党政机关、社会团体及企业、事业单位中工作，取得工资或其他劳动报酬的全部人员。

单位从业人员与从业人员的区别主要有三点：

第一，单位从业人员只统计工资和工薪劳动者（即雇员），不统计自营就业劳动者（即雇主和个体劳动者），也就是说不包括从业人员中的私营业主、个体户主、私营和个体从业人员及农村从业人员。

第二，单位从业人员将外籍、港澳台人员、兼职人员、借用人员和第二职业者统计在内，从业人员则不统计。

第三，从业人员统计中包含职工人数统计，而单位从业人员则不对其进行统计。

3. 就业不足率

根据国际劳工组织的标准，"就业不足人口"指所有受雇于有报酬的工作或自雇的人群，而该人群在非自愿的情况下，工作时数少于公认有关工作的正常时数，并且在统计（劳工部统计就业情况）进行期间，正寻找工作或随时可以担任更多工作。

就业不足人口必须同时满足三个条件：

第一，工作时数少于正常的工作时数；

第二，在非自愿的情况下工作；

第三，在统计进行期间，正寻找工作或随时可以担任更多工作。

就业不足人口归属于就业人口（不能算在失业人口里）。就业不足率，指就业不足人口在劳动人口（从事经济活动人口）中所占的比例。

4. 雇佣结构

职工指与用人单位存在劳动关系（包括事实劳动关系）的各种用工形式、各种用工期限的劳动者,既包括与用人单位签订有固定期限、无固定期限和以完成一定工作为期限的劳动合同的劳动者,也包括与用人单位形成事实劳动关系的各种形式的临时工、学徒工等劳动者。试用期内的劳动者,也属于职工的范围。

与企业订立劳动合同的人员(即职工),含全职、兼职和临时职工;包括虽未与企业订立劳动合同但由企业正式任命的人员,如董事会成员、监事会成员等;在企业的计划和控制下,虽未与企业订立劳动合同或未由其正式任命,但为其提供与职工类似服务的人员,也纳入职工范畴,如劳务用工合同人员。

二、失业的基本理论

(一)失业的界定

失业的问题是随着西方雇佣劳动制度的产生而产生的。以往的马克思主义经济学家们普遍认为,失业的根源在于资本主义制度。我国在计划经济时期没有失业这一概念,1978年,因面临城镇新生劳动力和返城知青带来的高失业率问题,我国开始组织实施城镇待业统计。1994年劳动部和国家统计局才使用城镇失业统计这一概念,1996年在统计年鉴中开始启用城镇登记失业率这个指标。劳动部对城镇登记失业人员的定义是:在城镇常住人口中,在劳动年龄(16周岁至退休年龄)内具有劳动能力,在报告期内无业并根据劳动部《就业登记规定》在当地劳动部门进行失业登记的人员。失业必须具备三个条件:第一是劳动者有劳动能力,第二是愿意就业,第三是按规定进行了失业登记。

城镇登记失业率=期末实有登记失业人数÷(期末从业人员总数+期末实有登记失业人数)

城镇登记失业统计只限城镇劳动者,不包括农村劳动者和进城务工的人员,也不包含没有进行登记的失业人员。登记失业率大体上反映了一定时期内的劳动就业总体状况,但可能使统计结果在某种程度上偏离实际失业状况。国际上通用的失业人数包括农业人口的失业人数和城镇人口的失业人数,且二者的测量标准一致。从中国统计口径来看,农业人口除少量非经济活动人口外,全被视为就业人口,很明显不能反映中国农民的失业状况。所以用城镇失业率来代替整个社会的失业率,降低了中国的失业率。登记机构的地理位置(如距离远导致乘车路费等较高)可能限制一部分失业人群的登记行为,在一定程度上使得统计数据低于实际失业人数。

由于城镇登记失业的覆盖面较窄，1994年国家统计局在人口调查中首次增加了经济活动人口、从业人员、失业人员等指标。1996年正式建立了城镇劳动力抽样调查制度。国家统计局把抽样调查的失业人员定义为："城镇16岁及以上，具有劳动能力同时符合下列条件的人员：一是在调查周内未从事为取得报酬或经营利润的劳动，也没有处于就业定义中暂时未工作状态；二是在某一特定期间内采取了某种方式寻找工作；三是当前如有工作机会可以在一个特定期间内应聘就业或从事自营职业。"抽样调查的对象包括城镇中流动人口在内。

我国在2003年6月3日出台的新的就业与失业标准，规定就业人员指男性在16岁至60岁，女性在16岁至55岁的法定劳动年龄内，从事一定的社会经济活动，并取得合法劳动报酬或经营收入的人员。其中，劳动报酬达到和超过当地最低工资标准的为充分就业；劳动时间少于法定工作时间，且劳动报酬低于当地最低工资标准、高于城市居民最低生活保障标准，本人愿意从事更多工作的为不充分就业；虽然从事一定的社会劳动但劳动报酬达不到当地城市居民最低生活保障标准的，则视为失业。在经济学中，失业者指有劳动能力和就业意愿，但尚未找到工作的劳动者。判断一个人是否失业要看两点：一是有没有就业需求，目前是否正在积极地寻找工作；二是有没有就业岗位，目前是否正在从事有收入的劳动。

(二) 失业的类型

根据失业产生的原因，可以把失业划分为周期性失业、结构性失业、摩擦性失业和技术性失业。根据就业意愿，失业可以分为自愿性失业和非自愿性失业。根据失业的表现形式，失业可以分为隐性失业和显性失业。

1. 根据失业产生的原因分类

(1) 周期性失业

周期性失业又称为总需求不足的失业，指由于总需求不足而引起的短期失业，即大量求职人员找不到工作，就业人员过剩，人浮于事。这种失业一般出现在经济周期的萧条阶段，与经济的周期性波动是一致的。经济增长的速度并不是稳定的，而是呈现一定的规律性波动。在复苏和繁荣阶段，各生产部门争先扩充生产，导致就业人数增加；在衰退和谷底阶段，由于社会需求不高，前景暗淡，各生产部门压缩生产，大量裁减雇员，失业人员增加。

(2)结构性失业

结构性失业指随着经济发展和产业结构的改变,劳动者在技能、经验和知识结构等方面不适应生产部门所需的能力、经验和知识结构所造成的失业,包括产业结构调整型失业、经济增长方式转型失业、经济体制转轨型失业、技术进步型失业、教育发展滞后型失业、知识经济发展型失业、地区供求不对称性失业、就业观念滞后性失业、年龄供求不对称性失业、性别供求不对称性失业等。

(3)摩擦性失业

摩擦性失业指因季节性或技术性原因而引起的失业,包含两个部分:第一部分是首次寻求工作的人在寻找工作与找到工作之间的时间差所造成的失业;第二部分是工作转换过程中的失业。在社会经济、科学技术、知识资本迅速发展和劳动者素质不断提高的条件下,摩擦性失业是就业选择的时间代价。因此,摩擦性失业也被认为是正常的失业。造成了摩擦性失业的原因:一是市场机制不完善,就业信息不灵、传递不畅,就业机会与寻找就业机会的劳动者不能匹配在一起,进而造成的失业;二是工作转换等原因,出现劳动力供求双方矛盾的现象,从而导致失业。经济转型升级的调整过程中,劳动者在不同工作岗位间转移流动,劳动者在就业或者转换工作时因等待转业消耗时间而产生的失业现象就是摩擦性失业。

(4)技术性失业

技术性失业是由于技术进步所引起的失业。随着经济的增长、技术的进步,知识、资本、技术等生产要素越来越广泛地运用于生产中,人工劳动越来越被先进的技术设备所替代,生产部门对劳动力的需求逐渐减少,导致失业者增加。除此之外,机器设备价格相对下降和劳动力价格相对上升也加剧了机器设备取代人工的趋势,进而加重了失业。

值得注意的是,短期性失业对劳动者收入损失较小,但是短期性失业也难以享受失业保险待遇。比如摩擦性失业,持续时间较短,可以通过劳动力市场供需机制解决。结构性失业、周期性失业和技术性失业由于持续时间较长,带来的经济损失较大,完全依赖劳动者自身努力难以实现再就业,需要失业保险予以保障。

2. 依据就业意愿分类

(1)自愿性失业

自愿性失业指具有劳动能力的人在择业过程中因主动放弃某一或某些就业机会,而在一定时期内处于失业的状况。随着社会经济的发展和社会保障制度的完善,劳动者有可选择的工作岗位和工作机会。因此，社会出现许多由于工作岗位不符合心理预期而不愿意去该工作岗位就业的劳动者，他们为等待更好的工作机遇自愿失业，这种失业往往产生于高收入阶层或者收入相对宽裕的群体，对整个社会收入分配格局影响不大。

(2) 非自愿性失业

非自愿性失业指有劳动能力、愿意接受现行工资水平但仍然找不到工作的现象。这种失业是由于客观原因造成的，可以通过经济手段和政策予以缓解或消除；但往往会使低收入或中等收入阶层收入下降，不利于整个社会收入分配公平性的推进。

3. 根据失业表现形式分类

(1) 隐性失业

隐性失业，指劳动者与组织具有名义上的劳动关系，但在事实上由于没有工作或工作时间不足而处于在职失业的状态，又称"亚失业"。隐性失业表现为就业者被减少薪水、缩减工时、削减福利，须接受无薪休假等弹性工作安排，即劳动者虽有工作岗位但未能充分发挥作用的失业，或在自然经济环境里被掩盖的失业。隐性失业大多发生在经济衰退时期，生产商缩减规模或减少生产线，在不解聘劳动者的情况下劳动力相对过剩，几个人共同完成一份工作；有时也发生在经济繁荣时期，过分膨胀的就业也会出现人员臃肿，几个人共同完成一项工作的现象。

我国隐性失业人员主要有两种类型：城镇隐性失业人员和农村隐性失业人员。城镇隐性失业人员主要是原计划经济体制下低效率就业安置的人员，其处于有收入来源、有工作岗位，但是任务不饱满的状态。中国农村隐性失业并不完全符合发展经济学二元经济理论中隐性失业的假说。中国农村隐性失业，不是劳动的边际生产力为零、对总产出没有任何贡献的剩余劳动，而是劳动的边际生产力虽不为零，却无法提供维持基本生计的工资，更不能生产出剩余产品的过剩劳动力。

(2) 显性失业

显性失业又称为公开失业，指有劳动能力和就业意愿的适龄劳动者处于一种工作时间为零、工薪收入为零的状态。在这种状态下劳动者和生产资料完全分离。

经济发展(即工业化)中，农村相对剩余劳动力的转移，是经济学研究的重点之一。由于中国城乡二元经济的影响，农村长期作为劳动力蓄水池，存在就业不充分或相对剩余劳动力。改革开放以来，农村劳动力为了获得非农就业岗位，实现收入增长，不得不依靠长距离迁移流动来寻找就业机会。所以在一定程度上可以把农村向城市流动就业人员看作相对剩余劳动力。结合中国的国情及经济结构特征，剩余劳动力转移应坚持城乡同时吸纳原则。随着城市化进程的持续推进,城市吸纳劳动力的能力越来越强,农村的非农产业也得到了发展,从而加速了农村剩余劳动力的流动和消化。要通过调整农业产业结构、大力发展涉农产业与企业、就地就近转移农村剩余劳动力。大力发展第三产业,加大对农村剩余劳动力的教育培养力度,提高其素质、技能、就业能力。农村剩余劳动力转移已成为推进城镇化进程、增加农村居民收入、实现共同富裕的重要影响因素。

第四节 就业结构的基本理论

就业结构指某一特定时期国家或区域就业人口在国民经济各个部门和行业中所占的比重。由于就业的主体是劳动者,而劳动者结构是反映一个社会经济发展结构的重要指标,这就决定了就业结构的复杂性和重要性。就业结构包括就业的产业结构、就业的空间结构、就业的职业结构、就业的素质结构、就业的年龄结构。随着经济发展水平的提升、产业转型升级的推进以及经济体制改革的加快,就业结构也在不断高级化。

一、就业的产业结构

劳动力资源就业的产业结构是一项反映社会经济发展水平的重要指标,其实质为劳动力生产要素的投入结构问题。就业的产业结构变动主要体现在协调化和高度化两方面。

所谓协调化就是劳动力资源在不同产业间与不同产业内部各行业间配置逐步协调,这种协调不仅要求劳动力资源在各产业之间和各产业内部之间配置数量比例关系相对平衡,还要求产业间及产业内各行业间的劳动力投入产出效益提升。高度化则是劳动力资源在产业间分布结构从低级形态向高级形态转移的过程,是一个相对概念。从发达国家发展过程来看,劳动力就业的产业结构高度化有一定规律可循——从第一产业到第二产业再到第三产业,逐渐实现劳动力的梯度转移;从劳动密集型产业到资本密集型产业转移;从低附加值产业向高附加值产业转移。劳动力资源就业结构高度化的标准一般采用世界上其他国家的一般水平作为标准,而后通过比较来确定自身高度化水平。

在就业结构变动的某一个特定阶段可以根据劳动力资源供给的实际情况,安排优化的重点,适时地选择是以协调为主还是以高度化为主,实现劳动力资源在产业间的合理分布。总体上看，当劳动力就业的产业结构严重不平衡、结构性矛盾凸显时，优化重点应是协调性。但如果我们把劳动力就业结构的调整看作一个系统过程来分析的话，则必须同时考虑内部条件和外部环境的影响。在内部矛盾较为缓和，劳动力产业配置无法满足经济发展及收入增加所带来的产业结构和需求结构变化时，其优化重点应放在高度化上，需要增强劳动力资源在产业间的转换能力。

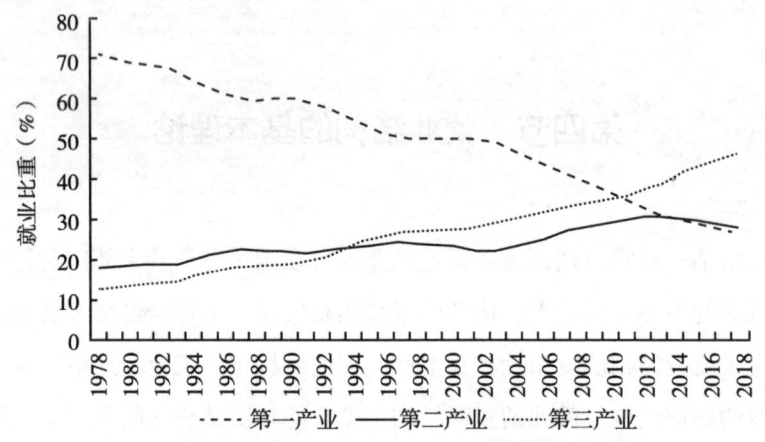

图 1-2　1978—2018 年三次产业就业结构变动

数据来源：国家统计局人口与就业统计司：《中国劳动统计年鉴（2019）》，中国统计出版社 2019 年版。

如图 1-2 所示，在三次产业产值结构变动时，三次产业就业结构也发生了较大变化，最明显的就是第三产业就业吸纳能力表现得越来越强，并且呈现快速上升趋势，而第一产业相对剩余劳动力在不断地向第二产业和第三产业转移。三次产业就业结构经历了从 1978 年的"一二三"到 1994 年的"一三二"、2011 年的"三一二"再到 2014 年的"三二一"的转变过程，目前正沿着这一趋势不断优化调整。第一、二、三产业的就业结构百分比从 1978 年的 70.5∶17.3∶12.2 变为 2018 年的 26.1∶27.6∶46.3。虽然第二产业产值仍保持着较高的比重，但是其就业吸纳能力已经明显下降。第三产业就业吸纳能力已超过第二产业成为主导产业。

二、就业的空间结构

受中国区域经济发展失衡的影响，劳动力流动总体上表现为由农村到城市，由西部到东部,由小城镇到大城市,并形成东迁、中迁、西迁。在不同地区,这种流动的表现也有较大差异。我国流动人口主要是劳动力人口,因此可将流动人口大致视为劳动力人口,并以此对全国劳动力资源流动进行分析。第七次全国人口普查显示,全国跨省流动人口主要集中分布在广东、浙江、上海、江苏、北京、福建等经济比较发达、企业用工需求较大的省市。比较"六普"和"七普"数据可得出,全国大部分省份跨省流动人口所占比重出现了上升,只有个别省市出现了下降,如浙江、上海、江苏、北京;跨省流动劳动力出现了向中西部流入的趋势,但是东部沿海仍是流动人口主要集聚地区。(见表1-1)

表1-1 各省市跨省流动人口比重　　　　　　　　单位:%

地区	"五普"	"六普"	"七普"	地区	"五普"	"六普"	"七普"
合计	100	100	100	河南	1.12	0.49	1.02
北京	5.81	7.45	6.74	湖北	1.44	0.80	1.80
天津	1.73	2.19	2.83	湖南	0.82	0.52	1.26
河北	2.19	1.24	2.53	广东	35.51	29.35	23.73
山西	1.57	0.81	1.30	广西	1.01	0.79	1.09
内蒙古	1.29	1.34	1.35	海南	0.90	0.51	0.87
辽宁	2.46	1.73	2.28	重庆	0.95	0.84	1.76
吉林	0.73	0.36	0.80	四川	1.26	1.04	2.07
黑龙江	0.91	0.38	0.66	贵州	0.96	0.77	0.92
上海	7.39	10.94	8.39	云南	2.75	1.18	1.79
江苏	5.98	8.96	8.26	西藏	0.26	0.20	0.33
浙江	8.70	16.38	12.97	陕西	1.00	0.82	1.55
安徽	0.54	0.68	1.24	甘肃	0.54	0.40	0.61
福建	5.06	4.97	3.92	青海	0.29	0.32	0.33
江西	0.60	0.40	1.02	宁夏	0.45	0.38	0.54
山东	2.44	1.96	3.31	新疆	3.33	1.78	2.72

资料来源:第五次、第六次全国人口普查资料,第七次全国人口普查公报。

我国劳动力资源空间分布呈现出明显的自东部到西部阶梯递减分布规律。劳动力资源总量主要集中在东部地区,其次是中部,再次是西部,东部地区集中了全国近41%的就业人口,而中部和西部分摊其余的59%,这是与我国区域差异化的经济水平相联系的。改革开放以来，东部地区凭借着自身的地理位置优势，依靠外向型经济和国家的政策支持，得到了快速发展，工业化水平迅速提升。区域发展差距和城乡差距吸引了大量劳动力向东部地区集聚。这种发展模式在引导农村剩余劳动力转移、增加农民收入等方面起到功不可没的作用，但是也带来了一系列问题，如收入差距扩大、区域发展不平衡性增大、劳动力流动成本上升、外来务工人员难以融入流入地，以及过度聚集产生的聚集不经济，成为制约我国工业化、城镇化和经济持续发展的重要因素。

1996年至2017年，东部地区从业人口占全国比重上升了2.86个百分点，劳动适龄人口占全国比重上升了0.84个百分点；中部地区劳动适龄人口比重增幅最大，从1996年到2017年上升了6.05个百分点，而从业人口占全国比重则下降了1.63个百分点；西部地区劳动力人口所占比重则出现了不同幅度的下降，其中从业人口比重下降了1.22个百分点，劳动适龄人口比重下降了6.89个百分点。1996年以来，我国劳动力资源整体呈现出由中西部向东部流动的趋势，这为东部发展带来了丰富的劳动力。

表1-2 中国劳动力资源空间分布变动

分类	从业人口(%)			劳动适龄人口(%)		
年份	东部	中部	西部	东部	中部	西部
1996	38.27	32.91	28.81	37.67	33.85	28.48
2000	37.68	33.32	29.00	39.64	32.58	27.41
2005	39.38	32.03	28.59	40.78	32.37	26.84
2010	41.09	31.20	27.71	42.17	31.22	26.02
2017	41.13	31.28	27.59	38.51	39.90	21.59

资料来源：中国统计年鉴，劳动适龄人口(15~64岁)来自历年人口抽样调查数据。

目前，我国西部地区劳动适龄人口下降趋势明显，中部地区劳动适龄人口则显著上升，向东部流动的就业人口比重呈下降趋势，中部地区吸收流动人口的比重增加。2021年，中国国家统计局发布的外来务工人员监测调查报告显示，在中部地区就业的外来务工人数增加最多，较上年增长5.5%，而在珠三角就业的外来务工人数则较上年下降0.1%，这意味着东部地区劳动力资源丰富的优势将逐渐被中部地区替代，东部地区面临着在金融危机冲击和国际产业格局大变动背景下的产业升级、调整的紧迫性任务。

三、就业的职业结构

1. 职业结构的含义

职业结构是社会经济结构中的重要内容,是在业人口在各种职业中的分布状况和比例关系。职业既是影响个人收入的重要决定因素,又代表了一种社会地位,因此,在社会结构研究中,职业结构同时是社会结构变动的原因和结果。改革开放以来,随着经济结构变动和社会流动的加快,作为社会结构重要表现的职业也发生了巨大的结构性变迁。第六次全国人口普查显示,我国专业技术人员的比重已经达到6.84%,商业服务业人员比重为16.17%,白领阶层占到了29.11%,已进入以非农业为主导的职业结构阶段。历次人口普查数据中,职业结构按职业种类分为7大类64小类。其中七大类包括:Ⅰ.国家机关、党群组织、企事业单位负责人;Ⅱ.专业技术人员;Ⅲ.办事人员和有关人员;Ⅳ.商业服务业人员;Ⅴ.农、林、牧、渔、水利业生产人员;Ⅵ.生产运输设备操作人员及有关有人员;Ⅶ.不便分类的其他从业人员。1982年、1990年人口普查中将商业服务业人员分为商业人员和服务业人员分别进行了汇总。

2. 我国职业结构现状

关于职业结构有两种看法:第一种被称为两头小中间大的"纺锤形"社会结构,该种社会中中间层规模较大,社会更和谐(陆学艺,2004);第二种被称为底宽顶尖的社会结构,该结构中较大多数人处于社会底层,极少数人处于社会上层,社会收入分配差距较大,各阶层之间的利益矛盾、冲突一般也会较多。从历史发展趋势来看,第一种社会结构是比较理想的,也是社会结构转变的方向。我国职业结构正处于从第二种向第一种转变的过程中,从表1-3亦可以看出,1982年至2020年我国职业结构呈现出日益现代化和高级化的趋势。

从职业结构现代化趋势来看,1982年至2020年,除了农林牧渔及水利业生产人员比重下降44.18个百分点外,其余职业人员比重均出现了上升。其中商业服务业人员所占比重上升幅度最大,从1982年的3.03%上升到2020年的24.70%,上升了21.67个百分点;办事人员和有关人员所占比重上升了8.2个百分点;生产运输设备操作人员及有关人员所占比重呈现出先下降后上升的趋势,1990年下降到15.16%,之后开始回升,2020年上升至23.40%,比1982年上升了6.94个百分点;专业技术人员比重上升了6.63个百分点;国家机关、党群组织、企事业单位负责人所占比重上升幅度较小,仅增加 0.44 个百分点。

从职业结构高级化趋势来看，随着我国高层职业岗位的增加，大量从业人员从社会低层逐渐向社会上层流动，进一步促进了社会公平。按照国际经验，如果将国家机关、党群组织、企事业单位负责人、专业技术人员、办事人员和有关人员、商业服务业人员划为白领阶层，将生产运输设备操作人员及有关人员、农林牧渔及水利业生产人员划为蓝领阶层，1982 年我国白领阶层占全部从业人员的比重为 10.96%，蓝领阶层比重为 88.94%；2020 年白领阶层比重则上升到 47.90%，几乎是 1982 年的 5 倍，蓝领阶层比重则下降到 51.70%，下降了 37.24 个百分点，从业人员非农化率的提升和"白领"份额的增加已经使职业结构呈现出较快的高级化趋势。

表 1-3　全国职业结构变迁　　　　　　　　　　　单位：%

职业大类	1982 年	1990 年	2000 年	2010 年	2020 年
国家机关、党群组织、企事业单位负责人	1.56	1.75	1.67	1.77	2.00
专业技术人员	5.07	5.31	5.70	6.84	11.70
办事人员和有关人员	1.30	1.74	3.10	4.32	9.50
商业服务业人员	3.03	5.41	9.18	16.17	24.70
农、林、牧、渔、水利业生产人员	72.48	70.58	64.46	48.31	28.30
生产运输设备操作人员及有关有人员	16.46	15.16	15.83	22.49	23.40
不便分类的其他从业人员	0.09	0.05	0.07	0.10	0.40
合计	100	100	100	100	100

资料来源：全国第三次、第四次、第五次、第六次、第七次人口普查资料汇总，1982 年、1990 年为人口普查数据，2000 年、2010 年、2020 年为人口普查 10% 抽查原始数据。

四、就业素质结构

提升劳动力资源素质是劳动力就业结构优化的主要目标之一。从就业者的素质结构来看，即提高从业人口受教育程度。从表 1-4 可以看出，全国劳动力资源文化素质呈现出快速提高的趋势，就业人口中，大学专科及以上人口比重明显上升，相应的小学及以下人口比重则明显下降。2020年就业人口中,专科及以上学历者占全部就业人口的比重达到了22.2%,比2000年增加了16.6个百分点,尤其是2010年到2020年期间高学历就业人口比重上升速度明显加快。小学及以下劳动者无论是从绝对规模,还是从相对比重上来看,都出现了明显下降。2020年全国就业人口中,小学及以下学历者占比为18.7%,比2000年下降了20个百分点。展望未来,就业人口的文化素质将继续提高,初中及以下学水平劳动者比重仍会下降,高中和大专及以上学历水平的劳动者所占比重将会持续上升。

表1-4 全国劳动力素质结构   单位:%

年份	未上过学	小学	初中	高中	专科	本科	研究生	合计
2000	7.80	30.90	42.30	13.40	4.10	1.40	0.10	100
2005	7.76	29.22	44.11	12.14	4.46	2.14	0.18	100
2010	3.41	23.86	48.80	13.87	5.96	3.71	0.39	100
2015	2.82	17.75	43.28	17.39	10.56	7.50	0.70	100
2020	2.40	16.30	41.60	17.50	11.30	9.80	1.10	100

资料来源:国家统计局人口和就业统计司:《中国劳动统计年鉴(2020)》,北京:中国统计出版社2020年版。

五、就业的年龄结构

国际上通常把劳动力分为三种类型:青年劳动力、中年劳动力和老年劳动力。按65岁为老年人口的起点年龄标准划分,15~64岁劳动年龄人口中,15~29岁为青年劳动力,30~44岁为中年劳动力,45~64岁为老年劳动力。劳动年龄人口的年龄结构有青年型、中年性和老年型之分。劳动年龄人口中,老年劳动力人口比重在12%以下者为青年型,在12%~15%者为中年型,在15%以上者为老年型。此外还有其他划分标准(见表1-5)。劳动力人口老龄化是在人口老龄化发展的过程中出现的,其老龄化程度随着总体人口老龄化的发展而发展。

表 1-5 劳动年龄人口年龄结构类型的划分标准

结构类型	青年型	中年型	老年型
老年劳动人口比重	12%以下	12%~15%	15%以上
平均年龄	33 岁以下	33~35 岁	35 岁以上
老青比	25%以下	25%~35%	35%以上

资料来源：王爱珠：《老年经济学》，上海：复旦大学出版社 1996 年版，第 28 页。

人口老龄化使劳动力的年龄结构发生了变化，青年劳动力在劳动年龄人口中的比重下降，年长劳动力比重增加。而人到中年后，生理机能将逐渐衰退，体力和精力开始下降，同时心理方面也发生了一些变化，接受新事物、掌握新技能的能力随之下降，生产效率往往低于青年劳动力。从企业管理方面来看，管理和领导阶层的老龄化可能会导致管理革新速度慢，管理效率降低。当然，年长的劳动力在工作经验和工作阅历上具有一定的优势，是社会生产中不可缺少的一部分；然而从整体趋势来看，人口老龄化对整个社会的影响还是负面效应居大。

根据表 1-6 可以看出，2020 年供给劳动力总量增长到 9.7 亿人左右，比 2000 年增长了约 1.59 亿人。从供给劳动力的年龄构成来看，2020 年，25~44 岁劳动力在 4.08 亿人左右，占供给劳动力的 42.24%；45~64 岁供给劳动力，总量规模达到 4.1 亿人，占供给劳动力的 42.47%。从各年龄组变化的幅度来看，与 2000 年相比供给劳动力变化主要体现在 45~64 岁年龄组。2020 年 45~64 岁组供给劳动力增加了 1.64 亿人。25~44 岁供给劳动力规模减小，减少幅度在 2000 万人左右，可见由于人口老龄化，劳动力就业的年龄结构已出现了老龄化。

表 1-6 供给劳动力人口占总劳动力人口的比重

年龄组/岁	2000 年		2020 年	
	总量/万人	比例/%	总量/万人	比例/%
15~24	13329.58	16.52	14762.58	15.29
25~44	42752.95	52.99	40796.07	42.24
45~64	24605.16	30.49	41017.29	42.47
15~64	80687.68	100	96575.95	100.00

资料来源：国家统计局人口和就业统计司：《中国劳动统计年鉴(2021)》，北京：中国统计出版社 2021 年版。

☞ **思考题：**

1. 失业可划分为哪几种类型？
2. 如何理解就业结构变动？
3. 中国当前就业的总体形势如何？
4. 如何测度就业水平？
5. 就业可以划分为哪几种类型？

第二章 劳动就业的影响因素

就业受到许多经济社会因素的影响，经济发展、人口结构、劳动参与率、劳动者的受教育水平、职业培训状况、产业结构、投资状况、消费结构、技术水平、经济体制等因素均对我国劳动力供给、需求，以及劳动力资源配置方式等各方面产生影响，进而影响到就业状况。

第一节 人口总量与就业

亚当·斯密认为增加国民财富的途径有两条：一是提高劳动生产率，主要手段是分工；二是增加从事劳动的人数。这两种途径都和人口密切相关。从财富的创造方面，亚当·斯密把总人口划分为从事有用劳动的人数和不从事有用劳动的人数，前者同他们推动购买生产资料的资本之间存在一定的比例关系。劳动力的供给直接关系到国民财富的增长和经济的可持续发展。

一、人口规模和结构

人口从劳动力供给规模和结构方面直接影响着就业。按照国际上的标准，一般15~64岁的人口被称为劳动年龄人口。我国虽然规定60岁为法定退休年龄，但是由于医疗条件改进、人均预期寿命的延长，再加上退休后仍有很多人在从事着其他职业，所以本部分采用国际标准，将15~64岁的人口称为劳动年龄人口。一般可以将一国或一地区一定时期内的人口划分为增长型人口、稳定型人口和衰减型人口。增长型人口社会中，年轻人口比重较大，劳动力增长快，就业压力也较大；相反，衰减型人口社会中，老年人口比重较大，劳动力供给规模下降，就业压力较小。劳动力供给的增长率与人口出生率存在着极为密切的关系,劳动力的供给数量一般由劳动年龄人口的多少决定。近年来我国劳动力年龄人口数占总人口的比重经历先上升再下降的变动过程,我国的劳动力资源规模也经历由增长到下降的过程,可见我国在一段时间内劳动力资源的就业规模不会增长。

从表 2-1 可以看出我国当前劳动力人口的供给还处在上升阶段,1982 年劳动年龄人口比重为 61.5%,到 2010 年这一比重增长到了 74.5%,到 2020 年又下降到 68.6%,这说明我国劳动年龄人口比较充裕的优势正在减弱。随着经济社会的发展和居民生育观念的改变,少儿(0~14 岁)人口比重呈现出了下降的趋势,从 1982 年的 33.6%下降到 2010 年的 16.6%,到 2020 年又上升到 17.9%。少儿人口比重虽有所回升,但所占比重远比 1982 年低。老年(65 岁以上)人口比重则呈现出了慢速上升的态势,从 1982 年的 4.9%上升到了 2020 年的 13.5%。由此可见,出生率的下降和老年人口的增多很可能导致未来劳动力人口总量不足,需要提前做好各种准备工作,及时采取有力的防范措施。

表 2-1 我国人口年龄结构分布

年份	总人口（万人）	0~14 岁人口		15~64 岁人口		65 岁以上	
		人口数（万人）	比重（%）	人口数（万人）	比重（%）	人口数（万人）	比重（%）
1982	101654	34146	33.6	62517	61.5	4991	4.9
1987	109300	31347	28.7	71985	65.9	5968	5.4
1990	114333	31659	27.7	76306	66.7	6368	5.6
1995	121121	32218	26.6	81393	67.2	7510	6.2
2000	126743	29012	22.9	88910	70.1	8821	7
2005	130756	26504	20.3	94197	72	10055	7.7
2008	132802	25166	19.0	96680	72.7	10956	8.3
2010	134091	22259	16.6	99938	74.5	11894	8.9
2015	138326	22824	16.5	100978	73	14524	10.5
2020	141212	25277	17.9	96871	68.6	19064	13.5

资料来源:国家统计局人口和就业统计司:《中国劳动统计年鉴(2021)》,北京:中国统计出版社 2021 年版。

二、劳动参与率

1. 劳动参与率的影响因素

劳动资源的数量和质量取决于一定时期一国的人口状况，包括人口规模、人口自然结构和人口的个人身体条件。社会劳动力供给的主要衡量指标是劳动参与率。劳动参与率受多种因素的影响和作用。这些因素错综复杂，不同的因素对劳动参与率的影响程度、影响方向不同，即使是同一因素，其对不同决策主体的影响程度和方向也不尽相同。一般情况下，影响劳动参与率的因素包括：

第一，教育制度与教育供给规模。劳动者受教育的时间的长短对劳动参与率有直接影响。随着劳动者受教育时间的不断增加，就业的时间会相应减少，从而降低劳动参与率。即劳动者受教育时间越长，就业时间越短，劳动参与率越低。相反，受教育时间缩短，把用于接受教育的时间用于就业，必然提高劳动参与率。第二，工资政策及工资关系。不同的收入分配原则对劳动参与率有较大影响。不同的工资关系也影响劳动者的劳动供给决策。如果工资政策难以产生激励力，劳动者就会更容易选择不参与劳动。第三，工资水平。工资水平是调节劳动力供给与劳动力需求的经济杠杆，工资水平直接影响了劳动力的供给。一般而言，工资水平越高，劳动参与率越高。第四，个人非劳动收入。人们谋生对劳动的依赖程度取决于非劳动收入的变化。非劳动收入的增加将会导致人们谋生对劳动的依赖程度的降低，从而降低劳动参与率。第五，居民家庭生产率的变化。居民家庭生产率是居民在单位时间内从家庭生产活动中取得的效用。居民家庭生产率越高，从事家庭生产活动的时间的价值就越高，面向市场的劳动参与率就越低。第六，社会保障制度。社会保障制度直接影响着劳动参与率。普及型社会保障制度会导致劳动参与率降低，就业关联式社会保障制度会刺激劳动参与率的提高。第七，宏观经济状况。宏观经济状况对劳动参与决策有重要影响。当经济衰退时，失业人员可能会因长期找不到工作而退出劳动力市场，从而降低劳动参与率。第八，其他因素。社会文化、风俗习惯等对劳动参与率也会产生影响。中华人民共和国成立后一直奉行的"妇女能顶半边天"使女性劳动参与率大大提高。

2. 我国劳动参与率的现状

从劳动的时间供给上来看，随着人们平均受教育时间的延长、劳动年龄人口数量的减少和老年劳动力比重的上升，劳动供给的总时间很可能会随之减少。劳动参与率直接影响着劳动力供给。在计算劳动参与率时，考虑到口径的统一，采用法定劳动年龄 16 岁及以上人口为口径。

16~64 岁劳动年龄人口中，不同年龄段的人口劳动参与率是不同的，如果将其划分为几个年龄段，则其参与率如表 2-2 所示。从 16~64 岁劳动人口的参与率纵向比较来看，从"四普"到"六普"处于下降趋势，由 1990 年的 74.6% 下降到 2010 年的 64.12%，20 年间降低了 10.48 个百分点。按年龄段分后，25~44 岁人口劳动参与率较高，45~64 岁人口和 65 岁以及以上人口劳动参与率出现较大幅度的下降。从人口普查数据来看，40~44 岁这个年龄段是劳动参与率变动转折点，44 岁以后劳动参与率开始下降，年龄越大，下降速度越快。并且女性劳动参与率下降速度要快于男性，女性劳动适龄人口中，从 34 岁开始出现劳动参与率快速下降的趋势，而男性劳动适龄人口由于外来劳动力的流入，到 45 岁以后才出现了劳动参与率下降的趋势。

表 2-2 1990、2000、2010 年分年龄段劳动参与率

项目	1990 年"四普"			2000 年"五普"			2010 年"六普"		
	合计	男	女	合计	男	女	合计	男	女
16 岁及以上	74.60	79.58	69.43	64.79	73.39	55.98	64.12	73.68	54.23
16~19 岁	45.26	44.24	46.39	30.37	30.01	30.73	45.86	47.39	44.29
20~24 岁	83.46	81.88	85.35	81.59	83.79	79.37	75.83	79.79	71.82
25~29 岁	94.39	93.73	95.12	90.87	96.76	84.52	89.97	95.50	84.26
30~34 岁	96.87	95.90	97.92	92.02	97.04	86.34	90.89	96.92	84.35
35~39 岁	97.82	97.38	98.31	92.50	96.02	88.55	91.35	97.01	85.02
40~44 岁	98.20	98.05	98.36	90.68	95.04	85.99	90.32	95.68	84.36
45~49 岁	96.73	98.31	95.02	79.27	93.96	63.60	81.97	91.60	71.26
50~54 岁	75.93	95.81	55.95	63.02	86.98	37.27	55.26	82.61	26.20
55~59 岁	57.93	82.94	33.76	45.43	64.79	24.97	38.72	64.16	13.02
60~64 岁	28.74	37.41	20.64	19.25	25.10	13.62	11.41	15.79	6.78
65 岁及以上	9.00	14.04	5.12	5.48	7.36	3.99	2.69	3.88	1.67

注：根据历次全国人口普查数据计算得出。

劳动力高龄化直接影响着劳动参与率，由于高龄人口劳动参与率低于年轻人的劳动参与率，所以劳动力内部高龄化可能会降低整体劳动参与率。另外伴随着劳动力人口老

龄化的加剧，即使未来高龄人口劳动参与率保持在2010年的水平不变，年轻劳动力比重的下降也会导致未来从业人员减少，劳动参与率的下降。因此，劳动力供给形势并不乐观，女性劳动力供给形势更为严峻。

第二节　经济发展与就业

人类社会的经济活动包括生产、分配、交换和消费四个环节，其中生产处于最基础的地位，生产什么、生产多少决定了分配、交换和消费的数量和质量，但分配、交换与消费也反过来决定着生产的结构发展状态。经济基础决定上层建筑，生产力发展程度直接关系到一国或一区域的就业规模。一般来看，经济复苏和繁荣期会增加对劳动力的需求，进而扩大就业，带动劳动者报酬增加；反之，经济衰退期会减少对劳动力的需求，增加失业，减少居民收入，进而导致消费下降、通货紧缩。

一、经济发展的内涵

广义上来看，经济发展指一国或地区从不发达状态向发达状态转变的过程，通过扩大生产规模和提高生产力水平，实现国民生产总值的可持续增长、人均收入和经济福利水平提高、社会政治经济制度与结构的变化、减少和消灭贫困。[①] 经济发展不仅仅指国民经济在规模上的增长，还包括社会、经济、政治结构的优化，人均寿命的延长，民众生活水平和质量的改善，文化水平的提高，分配的公平化和充分就业等。[②] 经济发展主要包括三个方面。一是国民经济总量的持续增长。经济增长是经济发展的基础，没有经济增长的支持就没有国民财富的增加，减少贫困和提高国民生活水平就会成为奢望。二是社会、经济、政治结构的优化。对于一个民族和国家来说，发展最明显的表现就是结构的变化。[③] 结构转变主要包括城乡人口结构、产业结构、就业结构、社会阶层结构、收入分配结构等方面，结构转变是经济发展的内涵。三是质量改善，这是发展的目标。

[①] 姚裕群、傅志明：《发展与就业》，北京：中国劳动社会保障出版社2010年版，第5页。
[②] 黄安余：《经济发展与劳动就业》，北京：北京大学出版社2008年版，第1页。
[③] 童星、李显波：《论发展的可能性和条件——以发展社会学和发展经济学的比较为视角》，载《社会科学研究》2004年第3期。

例如，生态环境良好、生活质量改善、经济增长注重效益性、人的素质的提高与人力资本的积累等。

狭义上来看，经济发展也可以理解为经济增长，指在一个较长的时间跨度上一个国家或经济体中的国民生产总值和人均收入的持续增加过程，可分为外延经济增长和内涵经济增长两种类型。外延经济增长是生产技术不变，单纯由生产要素增加引起的生产总量增加。内涵式经济增长是市场分工制度安排以及生产技术改进等导致的生产总量的增加。经济增长通常指宏观经济增长，也就是说某一特定时期内某一国家的产品量和服务量的增加。有三大直接因素决定经济增长。一是投资量。通常情况下，投资量与经济增长成正比。二是劳动量。当劳动者同生产资料数量、结构相适应时，劳动者数量与经济增长成正比。三是生产率。生产率指人力资源、物力资源以及财力资源的利用率。提高生产率会直接促进经济增长。一般而言，在经济比较发达的国家，生产率的提高对经济增长的贡献较大。对于经济比较落后的国家来说，资本投入和劳动投入的增加对经济增长的贡献更大。

经济增长一方面指全球或国家或地区经济在相当长的时期内持续增长的物质产品和劳务，即实际产出的持续增长；另一方面，指人均实际产出持续增长。国民生产总值（GNP）、人均国民生产总值（人均 GNP）、贫困、工业化、洛伦兹曲线和基尼系数等都可以用来衡量经济增长。资本、劳动力、自然资源等物质要素和技术进步、经济制度、产业结构等非物质要素都影响着经济发展。其中，劳动力是经济活动的主体，是比较特殊的影响因素，与生产资料相结合能够生产出远远大于自身价值的社会价值。劳动力人口增长率和劳动生产率的增长率决定了一个社会潜在的国民收入的增长率。

二、经济发展与就业

经济发展与就业增长的互动关系是客观存在的，又是不断变化的。总体上来讲，只有经济发展才能拉动就业，只有就业的持续增长才能保持经济的健康发展，二者应当相辅相成。既不能片面追求经济增长而忽视劳动者的就业，也不能为了追求就业公平损害经济的发展，这就要求在确保经济发展的同时妥善安排就业问题。但是，经济发展和就业增长不一定是正相关关系，还有多种因素决定经济发展与就业增长能否实现良性的互动。为了解经济增长与就业的关系，我们有必要回顾世界经济发展史以及经济增长模型，深入分析经济增长与就业增长的关系。

1. 发达国家经济增长与就业增长

对于经济增长与就业增长的关系,国外的基本观点是:经济增长与就业有着一致性。17—18世纪的西方国家,其经济生产方式主要是手工作坊,每个劳动者都有自己的生计,并没有出现大规模的失业问题,经济学家也很少关注失业问题。自从18世纪中叶英国发生工业革命以来,经济迅速发展,不仅机器生产开始替代劳动者的体力劳动,而且还出现了以自动化机器和自动化程序替代劳动者的脑力劳动的现象。机器生产在减轻人类劳动负担、节省劳动力、提高劳动生产率、推动经济发展、增进人类福利等方面卓有成效,但也给劳动者带来了巨大痛苦——失业。

古典经济学派认为,经济发展与就业成正相关,经济发展会带来就业的增长。亚当·斯密在《国民财富的性质和原因的研究》中指出:"一国国民每年的劳动,本来就是供给他们每年消费的一切生活必需品和便利品的源泉。"[①]大卫·李嘉图认为,劳动生产率的提高和劳动力数量的增加决定社会财富的增长。[②] 此后,英国的经济学家詹姆斯·穆勒提出社会在市场机制下不存在长期的、大量的非自愿失业,只要价格、工资具有足够的伸缩性,大规模的失业状态就不可能存在。当有失业存在时,价格和工资会随着劳动力市场的供需状况自动调整,在"看不见的手"的调节下,可以实现充分就业。

新古典学派主张通过建立生产函数模型描述经济增长与就业的关系,具有代表性的是"索洛模型"和"奥肯定律"。罗伯特·索洛于1956年提出"索洛模型",用来说明储蓄、资本积累和经济增长之间的关系:经济增长可以促进就业的增长,并且就业增长又反过来促进了经济增长,二者之间相互促进形成了一种"加强效应"。技术进步率、资本投入增长率及劳动和资本产出弹性都与就业增长率呈负相关,节约劳动型及资本密集型经济增长对就业具有挤出效应,使经济增长就业弹性下降。充分就业稳定均衡增长,可由市场机制调整劳动与资本在生产过程中的比例来实现。

美国经济学家阿瑟·奥肯所提出的"奥肯定律"是根据美国的统计资料测算出美国的实际国民生产总值增长率与失业率之间的关系。该定律表明,国民生产总值增长率与失业率之间呈反向变化,即二者存在负相关关系,经济的高增长率伴随着低失业率,低增长率伴随着高失业率。失业率波动=-1/2×(实际GDP的变动百分比-潜在GDP的变动百分比),即"GDP增长比潜在GDP增长每增加2%,失业率下降1个百分点。GDP

[①] [英]亚当·斯密:《国民财富的性质和原因的研究》,北京:商务印书馆1983年版。
[②] [英]大卫·李嘉图:《政治经济学及赋税原理》,北京:商务印书馆1962年版。

增长比潜在 GDP 增长每减少 2%，失业率上升 1 个百分点"。如果要使失业率下降，实际 GDP 增长必须快于潜在 GDP 增长。要扩大就业需求，降低失业率，必须保持相对稳定的经济增长速度，经济增长率和失业率之间存在着负相关关系。

20 世纪 70 年代中期在美国兴起供给学派，代表人物是经济学家阿瑟·拉弗、罗伯茨等。供给学派反对凯恩斯主义只注重需求分析而忽略供给分析，认为在供给严重不足时，如果继续运用凯恩斯刺激有效需求的扩张政策，不仅不能解决失业问题，还会使通货膨胀更加剧烈。供给学派主张用税收政策调节就业量，尤其是要降低所得税，以便鼓励人们积极就业，提高产出水平，促进经济增长，抑制通货膨胀。同时该时期的理性预期学派代表人卢卡斯、萨金特等用理性预期假说分析失业现象，否认工资对就业的调节作用，认为在劳动力市场上，劳动力工资会根据劳动力市场供求情况进行调整，形成一个相对稳定的货币工资率，在这一工资率水平上，劳动者愿意提供劳动，以追求效用最大化。预期未来将遭遇失业或目前已失业的劳动者会选择在低于现行工资率的情况下就业；而预期未来将有更多工作机会的劳动者会等待更好的工作岗位。因此，基于对未来悲观预期的行为可能导致经济收缩，就业岗位减少，失业率上升。

2. 发展中国家经济增长与就业增长

20 世纪 50 年代后，刘易斯、拉尼斯等发展经济学家对发展中国家的经济增长与就业的关系进行深入、系统的研究。刘易斯的《劳动力无限供给下的经济发展》一书将发展中国家经济划分为两大部门，一是现代化工业部门，一是传统农业部门。农业部门的隐性失业人口主要来自工业部门，因为农业部门的劳动力具有较高的边际生产力。发展中国家农业部门难以得到改善，只有工业部门高速发展才能解决农业部门隐性失业问题，直到工业部门把农业部门剩余劳动力全部吸纳殆尽。随着经济发展，当工资水平得不到实质性提高时，农业部门剩余劳动力并非无限制供给，势必产生二元经济发展。①

费景汉和古斯塔夫·拉尼斯在刘易斯的基础上，研究了经济发展过程中不同阶段劳动力流动和工农两部门发展过程，认为要实现经济结构的转换，必须提高工业部门和农业部门的生产率。托达罗探讨了农村劳动力转移下的城市失业问题。② 他认为，要解决城市的高失业率问题，就必须加大对农村的资金投入，重点发展农村经济，提高农村工业化程度，改善农村生活环境和农业部门的生产条件，提高农业部门从业者的收入水平，综合开发农村等。

---

① [美]阿瑟·刘易斯：《二元经济论》，北京：经济科学出版社 2006 年版。
② [美]费景汉，古斯塔夫·拉尼斯：《劳动力剩余经济的发展》，北京：华夏出版社 2010 年版。

3. 我国经济增长与就业增长

经济社会发展的首要目标是经济增长，经济增长是创造就业机会、提高人民生活质量的基础和物质保障。就业则是人们获得物质生活条件的基本途径，能否实现充分就业是关系到经济、社会和政治的重大问题。所以我国政府把经济增长和促进就业问题放在了宏观调控的两大目标上。但我国就业增长率与经济发展增长率出现不同步的现象，被国外实践普遍证明的"奥肯定律"，在中国"失灵"。在我国，经济增长与就业增长并非同步增长，就业人数的增长速度远远低于经济增长速度，就业人数的增长速度与我国经济的快速增长不匹配。

经济增长对就业增长的影响，一般用经济增长的就业弹性这一指标来衡量。就业弹性指经济的增长率与就业人员的增长率之间的比率。即经济增长每变化一个百分点所对应的就业数量变化的百分比。通常经济增长可以扩大就业规模，经济衰退能使就业规模缩小。其计算公式是：

$$就业弹性 = 就业人员增长率 / GDP 增长率$$

若就业弹性系数等于1，则表明就业增加量和经济增长量保持同步；若就业弹性系数小于或等于0，则意味着经济增长并不能创造就业岗位，甚至会减少就业岗位；若就业弹性系数大于0且小于1，则说明缺乏弹性，即经济增长对就业增长的促进作用不明显；若就业弹性系数大于1，则说明富有弹性，即经济增长对就业增长有较强的拉动作用（见图 2-1）。

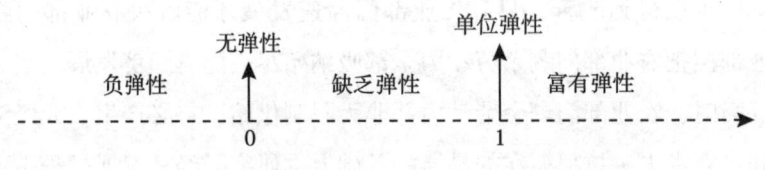

图 2-1　经济增长对就业增长的弹性类型

就业弹性系数大并不说明就业更加充分；反之，就业弹性系数小也不意味着失业更加严重。一般来说，在经济不断趋向成熟的过程中，就业弹性系数会逐渐减小。就业弹性系数不断减小表明，每创造一个增量的价值所需要的劳动增量变小，意味着劳动生产率提高。

联合国开发署曾把经济增长和就业增长的关系划分为四类：一是高经济增长、高就业机会的类型；二是高经济增长、低就业或无就业类型；三是经济增长下降、就业机会下降类型；四是经济增长下降、就业机会有所扩大类型。

从表2-3可以看出，我国就业弹性从1981年的42.3%下降到2020年的-16.99%，而1990年以来，这种下降的趋势更加明显。这种趋势表明，经济增长对就业拉动的影响正在逐渐减弱，即每带动一个百分点的就业增加就意味着更高的经济增长。这种就业弹性的下降，是在经济发展过程中，各生产要素的相对密度的变动：劳动含量（不包括人力资本因素）逐渐下降，而资本（包括物质资本和人力资本）的相对含量不断加大，中国经济的资本密集程度和知识正在逐渐增加。宋晓梧认为我国当前就业弹性过低，20世纪80年代，我国GDP每提高1个百分点，就能提供超过200万个工作岗位，到90年代，这个数字已经跌至100多万，进入21世纪后，这个数字一直保持在100万左右，有时GDP提高1个百分点，也只能拉动80万人就业。从国际上来看，根据人力资源和社会保障部国际劳工研究所对OECD数据库和各国GDP就业量的计算，一般发展中国家就业弹性平均在0.3~0.4，发达国家2007年欧盟地区总就业弹性是0.78，OECD国家是0.48。[①]这说明我国经济增长方式对带动就业的促进作用，与发达国家相比仍然比较小。

表2-3　我国1981—2020年就业弹性

年份	就业弹性	年份	就业弹性	年份	就业弹性	年份	就业弹性
1981	42.30%	1991	17.12%	2001	12.39%	2011	0.65%
1982	40.68%	1992	7.78%	2002	10.06%	2012	0.73%
1983	20.99%	1993	4.24%	2003	7.29%	2013	0.61%
1984	17.97%	1994	31.83%	2004	5.83%	2014	0.74%
1985	14.02%	1995	4.26%	2005	5.69%	2015	-0.54%
1986	20.23%	1996	7.78%	2006	4.84%	2016	-1.18%
1987	16.86%	1997	9.94%	2007	3.61%	2017	-2.14%
1988	11.87%	1998	21.67%	2008	3.78%	2018	-3.46%
1989	14.13%	1999	17.15%	2009	5.76%	2019	-6.04%
1990	25.86%	2000	9.10%	2010	-10.59%	2020	-16.99%
均值	22.49%	均值	13.09%	均值	4.87%	均值	-2.76%

资料来源：国家统计局人口和就业统计司：《中国劳动统计年鉴（2021）》，北京：中国统计出版社2021年版。

[①] 此部分分析参考熊健益：《我国2020年以前劳动力供求状况研究》，载《统计教育》2008年第6期，第56~58页。

促进经济增长是增加就业机会的重要途径。现代经济理论通过劳动、资本要素投入的增加以及技术进步来解释经济增长。从总体上看，一个国家或区域的产出函数中，经济增长和就业增长总体上是正相关的，即经济的较快增长会促进就业机会的相应增加，但经济增长与就业增长往往会存在一定的偏差。经济增长率与就业增长率之间的偏差形成原因，是资本的高投入没有自动地转化为就业机会的扩大。资本密集型的经济增长模式，也可能使一部分就业者失去工作。生产技术以及管理模式的改进会因扩大生产规模而增加对劳动者的需求，即由规模效用带来新的就业岗位，但资本有机构成提高、科学技术含量提高会淘汰仅具备传统技能以及学习能力较差的劳动者。因此，经济快速增长不一定导致就业同步同比例增长，甚至可能在一定时期内出现就业率下降。

三、经济周期性波动与就业

经济活动的短期波动通常被称为经济周期，它由扩张、高峰、收缩和低谷四个不同的阶段组成。显著的经济扩张时期被称为经济繁荣期，在经济上升时期，经济增长速度和运行质量提高，社会经济需求旺盛，生产商进一步扩大生产规模，劳动力需求也相应扩大，从而呈现就业扩大的良好形势，失业率降低。经济显著萎缩的时期叫经济衰退期或者经济滞胀期，市场疲软，经济发展速度放缓，市场需求不充分，生产商收缩规模或者削减生产线，劳动需求随之萎缩，因此出现了就业下降、失业率上升的恶劣状况，失业率上升。因此，经济增长的周期性变化对就业具有重要影响，就业亦呈现周期性变化，就业的波动与经济的周期波动相互联系。首先，经济增长快，波动小，有利于就业的稳定增加，往往是失业率很低的时期；在经济周期底部，经济衰退，就业减少，往往是失业严重的时期。西方国家的几次大的经济危机都引起了大量劳动者失业。其次，经济增长对就业规模和质量的影响。在经济增长时期，社会能够创造更多的精神财富和物质财富，科学技术、生产管理和组织进一步提高，劳动者也能获得更多的收入，进而有继续深造的物质基础，劳动者的数量和质量会得到提高。反之，在经济发展下降，大量劳动者失业，维持生计成为问题的情况下，劳动者的数量和质量会下降。

第三节 技术进步与就业

劳动力是生产力发展中最重要、最活跃的因素，人力资源是经济发展的主导性资源。当前，我国正处于一个经济发展方式转变和经济结构转型升级的关键阶段，科学技术的创新发展对推进经济结构转型与优化和创新驱动具有十分重要的作用。技术进步对就业产生的作用主要表现在就业总量的增减和就业结构的变化以及提高资本有机构成等方面。

一、技术进步的范畴

技术是生产商品和劳务的手段与方法的总和，既包括生产工艺、劳动技能和生产工具，也包括组织管理方法和决策手段等。技术进步指为实现生产能力的提高，通过研究与开发、技术创新、技术扩散、技术模仿等方式改变技术的各个构成因素及其结合方式。技术进步包括技术进化与技术革命。技术进化是对原有技术和技术体系的渐进性的改革创新。技术进步既包含生产工艺、技能以及中间投入品这些硬技术的技术内容，也包含改善组织管理效率、健全决策沟通机制、实现规模经济、疏通融资渠道，以及提升人力资本等生产要素素质的经济因素。因此，应从技术与经济结合的角度对技术进步进行理解。技术革命指技术进化和科学研究成果达到一定程度后引起的劳动工具和设备体系发生重大变化改变。技术进步会影响劳动力和生产资料的数量、质量、变动速度以及组合比例等，进而对社会就业产生一定的影响。科学技术直接影响资源的利用率，影响经济的可持续发展，同时也提高了物质资本和人力资本的投资收益率。技术进步对经济增长的推动作用可以概括为节约生产要素投入、减少对自然资源的依赖、促进产业多样化、增加就业四个方面。

二、技术进步对就业总量的影响

技术进步对就业总量起着"双刃剑"的作用。一方面，技术进步增加了社会产出，提高了社会人均收入水平，促进社会消费结构和产业结构的改变，提高了资本收益。技术进步的就业增长效应大于替代效应，通过创造新的就业岗位以促进就业总量增长，被称为"技术进步的就业促进效应"。另一方面，技术进步提高劳动生产率和资本有机构成，缩短了劳动力的工作匹配周期，所需劳动力数量减少，在一定程度上淘汰低技术岗位，导致就业机会减少，这被称为"技术进步的就业挤出效应"。

技术进步是创造了更多的就业机会，还是导致失业率上升？即使同一国在同一经济环境的不同发展阶段,也存在很大的差异。就短期效应而言,在技术革命时代技术进步速度较快,部分人由于工作技能无法满足新技术的生产需求而失去了工作,导致了在一定时期内出现大量结构性失业。微观上,高技术含量的就业岗位会增大劳动者谋求就业岗位或职业转换困难,给周期性失业、结构性失业再就业带来一定阻碍。但从总体来看,技术进步导致的结构性失业与技术革命所带来的社会经济进步而创造的就业机会和岗位相比,处于次要地位。随着科学技术的迅速发展和先进技术、设备的引进,技术进步偏向资本的同时也偏向技能劳动力,市场对技能劳动力需求增加,技能劳动力的收益增多,从而促进技术进步、资本和技能劳动融合发展,会带来更多的技能就业岗位。同时,技能劳动力就业、技术进步收益率也体现在资本收益中,会进一步促进经济的增长。这导致了无论是发达国家还是发展中国家都非常重视科学技术进步对就业的作用。

(一)技术进步对就业的促进效应

1. 技术进步提高劳动生产率

技术进步带来生产部门技术革新,劳动生产率提高,与之前同等单位时间的生产要素投入下能生产更多的产品,使产品市场上该产品的供给增加,产品价格下降。物质财富积累的迅速增加,以及消费者对产品的需求的增加,促使生产部门为获得更多剩余产品和剩余价值的利润选择扩大再生产或者增加新的生产线,这就需要更多的劳动力,进而促进了劳动就业。

2. 科技创新促进社会分工

人类历史上的三次技术革命都带来了社会大分工,并促使社会分工越来越专业化、精细化,就业机会也越来越多。技术进步导致劳动分工环节增加、工种岗位增多,需要更多的细小工作环节,也需要更多的具有专门技术、对某一环节十分熟练的劳动者。这促使劳动力就业结构中低技能工种增加,相应的劳动分工环节增加,也需要更多的高技能工种劳动者,这直接或间接地影响着就业结构的变化。技术进步推动经济增长,生产部门进行新产业研发工作,研发新的产品、服务,需要大量研发人员,进而促进高科技人才的就业。

3. 技术进步增加新兴产业就业

在技术进步的推动下,大量以高新技术为基础,以信息产业为标志的新兴产业部门涌现。科学技术的不断提高定会不断创造出新的就业岗位,吸收大量就业人员。新兴部门具有广阔的发展前景,能够直接或间接地创造大量的新的就业机会,能在较长时间里持续地吸纳大量劳动力，促进就业的增长。

(二)技术进步对就业的消极影响

1. 技术进步带来结构性失业

技术进步使得物质装备生产周期与更新周期变短，但人类劳动能力生产周期却变长，这一时间差导致结构性失业，会对就业量的增长产生排挤效应。资本、技术和管理技能日新月异，在新兴产业发起阶段，劳动者通过学习或培训提升原有的工作能力或学习新的职业技能的速度远远赶不上科学技术变化更新的速度，学习新技能和寻找新工作都需要大量的时间，会带来失业的风险。此外，高技术含量的就业岗位增加了劳动者寻求就业岗位或者职业转换的难度，那些被新的发明和管理所排斥的劳动者，很难快速地找到合适的工作。因此，技术进步在一定程度上阻碍了周期性失业和结构性失业的劳动者的再就业，使结构性失业在相当长时间内难以缓解。

2. 机器替代劳动者就业

技术进步带来的是生产方式的改变，技术进步导致生产中机械化程度的加深，规模化生产使机器能以较低的成本完成更多优质的工作，甚至在某些领域可以替代劳动者就业。长此以往，在追求利益最大化的驱动下，生产部门会分析成本构成比，可能会出现机器越来越多侵占劳动者的位置代替劳动者从事各项工作的现象。这使生产部门减少劳动力需求，雇用劳动者的数量不断减少。

3. 技术进步引起经济波动

技术进步早期，技术进步导致经济增长，但也引起经济波动，使得投资风险增加，企业减少投资，进而会对劳动力需求量产生影响。当技术进步逐渐成熟时，对生产的投入也将逐渐增加，从而推动新岗位出现。到了技术进步后期，与之相关的产品生产链已进入衰退阶段，劳动力需求将再次减少。技术进步会缩短企业的生命周期，增加劳动力失业的风险。产业衰退后，生产部门为节约成本，劳动力需求会减少，大量劳动力失业。

三、技术进步对就业结构的影响

技术进步对不同劳动力的需求具有差异性，因而技术进步影响了就业结构；技术进步提高了高技能劳动力的就业比重，提升了技能就业结构。技术进步推动就业结构变革，就业结构变革又影响着技术进步的发展。技术进步和就业增长的关系长期以来一直是经济学界的重要研究领域。新经济的发展给就业市场注入了新的生机。新经济在创造大量就业的同时，也极大地影响着就业市场。

1. 劳动者技能结构变化

一方面，由于劳动者素质不能适应经济发展的需求，从而导致了新兴产业、高技术行业和技能性职业所需人员供不应求，现代制造业、服务业所需的专业技术和各类技能人才严重短缺。另一方面，由于大量劳动者职业技能水平偏低，致使其自身就业困难。技术进步对劳动者素质的提升和人力资源结构的优化提出更高的要求。高科技行业从业人员大多是知识能力较高的高级人才，对其劳动成果的认可不能简单地用金钱来衡量，要更多地关注员工个人的成长。

2. 地区就业结构变化

我国各地区在技术进步方面存在差异性，这种不平衡性造成了区域间就业结构的变化。技术进步水平也是由东部至西部逐渐降低的。高技术就业岗位向东部地区集聚，使东部地区对高技术劳动力的需求比中、西部地区大。劳动力的供给与需求不匹配导致了生产效率低下、劳动力价格上涨等问题，尤其是对拥有大量高技能劳动力的东部地区来说，这些问题更加突出，这也直接影响到了东部地区的就业比重以及区域就业结构的调整。招工难问题突出，技术工人短缺。这种人力资源技能结构既难以满足经济大范围升级转型的需要，也严重制约着经济增长与品质提升。

3. 劳动者产业间分布结构变化

技术进步促使产业结构调整，促使劳动力由第一、二产业转向第二、三产业，由劳动力密集型产业转向知识密集型产业、新兴产业。发达国家就业结构经历了劳动力从农业向工业转移，又从工业到第三产业转移的变革。

四、技术进步下促进就业的思考

在"科学技术是第一生产力"这一理念下，如何推动技术进步、发展高新科技已经成为世界各国普遍的发展战略，无论是发达国家还是发展中国家都不能忽视技术进步在经济中的作用，也不能忽视技术创新对就业的影响。国外依靠科技革新扩大就业的成功经验和措施有以下几点：一是鼓励发展可以刺激就业的技术革新和技术进步；二是向欠发达地区提供技术援助，扩大技术转让，从而扩大就业领域；三是加速新技术在生产中的应用,从而提供就业岗位;四是把技术培训与就业更密切地结合起来,通过技术培训直接促进就业。技术进步对就业具有"双刃剑"效应。因此,我们必须抓住机遇发展高新技术,客观全面地看待技术进步与就业的相互关系,不能只看到技术进步对就业的促进作用而忽视其对就业增长的制约,这就要求我们不但要选择适当的技术政策,利用技术对就业影响的有利之处,还需要选择积极的就业政策,尽量避免技术进步对就业带来严重的负面影响。同时,采取措施,使各部门协作,共同解决就业难题,最终实现技术进步与充分就业的"双赢"局面。

第四节 社会发展与就业

就业数量与质量的提高对社会发展起着重要作用。一方面,高效的劳动和高质量的就业是创造社会财富的重要源泉,为社会注入前行的动力;另一方面,健康可持续的社会发展为经济发展创造了良好环境,从而创造出更多的就业岗位、提升整体就业质量。因此,社会发展与就业之间存在相互依存、彼此促进的紧密联系。西方是较早进入工业社会的地区,许多西方经济学家都对社会发展与就业的关系进行了深入研究,形成众多影响世界的经典理论。

一、教育对就业的影响

无论是对个人还是社会,教育的意义都不言而喻,接受教育、获得就业机会是家庭和个人自我实现的重要途径,更是劳动力再生产和高质量人才储备的核心方式。人力资本理论将人力资本与物质资本、劳动力数量等分开,实证论证了教育在提高人的劳动效率、促进经济增长方面的价值高于物质投资的规律。但随着教育投入的不断增加和经济增速的减缓,20世纪70年代后教育与就业关系的不确定性逐渐突出,教育发展与就业的关系表现出更加复杂、多样的特征。一方面,教育发展与就业具有一定程度的确定关系,受教育程度的提高与就业具有高度的正相关关系,接受教育的水平、特点与日后就业的方向、质量有十分密切的关系。另一方面,教育与就业又并非简单的正向相关,两者存在不确定关系。人们所接受的教育对其未来就业收益影响的不明确、未来求职概率的预期不确定、当前工作收入与未来收入的差额不清晰等都使两者关系具有不确定性。

综合来看，教育于社会进步、人类发展的作用不言而喻，其在加强就业能力储备、促进社会平等、提高生活质量等方面的价值确有共识。同时，教育在发扬劳动就业精神、传承劳动技能等方面的渗透性作用也十分深远。教育是个人劳动技能和就业素质发展的基础，能培养思维方式、就业认知和自我实现诉求。

1. 教育是提升劳动力素质的主要方式

现代工业社会是以一定标准、技能和劳动率为发展基础的，大量的熟练型劳动力是社会发展的原动力，因此教育是合格劳动力养成的必要途径。随着知识经济和后工业化时代的到来，受教育水平、职业素养、创造力等更成为就业的关键砝码。教育通过技能培养、专业背景塑造、职业素养提升等，锻造出一批又一批合格劳动力。随着受教育水平的提高，人们对自身发展和未来职业规划都会有更高更远的要求，有助于劳动力技能、智力等方面的再生产，为社会提供源源不断的高素质的劳动力大军。

2. 教育是实现市场需求和劳动者自身特点对接的桥梁

作为人类发展的重要标志，教育提供了均等的个体发展机会，是实现机会公平、促进社会流动的核心机制。在人类教育发展的漫长历史中，教育的角色已经从单纯地传播经验、知识发展为具备高实践性、应用性和研究性的综合体系。高等教育在不断的改进和完善中更注重对社会发展方向、劳动力市场信息等的捕捉，学生个人特质、能力与就业的结合成为培养的重点。同样的理念和方式也体现在各类职业教育、技能培训中。因此，充分考虑受教育者特点与市场需求，有针对性地培养具有个人特征的人才，这对劳动力市场的丰富和资源配置效率的提升十分有利。

3. 教育是提高个人收入的重要途径

许多国内外学者的研究都表明，随着受教育程度的提高，个人收入水平相应提高，直到某一瓶颈点后趋缓。教育不仅提升了个人的知识积累、专业技能，也改变了其对周围事物的思考方式、价值观和自我认知等。受教育程度高者一般更容易从事具有挑战性、研究性的工作，新思维、新理念更易产生。所以，教育在提升个体向上流通机会和收入的同时，更增加了个人对职业的认知和自我价值感。

4. 教育是激发新创意、新思维的基础

在信息化、全球化背景下，创新能力、研发能力是提升国际竞争力的关键，新能源、新科技、新产业将是未来经济发展的主要动力；而创造性思维和新技术的研发要以丰富坚实的专业知识和对新问题的反复思考为基础，任何发明创新的实现都不是来自凭空想象，而是长期的反复探索。教育，尤其是高等教育，为研究性思维和实际操作能力提供了环境和平台，哈佛、麻省理工、剑桥等世界一流学府的科研机构为各国科技、经济的发展都提供了极其重要的支持，使其走在科技发展的前沿。

二、文化发展对就业的影响

(一) 文化及其内涵

文化是历经百年、千年思想的传承，是民风习俗的承载和生活方式的表现，是随社会发展向前滚动的历史巨轮，是深深嵌入社会生活各方面的土壤。正因如此，文化在社会生活、经济生活、政治生活中无处不在，对社会成员的思想观念、心理、行为取向、价值认知等都具有潜移默化的作用。

1. 文化的内涵

文化是存在于我们生活的方方面面中无比熟悉又无具体存在形式的特殊社会现象，在人类文明发展、社会进步中扮演了无可比拟的重要角色。《新华字典》将其解释为：广义上的文化指人类在社会历史实践中所创造的物质财富和精神财富的总和，狭义上指社会的意识形态以及与之相适应的制度和组织机构。英国文化学家泰勒提出了狭义文化的经典学说，即文化是包括知识、信仰、艺术、道德、法律、习俗和任何人作为一名社会成员而获得的能力和习惯在内的复杂整体。从不同的定义可看出，对人类社会发展过程中知识、经验、习俗等一系列的传承和提炼是文化的核心要义，文化包含了物质文化、社会规范和精神观念等多个层面。

2. 文化的分类

文化是人类社会文明发展的结晶，是智慧的体现，它以无形的方式存在、发展于许多方面。根据其产生和发生作用的维度不同，可以进行不同的分类。

第一，社会文化是各类文化的集中体现和综合产物，反映了一定的社会经济形态、阶级利益和要求，具有民族性、时代性。第二，家庭文化是作为社会最基本组成单位的家庭所享有的观念、行为方式和价值观等。第三，企业文化是市场经济下作为市场主体的企业在发展过程中逐渐形成并加以发展的理念、行为导向。

3. 文化的功能

(1) 社会发展的推动功能

文化是民族精神、信仰、理想的集中体现，是世代社会成员生活、奋斗的内在精神力量。文化中蕴含的优秀品质、美好生活的愿景激励着人们不断前行，照亮了人类进步的道路。五千年东方文明影响下的自立自强、勤劳勇敢的中国精神一直在推动着中国不断向前发展。文化在国家、民族发展中发挥的作用与影响十分深远，这在民族危难时刻更是被淋漓尽致地表现了出来：中华民族十四年抗战，无数仁人志士为民族独立、国家荣辱作出了巨大贡献，支撑他们的就是坚定的民族精神和文化。

(2) 行为方式的导向功能

文化对社会成员的行为导向，体现在文化从深层次影响和支配个体行为和社会活动的运作机理，是对社会心理建构的衍生。文化通过特定的价值指引，为人们提供自我认知、行为方式的参照系，使人们在心灵深处形成一种稳定的、长久的价值准则和被认可的行为标准。在社会生活中的人，不同于自然人生活状态的关键之一就在于社会生活中有其自身的社会规范、准则约束，唯有符合这些准则、不触碰边界才能顺利地生活、积极地劳动；而准则、规范等即为文化的具体呈现。

(3) 社会心理、民族精神的塑造功能

无数国家的发展实践证明，在人类发展长河中，文化一直是维系民族和国家的重要血脉和纽带。民族和国家就是具有共同的语言、共同的信仰、共同的历史等诸多因素的命运共同体。一国的社会心理、民族特性就在这长期的发展演变中形成、稳定。在不同时期，社会心理、就业理念、创新精神、优秀品质都会受到民族文化的渗透，并为大多数社会成员所认同。集体精神、榜样影响、社会理想等文化的不同表现形式都会在潜移默化中塑造社会心理和民族精神。

(4) 社会价值的整合功能

价值整合是文化整合功能中最基本、最重要的功能之一。社会由社会成员即个人构成，但个人又各有想法，意愿、追求、地位、个人社会活动方向不同，目的不同，从根本上说就是人们价值取向不同。这些价值取向如果趋同，将促进社会发展；这些价值取向如果悖离，将带来行为冲突。这就要求社会治理必须融合多种价值取向，尽可能地使个人符合主流走向，推动价值目标达成一致，从而带来社会结构和行为的协调。

(二) 文化发展与就业的关系

1. 文化深深根植于就业观念

就业是生活方式的体现，看待就业的观点、赋予就业的价值等都与文化的作用密不可分。崇尚严谨、律己、勤劳精神的德国一向以高就业率、长劳动时间闻名，但在传统的家庭文化影响下，就业市场领域出现鲜明的性别分工，女性就业率低且时段性强，大多分布于非正式岗位、服务业等行业。"静以修身，俭以养德""由俭入奢易，由奢入俭难""忧劳可以兴国，逸豫可以亡身""劳动是财富之父，土地是财富之母"等中华文化深深地影响着人们的思想，进而影响就业观念。职业被赋予安邦兴国、忧国忧民的意义，因此各年龄人群辛苦劳作、热爱劳动成为我国主要就业特征。可以说，文化深深作用于人们的思考、认知方式，对职业选择有重要作用。

2. 文化影响就业方式、阶段与选择

在当下就业方式多元化、就业选择自主化的背景下，人们对就业与家庭关系的理解、对稳定与风险的偏好以及受教育方式等都会影响就业的选择。父权制文化、忠孝文化下的日本以终身雇佣为榜样，年功制就成为日本企业的主要激励方式。而推崇自由、独立、创造的美国则在新技术、新行业的发展下更侧重于新领域、新产品的研究，个人创造力被充分挖掘，工作氛围也更倾向于平等、沟通的宽松文化，使就业更加自主、灵活。此外，在职业压力与家庭责任矛盾愈加明显的今天，受传统家庭观影响深远的日本、韩国还出现了明显的女性在不同生命周期的阶段性就业，这是文化与就业方式转变的结果。在我国的社会文化中，女性就业被视为与民族解放、社会进步相协调的一项重要内容，是体现人民翻身做主的一个重要方面，因此女性就业率显著增加，其就业机会得到了极大的改善。

3. 文化与就业相互影响

影响就业观念的文化与选择不同行业与工作方式的就业是相互影响、双向作用的关系。一定文化背景下的劳动者会选择目标行业和心仪企业，工作过程中，企业文化、办公室文化等都会作用于其原有的文化体系。若能接受并内化这些新理念、行为方式，则就业后会改变、调整其自身文化认识，形成新的文化体系；若无法接受一些行业、企业中存在的风气、人际方式，如加班压力、阿谀逢迎等，则可能选择改变就业环境，以维护自己原有的价值观。文化与就业是相互影响、彼此作用的关系，一定文化观念下的个体在就业选择时总会不自觉地向符合自我认知的领域靠拢，因为就业不仅是谋生手段，亦是追求自我价值与社会认同的过程。

(三)我国文化发展与就业

历经数千年发展的中华民族在自身发展实践中形成了勤劳、勇敢、自强、创新的民族文化，孕育了一代代吃苦耐劳、勤于耕耘的中华儿女。汲取文化中的有益部分，传承传统文化精华，可激励一代代中国人自强奋进；摒弃发展过程中出现的偏见文化，以更开放、广阔的视野看待就业，才能在变化中捕捉机遇，不断优化我国就业状况。

1. 文化产业与就业

随着我国经济发展水平的提高和对外开放程度的加大，音乐、表演、新闻媒体、文娱等文化产业迅速发展，成为社会经济结构中的重要产业。在带给人们精神享受的同时，文化产业的蓬勃发展也创造了众多就业岗位，拓展了人们的就业选择。

2. 思想观念与就业

作为深受儒家文化影响的国家，男女性别分工、男主外女主内的性别观深入人心，一定程度上阻碍了我国女性就业的步伐。随着时代变化和人们思想观念的发展，女性自立自主的文化观念受到普遍认同，就业不仅带来了女性的经济独立性和话语权，也是女性自我实现的重要途径。因此，文化导向和思想观念的变化切实影响了人们的就业心理及选择，在潜移默化中促进或者阻碍了就业。

三、医疗卫生事业对就业的影响

医疗卫生水平的提高是社会发展进步的重要标志之一，也是影响人类生活、工作方式的关键因素。医疗卫生服务的发展极大地提高了人类寿命，改善了生活质量，为近代几次重大科技创新和工业社会向后工业社会的转变提供了保证。作为人类自身发展最基本的组成部分，就业是建立于良好的身心状况基础之上的，医疗卫生事业的发展为人们可持续地完成工作、实现职业价值创造了条件。

（一）医疗卫生对基本生活的影响

健康是一切行为活动的基础，健康权是公民的基本权利。医疗卫生水平的提高对社会成员的影响不止于生理健康的改善，也在于心理状态的改观。

1. 提高预期寿命

社会平均预期寿命是衡量一个国家、地区发达程度和医疗卫生水平的核心指标之一，人类发展的进程是伴随生育率下降、预期寿命提高的人口结构转变过程。无论是发达国家还是发展中国家，人口预期寿命增加、人口老龄化都是发展的必然规律。

2. 增强国民体质

幸福充实的人生不仅需要延长生命的长度，更应注重生命的质量。医疗卫生事业的迅速发展对研究疾病的有效治疗方法、康复手段、增强免疫力等都有重要意义。医疗卫生事业的发展显著地增强了城乡居民的体质，年患病率明显降低，保证了劳动者能够以饱满的精神状态参与社会活动。

3. 提高生活满意度

疾病不仅带来生理痛苦，还会影响人的心理感受，造成沮丧、焦虑、无望等情绪，因此身心健康是生活快乐的基础。医疗卫生事业的进步在减轻病痛的同时更极大地缓解了人们的心理压力和失落感，为生活带来了新的希望。这在老年生活中尤为明显：受疾病困扰的老年人更易感到孤独、失落，不愿与外界交流；健康的老人则更乐于参加文娱活动，进而有利于其身心健康。因此，生理健康与生活感受是相互促进的，只有二者形成良性循环，才能真正实现较高的生活满意度。

(二) 医疗卫生发展对就业的影响

1. 提供更充足的人力储备

劳动者退休年龄的设定是与人口预期寿命相关联的，随着医疗卫生水平的提高，人口预期寿命大幅增加，延长退休年龄成为世界各国的普遍做法，也是人类生活、工作方式转变的标志。人口健康水平的提高不仅增加了年轻劳动者的劳动供给时间，也使越来越多的中老年人群具备了继续工作的条件，他们精力充沛、经验丰富，成为劳动力队伍中的重要组成部分。

2. 促进劳动力自身再生产

作为社会再生产的基本内容之一，在工作压力大、节奏快的今天，劳动者自身的再生产显得尤为重要。工作过程中产生的疲惫、压力，甚至对劳动者生理造成的损伤等都需要及时的恢复和缓解，使其体力和智力得到恢复、更新和发展。现代医疗卫生水平的提高就为劳动者自身再生产提供了良好的条件。首先，医疗卫生的发展为定期体检创造了条件。定期的体检对劳动者身体状况的掌握和疾病的及时预防十分重要，可很大程度上避免重大疾病的恶化，使劳动者连续、高效的工作成为可能。其次，医疗卫生水平的提高增加了疾病治愈的概率，减少劳动者的病痛，为其重新走上工作岗位打下基础。再次，康复、复健等技术和器械的发展使更多受到职业伤害的劳动者最大程度地恢复健康，增加了其继续就业的可能性。

3. 传承职业经验

随着劳动分工不断细化，职业的专业性和纵深技能更加突出，职业经验的发展和传承就愈发重要。医疗卫生条件的改善为劳动者延长工作时间提供了条件，使得各工作岗位劳动者对岗位技能、规律以及未来方向的把握更加准确,职业贡献度更高。德国闻名世界的师徒制就是如此,工作经验丰富的中年人将经验、心得传承给年轻一代,形成稳定、持续的经验传承,这对新员工的塑造和行业发展十分有利。

4. 带动相关产业发展,创造新就业岗位

医疗卫生产业包括制药、器械、健康养老、保险、保健等众多医疗健康相关领域,涉及社会化保健医疗卫生、健康产业发展、养老体系建设模式、健康保险计划等产业,是与健康理念、生活观念、产业升级等紧密相连的多元化、复合型产业。在新技术、新理念的促进下,生物医药、保健品研发、养老保健、医疗器械、医疗美容等新兴产业的发展将创造大量就业岗位,带动就业发展。同时,医疗卫生事业对经验、技术的重视也能吸纳较多的老年就业者继续从业,对就业岗位起到扩充作用。

第五节 就业管理服务与就业

就业管理与服务,被世界各国视为政府职能之一。① 作为劳动资源配置的主要手段,劳动力市场以效率为中心,但相对于其他市场,劳动力市场的信息不对称(如结构性失业)、买方垄断(如就业歧视)、市场分割(如结构化工资差异)、外部性(如个人收益不等于社会收益、个人成本不等于社会成本)等问题更为严重。这些问题仅依靠市场不能得到有效解决,需要政府干预。就业管理与服务是政府干预劳动力市场的综合体现。

我国把为广大人民群众免费提供高质量、高效率的就业服务作为国家的一项重要职责。各级人力资源和社会保障机构在组织就业、指导就业、服务就业方面起着举足轻重的作用。加强政府的就业管理与服务职能,在微观上有利于增加个人收入、提高个人的福利水平与满意度,在宏观上有利于规范劳动力市场秩序、促进经济发展、社会稳定,是国家获得可持续发展的有力保障。

一、就业管理的目标与原则

就业管理是政府为规范就业、促进就业而制定一系列政策法规和采取应对措施的行

---

① 政府进行宏观经济管理的主要目标是实现经济增长、维持充分就业、稳定物价水平和实现国际收支平衡。

为。各国政府都设置了劳动就业管理机构,负责开展失业治理、就业培育、劳动力市场规范等工作,形成了一套劳动就业管理体制,对促进经济发展、社会稳定和劳动者生活水平提高具有重要意义。政府完善人力资源开发、鼓励个人创业、提供社会保障成为一种新趋势。

就业管理的目标,反映了一个国家政府执政理念(价值判断)和大政方针,是具有战略地位的行动指向,决定了一个国家或地区就业政策的价值取向和就业格局。① 根据就业管理与服务的实践,就业管理的目标与原则主要包括充分就业、公平就业、平等就业、积极就业、扩大就业五个方面,其中充分就业为就业管理的总目标,公平就业、平等就业、积极就业、扩大就业为分目标,具体如图2-2所示。

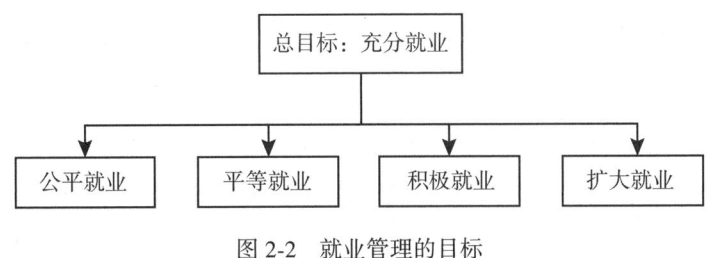

图2-2 就业管理的目标

1. 充分就业

凯恩斯认为,在经济大萧条时期,政府应该追求充分就业,这是政府应尽的职责与义务。充分就业有两种判定标准:一是当有效需求持续增加不会导致就业数量进一步增加时的就业水平;二是各生产要素的边际产出与这些生产要素为维持一定产量所要求的最低真实报酬相等时的就业水平,即在某一工资水平之下,所有愿意接受工作的人,都能获得就业机会。充分就业并不等于完全就业,凯恩斯认为,充分就业并不排除自愿失业和摩擦失业。充分就业包含自然失业的就业状态。②

充分就业既是微观个人家庭实现收入最大化的理性预期,也是宏观政府调控的首要政策目标。充分就业的重大意义和终极目的价值在于:一是权利保证,在充分就业状态下,每个劳动者都获得了自我发展和自我实现的权利,有利于个人实现全面发展;二是经济支撑,在充分就业状态下,劳动者个人有了可靠的工作保障,找到了稳定可靠的收

---

① 姚裕群:《论就业目标体系》,载《人口学刊》2001年第5期,第16~20页。
② [英]约翰·梅纳德·凯恩斯:《就业、利息和货币通论》,高鸿业译,北京:商务印书馆1999年版。

入来源，居民户家庭能够实现收入最大化；三是精神满足，充分就业状态下的劳动者在找到就业岗位的同时，也找到了自己的社会归属，就业者有了自己期望的社会定位，证明了自己的社会价值，其精神需求会得到满足；四是和谐发展，充分就业状态下，个人收入和政府财政收入都会获得相应增长，人口发展、经济增长和社会进步处在动态和谐的健康运行状态。所以，充分就业，既满足了微观层面的个人及家庭需要，又满足了宏观层面的政府需要，是政府和公众理性预期目标的最佳耦合状态。

2. 公平就业

"公平"在《辞海》中解释为：处理事情合情合理，不偏袒哪一方。公平指所有参与者（个人或团体）的各项属性（包括投入、获得等）达到平衡的一种状态。公平一般是依靠法律和契约保证，由发起人（主要成员）制定，参与者遵守的社会规则。在劳动力市场中，公平就业指就业条件、待遇（如工资、福利待遇、职位晋升）等对所有人一视同仁。

公平就业有利于消除就业歧视、维护劳动者的合法权益、增强劳动者的公平感以及对社会的归属感、认同感，有利于发挥劳动者的积极性与创造性。随着经济社会的发展，劳动者的权利意识逐步增强，对公平就业的诉求越来越强烈。为了满足劳动者公平就业的诉求，各国政府探索与实施了多种手段（如经济手段、法律手段、制度手段、教育手段、服务手段等），积极干预社会的雇佣环节，反对和禁止就业中的不公平做法。1994 年颁布的《中华人民共和国劳动法》明确规定："国家实行劳动者每日工作时间不超过八小时、平均每周工作时间不超过四十四小时的工时制度""工资分配应当遵循按劳分配原则，实行同工同酬""用人单位支付劳动者的工资不得低于当地最低工资标准"。

3. 平等就业

《辞海》中将"平等"一词解释为：人们在经济、政治、文化等方面处于同等的地位。平等是人和人之间的一种关系、人对人的一种态度，是人类的终极理想之一；人和人之间的平等，不是物质上的"相等"或"平均"，而是在精神上互相理解、互相尊重，把对方当成和自己一样的人来看待。① 在劳动力市场中，平等就业，是相对于就业歧视而言的，指不同的人或不同的群体享有平等的就业机会和就业权利，即在就业机会的获得方面，劳动者不因性别、年龄、种族、学历、姓氏等的差别而受到歧视，就业机会人人

---

① ［美］卡利尼克斯：《平等》，徐朝友译，南京：江苏人民出版社 2003 年版。

平等。

平等就业是促进资源有效配置和劳动者实现自身价值的基本条件，也意味着职业作为一种资源或财富的平等分配，即利益的平等分配。① 因此，平等就业是政府制定就业政策的出发点、立足点。各国为实现平等就业制定了一系列相关政策、法律，成立了专门的执行组织。为实现平等就业，美国联邦政府制定了一系列平等就业法，并成立了公平就业机会委员会(Equal Employment Opportunity Commission，简称 EEOC)②，负责执行平等就业法，并监督协调制定联邦平等就业法规、行为准则和政策。《中华人民共和国劳动法》规定："劳动者就业，不因民族、种族、性别、宗教信仰不同而受歧视""妇女享有与男子平等的就业权利。在录用职工时，除国家规定的不适合妇女的工种或者岗位外，不得以性别为由拒绝录用妇女或者提高对妇女的录用标准"。

4. 积极就业

积极就业是相对于消极就业而提出的政策。在宏观上，指政府将促进就业作为经济发展的基本目标，在进行经济发展重大决策时，要充分考虑各种措施对就业的影响，把是否促进就业增长确定为宏观经济决策基本原则。在微观上，是政府主动干预劳动力市场，引导市场行为、弥补市场功能缺陷。对个人而言，指公民的积极求职和自主就业、自谋职业、自行创业的态度与行为。

在经济增长压力增大的时期，就业问题就会变得十分突出。为了解决就业问题，各国开始纷纷探索积极的就业政策。在瑞典，积极的就业政策有三个部分：一是政府通过职业介绍所把失业人员组织起来，参加职业培训，而后激励其寻找新的工作；二是以优惠政策来协调各区域的劳动力资源配置，给边远地区的企业提供补贴，增加就业机会；三是帮助残疾人就业。这种就业政策的特征是为了给失业人员提供提高技术水平和充分发挥自己能力的机会。人们可以借助于职业训练重新开发自己，以寻找更适合自己的或收入更多的工作。

中国的积极就业政策主要包括：保持经济平稳较快增长速度，刺激劳动力需求持续增长，增加就业需求总量；鼓励劳动密集型产业、中小企业、第三产业及非公有制经济发展，通过多种方式开发就业岗位；发展基础教育，促进劳动者综合素质提高，提高其

---

① 何中奎：《论法治社会中的平等就业》，载《社会科学》2000 年第 5 期。
② 美国公平就业机会委员会是一个独立的联邦执法机构，执行所有联邦政府的平等就业机会法律，负责监督和协调所有联邦政府的平等就业机会的规定、措施和政策；调查受到种族、肤色、性别、年龄、残疾的歧视和对反歧视进行打击报复的现象；对雇主和工会进行歧视控诉的调查和裁决。

初次进入劳动力市场的年龄，减轻新劳动群体就业压力；在劳动市场中，应加强劳动关系的管理与培训，以达到合理的供需平衡，降低摩擦性失业；帮助就业困难群体，主要是通过培训、提供就业信息、给予就业与再就业所需的政策支持（经费，税收等）；建立与完善劳动力市场体系来弥补中国劳动力市场功能上的缺陷，消除特殊群体在就业方面的歧视，营造一个有利的就业环境。这些就业政策和措施都体现了积极就业的思想。

5. 扩大就业

扩大就业指创造更多的就业岗位、为更多的劳动者提供工作机会，从而扩大就业总量。劳动力市场的最佳就业状态是岗位供给与就业需求达到平衡状态。这种平衡状态并不是二者完全相等，在市场中存在一定失业率对劳动力资源优化匹配是必要的。

面对失业问题，中国把扩大就业作为就业管理的目标之一，采取各种措施积极扩大就业。如鼓励发展中小企业和第三产业、实施税收补贴、培育创业环境、发放小额贷款鼓励创业、加强就业教育与培训等；再比如调动一切政策工具为企业发展及投资营造政策环境、引导资源流向本国具有国际竞争力的优势行业、推动技术创新及时转化为生产力，创造新的经济增长点，帮助中小企业做大做强，进而为扩大就业提供空间。

二、就业管理的组织与实施

实现就业管理的五大目标、提高就业管理的效率，需要有相应的组织与工具作为依托。就业管理的组织机构包括：劳动就业管理服务局（中心）、劳动监察大队、劳动仲裁委员会、职业介绍中心等。就业管理服务的主要工具包括：劳动政策、劳动监察、劳动仲裁等。

1. 劳动政策

劳动政策，又称"劳工政策"，是政府向劳动者提供的制度化权益保障和服务，是所有与解决劳动问题、维护劳工权益有关的政治、经济和社会政策。劳动政策的形式主要有法律、法规、部门规章、政策文件。20世纪80年代开始，西方发达国家劳动政策的主要趋势，是放弃凯恩斯主义的劳动就业政策，奉行多样化的劳动就业政策，包括以英美国家为代表的新自由主义劳动政策、以瑞典等北欧国家为代表的合作主义劳动政策，以及以法国和西班牙等欧洲大陆国家为代表的保守主义劳动政策。[①]

---

① 孔德威：《劳动就业政策的国际比较研究》，东北师范大学2007年博士学位论文。

新自由主义劳动政策的主要目标，是降低劳动力市场的僵化程度、纠正市场扭曲和恢复市场的激励机制，以提高劳动参与率和就业率，从而降低失业率。新自由主义劳动政策的主要内容，包括减税政策、劳动力市场的灵活化政策以及劳动力市场的激活化政策。①政府从宏观需求管理转向微观供给管理，通过减税刺激资本投入和劳动力供给。②

合作主义劳动政策强调国家的作用和维持充分就业政策，充分就业和福利国家相结合，充分发挥三方机制的作用，以三方合作为主要内容来缓和社会矛盾和社会冲突、制衡利益集团、维护社会稳定。③

保守主义劳动政策，强调缩减劳动供给，实施就业保护和社会保护，其内容主要包括就业保护立法、福利保障政策。劳动政策在解决劳动问题方面发挥着积极作用。劳动政策能够及时回应劳工问题向社会发出的挑战，有利于迅速、高效地解决劳工问题。

2. 劳动监察

劳动监察是劳动行政部门依法对劳动法律法规遵守情况实施检查，并进行制止和惩罚活动的一系列行政行为。它既是一项重要的执法手段，又是维护劳动者合法权益的法律保障。依据国际劳工组织(ILO)劳动监察公约与建议书等，很多国家都制定了自己的劳动监察法律与法规，例如美国联邦《矿山安全卫生法》规定矿山安全卫生标准与劳工部门监察职责；加拿大《劳动(标准)法》规定劳动监察人员职责与具体监察事项；法国《劳动法典》规定劳动监察机构设置，监察范围与劳动监察员任务；我国《劳动法》规定各级人民政府劳动行政部门有监督检查违反劳动法律与法规行为的职责。

劳动监察可分为综合性监察和专业性监察。综合性监察主要涉及监察劳动和就业条件、环境、劳动关系，某些情况下还包括职业培训、移民和社会保障等。专业性监察是将劳动监察责任委托给掌握了特定专业技术的不同监察部门(通常由一个或多个中央部门监管)。一些"跨专业"团队或劳动监察员具备开展多种监察活动的技能。劳动监察机构可以独立运作，涵盖所有专业领域，或通过两三个行政单位开展业务。在匈牙利、保加利亚、印度尼西亚、菲律宾和越南等国家，劳动监察协调体现了"联合监察的理念"，即负责劳动监察的不同部门为实现同一目标共同参与行动计划，并开展联合行动。

在非洲，人们正致力于完善并简化不同的劳动监察部门之间的协调机制。在南非，

---

① 孔德威：《劳动就业政策的国际比较研究》，东北师范大学2007年博士学位论文。
② 石伟平，付雪凌：《发达国家就业培训政策的历史沿革与走向》，载《职教通讯》2007年第11期。
③ 王威海：《西方合作主义理论述评》，载《上海经济研究》2007年第3期。

部级规章鼓励更好地设计和实施劳动监察项目。在莱索托，为有效监督和改善外企劳作和就业条件，劳动和就业部、国业部、贸易合作和市场部、家庭事务和公共安全和国家事务部相关部门共同进行了监察。在拉美（如阿根廷、巴西、巴拉圭和乌拉圭），对属于不同组别的监察员国家委托其不同职责，要么侧重于一般性劳动事务（劳作条件）监察，要么侧重于安全、卫生和环境监察。在墨西哥，虽然监察活动都由同一群监察员来执行，但国家对监察主题进行分类，如劳作条件监察、安全与卫生监察和培训、技能监察等。

劳动监察，是劳动行政系统不可或缺的一部分，涉及劳动法执法和促进守法，是政府履行就业管理职能必不可少的工具和手段。其基本职责包括强制执法、纠正性干预、预防性控制、为新立法和条例提供建议、提供信息和培训服务。劳动监察扮演着"社会警察"的角色，能确保劳动法律法规得以贯彻、维护劳动者合法权益，保障工作场所公正，促进劳动力市场健康发展。

3. 劳动仲裁

劳动仲裁是劳动诉讼的法定前置程序，指劳动争议仲裁机构根据劳动争议当事人的请求，对劳动争议的事实和责任依法作出判断和裁决，并对当事人具有法律约束力的一种劳动争议处理方式。发生劳动争议时，当事人不愿协商、协商不成或者达成和解协议后不履行的，可以向调解机构申请调解；不愿调解、调解不成或者达成调解协议后不履行的，可以向劳动争议仲裁委员会申请仲裁；对仲裁裁决不服的，除《中华人民共和国劳动争议调解仲裁法》另有规定的外，可以向人民法院提起诉讼。

劳动仲裁指由劳动争议仲裁委员会对当事人申请仲裁的劳动争议进行公断与裁决。在中国，劳动仲裁是劳动争议当事人向人民法院提起诉讼的必经程序。相关法律规定，提起劳动仲裁的一方应在当事人知道或者应当知道其权利被侵害之日起计算一年内向劳动争议仲裁委员会提出书面申请。除非当事人是因不可抗力或有其他正当理由，否则超过法律规定的申请仲裁时效的，仲裁委员会不予受理。

三、公共就业服务

作为一项重要制度，公共就业服务是促进就业、解决劳动力市场信息不对称的专门措施。荷兰、英国等国家的公共就业服务致力于安置长期失业人员；在法国，公共就业服务努力增加市场份额和降低长期失业率；经合组织注重整合公共就业服务功能、取消其垄断地位；欧盟于1996年12月在欧盟理事会上呼吁建立强有力的就业服务；波兰1997年成立的公共就业服务机构，有2000名职员，提供许多服务，包括职业中介、职业咨询、工作俱乐部、培训计划等；中国香港的公共就业服务从20世纪90年代中期以来，一直强调系统的工作匹配计划。

世界各国公共就业服务的任务、战略和组织千差万别，在很大程度上取决于各国经济、社会和产业关系背景，取决于各国政府的就业政策。根据世界各国实践，公共就业服务的实施方式和手段如图2-3所示。

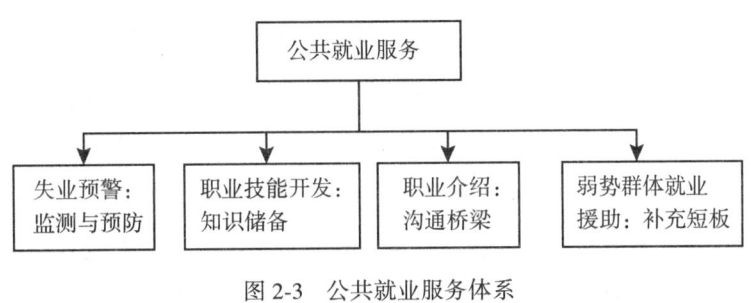

图2-3　公共就业服务体系

（一）失业监测与预防

失业监测预警是在对就业和失业状况调查分析的基础上，对未来失业变动状态实施监测、评价和预测的过程，包括失业监测指标体系、失业动态监测、失业信息调查、失业预警线及警报级别设定、失业应急预案等工作。失业监测是利用反映失业状况的所有敏感性指标，对全社会失业状态进行综合性测度，依据综合监测指数来说明本期失业所处阶段。失业预警就是借助于能灵敏地响应未来失业变化的警兆指标进行数学处理和分析，依据分析结果提前预警失业领域将要发生的不平衡状态，从而采取及时措施预防和控制失业问题。

失业监测预警可将失业风险控制在一定范围内，为政府解决失业问题、维持劳动力市场秩序提供决策依据，为应对失业造成的社会危机提供一个管理平台。

失业监测常用的典型指标包括：城镇登记失业率、城镇调查失业率、长期失业人员比例、失业人数增长率、失业人员平均失业时间、家庭劳动人口赡养系数、失业人员性别比例、特殊就业困难群体人员比例等。失业动态监测，通常是按月定期进行，每月对监测企业从业人员变动情况进行一次调查。将采集的数据进行从业人员增减原因等对比分析后，形成失业动态监测报告。失业动态监测是建立失业预警制度的重要基础性工作。在宏观上，有利于更好地把握经济变化对就业、失业的影响，有针对性地采取预防和调控失业的政策措施；微观上，个人可以从定期发布的市场景气指标中了解到当前人力市场最紧缺的职位是什么、缺口有多大、该职位工资水平等信息，以便于个人开展就业决策和培训决策。

（二）职业技能开发

科技成果和理论知识转化为现实生产力，需要瞄准产业实务，对拥有科技成果或掌握理论知识的人员（包括科学家、发明家、高校毕业生等）开展职业技能开发。当今世界的人才竞争，不仅需要理论研发型人才，也需要知识技能型人才。职业技能开发，是完善国家公共就业服务体系、提高劳动者业务技能水平和职业素质的重要手段，是为企业、社会提供高素质劳动力的"生产器"。

职业技能开发主要包括：职业教育、职业资格证书制度。职业教育是国家教育事业的重要组成部分，对受教育者进行思想政治教育和职业道德教育、传授职业知识、培养职业技能、进行职业指导、全面提高受教育者的素质，是促进经济、社会发展和劳动就业的重要途径。

从职业教育的办学主体来看，职业教育模式可归纳为四类。第一类是学校本位模式，即由国家举办的职业技术教育学校为办学主体的办学模式。国家是职业教育的投资者，学校则是职业教育的实施者。这种模式的代表国家主要有法国、丹麦、芬兰等。第二类是企业本位模式，即由企业或雇主承担职业教育职责的办学模式。国家会给企业提供一定的补贴。在这一模式中，职业培训的职责从政府转向企业，企业是决定职业培训成败的环节。代表性国家有日本、韩国、新加坡等。第三类是双元制模式，即参加职业培训的学生在选定一个具体的培训职业后，一方面在职业学校接受相关职业的专业理论和普通文化知识教育，另一方面在企业接受该职业的实际操作技能和专业知识培训。双元制模式是将学校本位模式和企业本位模式合二为一的办学模式，充分体现了企业与职业学校紧密结合、实践与理论相互衔接的双元结构特点。代表性国家有德国、奥地利、瑞士等。第四类是社会本位模式，即职业学校、企业和社会组织都可以参与职业培训的办学模式。在这种模式中，政府对职业培训进行规划和安排，由各种社会组织负责具体实施，政府提供补贴。代表性国家主要有英国、日本等。

职业资格证书制度，是按照国家制定的职业技能标准或任职资格条件，通过政府认定的考核鉴定机构,对劳动者的技能水平或职业资格进行客观公正、科学规范的评价和鉴定,对合格者授予相应的国家职业资格证书。职业资格证书制度是人力资源开发的一项战略措施,是现代社会就业服务的一种手段,有利于保证劳动者基本能力,提高劳动者素质,引导劳动者职业发展,这对推动劳动力市场建设和经济发展均有重大意义。职业资格证书是说明劳动者具备从事某一职业必须具备的知识与技能的一种凭证,它是劳动者寻找工作、担任职务、开业的资格凭证和用人单位招工用人的主要根据,是境外就业和对外劳务合作人员公证其技能水平的有效凭证。

(三)职业介绍

职业介绍是职业介绍机构为求职者与招聘单位(雇主)实现工作匹配提供服务的过程。作为求职者和空缺岗位的桥梁,职业介绍能够降低信息不对称的程度,缩短求职者的寻访时间,同时也有利于企业尽快填补空缺岗位、减少经济损失。职业介绍是公共就业服务的传统职能和手段,是公共就业服务的出发点。职业介绍有多种形式,如职业介绍机构、招聘广告(宣传资料、网络等)、招聘会、劳务市场、互联网自助服务等。职业介绍机构是专门的工作机构,有固定的场所,能常年提供服务。[①] 互联网自助服务是通过公共就业服务办公点计算机视屏、公共电脑亭、互联网使普通大众接触到空缺岗位。

职业介绍的服务内容主要包括求职登记、登记空缺岗位、职业指导、职业咨询、推荐介绍就业、推荐培训、组织参加招聘会、就业预测预报、发布招聘信息等,其中,职业指导是职业介绍的核心内容。职业指导指就业服务机构,如职业介绍所向劳动者和用人单位提供就业政策和就业信息等方面的咨询和服务,对择业者进行职业选择分析、职业观教育、职业心理分析鉴定和职业素质培训等,促进劳动者和用人单位实现双向选择的活动。[②] 新的技术方法在职业介绍中的运用,大大提高了职业介绍服务的利用率和使用效率,自助服务和个性化服务日益成为未来职业介绍服务发展的新趋势。技术方法的改进同时也强化了职业介绍在公共就业服务中的基础地位。

(四)弱势群体就业援助

弱势群体指在遇到社会问题冲击时自身缺乏应变能力而易于遭受挫折的群体。根据

---

① 樊丽丽:《职业介绍机构运作指南》,北京:中国经济出版社 2004 年版。
② 樊丽丽:《职业介绍机构运作指南》,北京:中国经济出版社 2004 年版。

弱势群体的成因，弱势群体可分为生理性弱势群体和社会性弱势群体，如图2-4所示。

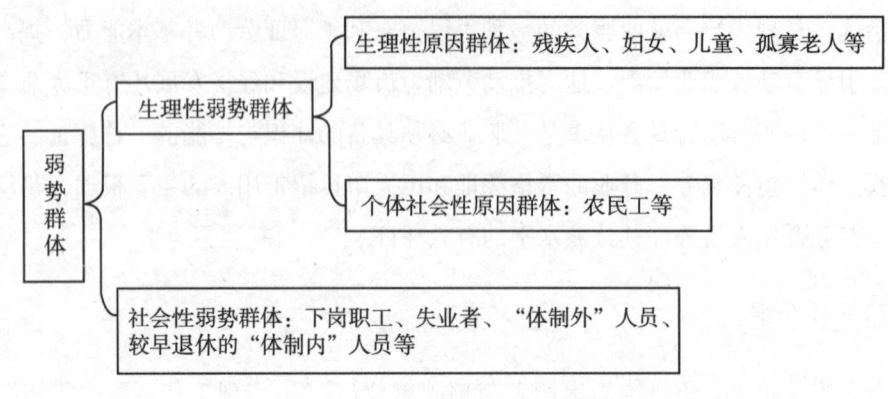

图 2-4 弱势群体分类

生理性弱势群体是由个人方面的原因导致的，社会性弱势群体是由社会方面的原因导致的。弱势群体具有明显的社会经济特征，在社会资源分配上表现为经济利益上的贫困性、生活质量上的低层次性和承受力上的脆弱性共同构成了社会弱势者在社会性资源分配上的同一性，其中，贫困性、低层次性和脆弱性是弱势群体的本质特征。①

就业是弱势群体脱贫的根本出路。弱势群体的贫困性、低层次性和脆弱性导致其沦为就业困难群体。弱势群体就业困难成为致贫的重要原因。帮助弱势群体就业是政府和社会不可推卸的责任，也是实现公平就业目标的重要举措。弱势群体的就业援助是政府提供公共就业服务的一种重要手段，在社会中起到"补充短板"的作用。针对弱势群体就业，国家制定了诸多就业援助政策，形成了就业援助制度。就业援助制度指政府建立的一项以就业困难人员为主要对象，制定各类特殊扶持政策，多渠道开发公益性就业岗位，提供有针对性的援助措施，使就业困难人员尽快就业或再就业的一项制度。② 弱势群体的就业援助内容主要包括：政策援助、经济援助、社会援助、岗位援助、特殊援助。

政策援助主要指政府制定各项政策，对弱势群体就业给予政策扶持，如岗位、社会保险补贴政策，对招用弱势群体的企业实行税收减免政策，为困难群体提供免费培训、技能鉴定的政策等。经济援助主要包括就业困难群体从事个体经营、自主创业的，国家

---

① 陈成文：《社会学视野中的社会弱者》，载《湖南师范大学社会科学学报》1999年第2期，第324~342页。

② 郜风涛，张小建：《中国就业制度》，北京：中国法制出版社2009年版。

给予税费减免，可以享受小额担保贷款、社会保险政策补贴等；困难群体就业前国家保障其基本生活，给予生活补助。社会援助主要包括通过社区就业援助员帮助就业困难人员实现再就业；县处级以上领导干部与就业困难人员结成帮扶对子。岗位援助主要包括政府投资开发公益性岗位、鼓励开发社区岗位，开发劳动输出、派遣岗位，协调企业、事业单位设岗，为困难群体创造就业岗位、提供就业机会。特殊援助主要包括提供岗位信息、职业指导、职业咨询、技能培训等；为困难群体进行心理疏导，帮助他们克服自卑心理，增强自信；提供劳动维权援助等。

第六节 劳动力市场

随着经济发展的转变，就业形势更加严峻，单独依靠政府包就业的方式已经难以解决所有就业问题。因此，有必要建立一些帮助政府部门缓解就业压力的专门机构，这就是劳动力市场机构。劳动市场就是在劳动管理与就业领域中，根据市场规律有意识地利用市场机制来调节劳动供求关系，合理地引导劳动力流动，继而使劳动力得到合理配置。

一、劳动力市场概述

(一) 劳动力市场的概念

劳动力市场是劳动力要素买卖双方从事交易活动的场所、空间和机制。劳动力市场中买方以各种用人单位为主，卖方则为有一定劳动能力并已达法定劳动年龄的潜在劳动者。买方和卖方在某时点上数量巨大，双方的决定都将影响对方的决定，劳动力市场不是劳动力买方和卖方的简单组合。理解劳动市场需要把握以下几点：第一，劳动力市场是劳动力要素的交换场所，既包括有形的(如人才市场)，也包括无形的(如市场机制)。第二，劳动力的价格是劳动力市场的基本要素，具体表现方式就是工资，工资水平的高低决定了要素供求双方的市场行为。第三，影响劳动力市场的运行的因素有很多，如宏观经济运行状况、就业体制改革进程等。第四，劳动力市场反映了以市场为基础配置劳动力资源的一种机制，劳动力供求双方通过价格、竞争和供求等机制发挥功能，从而达到劳动力资源合理配置。

(二) 劳动力市场的构成及特征

1. 劳动力市场的构成

劳动力市场由劳动力、用人单位、工资率、劳动力市场组织者等主要因素构成。劳动力是劳动力市场的供方，是劳动力市场的主体之一，既包括单个劳动力，也指国家或地区范围内的劳动力。用人单位是劳动力市场的需方，是劳动力市场的主体之一。目前我国劳动力需求方面呈现多样化的发展趋势，用人单位包括企事业单位、党政机关、社会团体以及城乡居民个人等。工资率反映劳动力的价格，在调节劳动力供求关系中起到重要作用。受到当前我国收入组成因素的影响，工资并不能全面反映收入状况。只有当劳动力供求关系进入工资率决定的情况，它才具有真正的市场支付手段的意义。劳动力市场组织者通常指劳动力市场机构。既可以是有形的，也可以是无形的，包括职业介绍所以及求职网站等。

2. 劳动力市场的特征

劳动力市场既不同于一般商品市场，也不同于一般要素市场，在劳动力市场中，劳动者出卖的仅仅是某一时期的劳动使用权，劳动者无论在什么情况下都掌握着劳动力的最终所有权。具体来看，劳动力市场特点可以概括为六个方面。第一，劳动力寓于劳动者本身之中，劳动者只能被雇佣而不能被买卖。劳动力可以成为商品，但劳动者本身不是商品。第二，劳动力市场的交易活动受到诸多因素的影响。劳动力市场上的各种活动既依赖于劳动者与用工单位这两个主体，也受政府、工会、雇主以及舆论等社会力量影响。第三，就业合同期限相对较长。较长的合约可以降低签约费用，防止支付了一定成本的人力资本流失。对劳动者而言，较长的合约使劳动者与企业保持稳定的关系，可以稳定地提高生活质量，降低个人风险。第四，劳动者的工作存在巨大的差异。在劳动力市场上，由于劳动者之间的体力和脑力相差悬殊，企业之间也不尽相同，供求双方存在着复杂性和多样性，造成劳动者与工作之间存在着巨大的差异。第五，劳动者在市场上往往处于弱势地位。在劳动力供过于求的情况下，劳动力市场价格通常由买方而并非卖方决定的。在市场交换中，企业具有是否雇佣或雇佣多少的决策权，在劳动力市场上货币资本在大多数情况下处于相对有利的地位。第六，劳动力市场存在各种歧视。劳动力市场歧视其实是劳动力市场中的一种社会偏见，使技术水平相近的劳动者在劳动力市场中处于不同的位置。

(三)劳动力市场的类型

按照劳动力市场范围,可分为区域劳动力市场、产业劳动力市场、职业劳动力市场、企业内部劳动力市场。区域劳动力市场是根据买卖双方的地理范围划分的劳动力市场形式,如乡村劳动力市场、城市劳动力市场等。产业劳动力市场指按所交易产业范围而划分出来的一种劳动力市场,例如建筑业劳动力市场。职业劳动力市场则是按职业范围划分的,如教师市场等。企业内部劳动力市场,指买者与卖者之间相互搜寻企业内部职位空缺的一种劳动力市场形态。

按专业对劳动力素质的要求,可分为公务员市场、职业经理人市场、专业技术人员市场和普通劳动力市场。其中,公务员市场又分为国家行政机关(含事业单位)、企业单位和其他组织三种类型。公务员市场就是以政府需求为主,根据比较严格的标准(包括学历、所学专业、年龄、社会责任感及公众形象与工作能力),定期向社会公开招考,择优录用的一种劳动力市场形式。职业经理人市场指社会上具有较高经营和管理企业知识以及才能的经理人员市场,国外具有比较发达的职业经理人市场选拔机制。专业技术人员市场指在某些领域中具有外行人所不可替代的专门知识、技能和经验的劳动力所组成的市场形式,如工程师、会计师等。普通劳动力市场是由除以上几种人员之外的普通产业工人、管理人员、服务业从业人员组成的市场。

按照市场竞争自由度,劳动力市场可以划分为完全竞争市场、垄断市场、不完全竞争市场。完全竞争的劳动力市场是只在理论上成立的市场,但是为了分析方便,一般假定劳动力市场是完全竞争的劳动力市场。垄断劳动力市场分为买方垄断和卖方垄断,一般是卖方垄断,即企业对劳动力拥有绝对的定价权,劳动者是价格的被动接受者。不完全竞争市场介于完全竞争市场和垄断市场之间,是现实中最普通的劳动力市场形态。

(四)劳动力市场的运行

劳动力的需求方与供给方必须相互匹配,不仅存在着劳动者对于工作职位的选择和要求,而且存在着用人单位对于劳动者的选择和要求。劳动者与企业间有偿转让劳动力使用权的交易关系,是平等互利的,双方以平等的地位和互利的方式进行。

1. 劳动力交易的特点

劳动力交易与其他交易一样,在买卖双方之间进行。其特殊之处在于交易本身不是外在于交易者的某种物品,而是内在于作为交易一方的劳动者身上的劳动能力,这种能力不能离开劳动者单独存在和转让。

2. 劳动力交易的内容

劳动力交易包括市场交易与管理交易两层内容。市场交易就是劳动力市场上进行的交易，双方以平等互利的方式自愿交换，并达成协议。管理交易，是市场交易在企业内部的延伸，表现为双方分别处于主导和服从不同地位，通过一方按另一方的要求形式来达到互利的目的。

3. 劳动力市场运行的机制

劳动力市场运行包括供求机制、竞争机制和价格机制。劳动力市场的供求机制指通过发挥劳动力市场的作用调节劳动力的供给与需求。在众多因素的影响下，劳动力市场将不断地在供求不平衡与供求平衡间循环往复。竞争机制包括择业竞争与人才竞争。择业竞争指在劳动力市场上，劳动者之间为获得理想的工作岗位而进行的竞争。人才竞争指企业为求得优秀人才而进行的竞争。价格机制指劳动力市场价格是评价劳动者素质、劳动能力及劳动效果的测量指标，也是一种经济杠杆，可以自发调节劳动力资源在不同地区、不同行业和岗位之间合理配置。劳动力市场价格既是宏观经济中劳动力流动的指导性指标，又是劳动者个人择业的指示器；既是用人单位吸引优秀人才的手段，又是激励劳动者努力提高自身素质，以适应社会经济发展要求的加速器。劳动力市场由供求、竞争和价格三种机制共同作用，进而有效调节劳动力供求。工资上升，劳动力流入，供给量增加，竞争加剧，形成供过于求的局面；工资下跌，劳动力流出，供应量减少，出现供不应求的局面，工资又开始上升。

二、劳动力供需平衡

(一)劳动力供给

1. 劳动力供给的定义

劳动力供给指劳动力的供给主体(即劳动者)在一定的市场工资率的条件下愿意并能够提供的劳动时间。从总量角度讲，劳动力供给是一个经济体(一个国家、产业、行业或企业)在一定时间内可能获得的劳动者愿意提供的劳动能力的总和。从个体决策来看，劳动力供给都取决于劳动力供给者在一定条件下的决策，这种决策由劳动力供给主体作出。虽然包括家庭在内的诸多因素会对决策产生影响，但决策主要由劳动者个人作出。从个体意愿来看，劳动力是劳动者的私有财产，劳动者是否愿意提供自己的劳动能力，取决于很多因素，一是劳动力供给受到工资水平高低、工作时间长短、个人和家庭的经济状况等方面的影响；二是劳动力供给量不能等同于实际就业人数，在一定的劳动力市场条件下，并不是所有的劳动力供给者都能找到工作。从时间要素来看，劳动力供给较多地受到时间因素的限制，而且并不是工资水平越高愿意供给的时间越长，当工资水平高到一定程度后劳动力反倒可能降低劳动力供给。

劳动力供给作为劳动者在一定条件下意愿出售的劳动能力的总和，不仅包括劳动力的数量，而且包括劳动者意愿提供的劳动时间、劳动强度以及主观努力。同时劳动力供给也受到人力资本水平的影响。劳动力供给在时间方面有短期和长期之分。考察短期劳动力供给，主要关注某天、某月或某年的劳动力供给数量；考察长期劳动力供给则侧重于未来，如三年、五年或更长时期的劳动力供给状况。

2. 劳动力供给的有关假设

一般在分析劳动力供给时，需要作出一些假设。

(1) 效用最大化的目标假设

劳动者在作出劳动力供给决策时，其主要目标是追求效用的最大化。劳动力获得的效用来自两个方面：一方面是通过供给劳动获得收入，另一方面是闲暇时间的获取。不同劳动力对收入与闲暇的权衡将导致收入达到一定程度后，为追求闲暇，劳动者有可能减少劳动供给。

(2) 完全竞争市场假设

不同的市场环境下，劳动力供给情况不同。劳动力市场分为三类：完全竞争市场、垄断竞争市场、不完全竞争市场。不同市场环境对劳动力供给的影响不同。一般情况下，假设劳动力市场处于完全竞争状态，劳动力资源可以自由流动，市场主体可以完整并迅速地获取市场信息，信息获取的成本为零等。

(3) 劳动力质量的同质假设

一般假设劳动力具有相同的质量。在此假设下，只要有一个工人处在失业状态，就不会有劳动力的短缺。当然在现实的劳动力市场上，劳动力的异质性是其主要特征。但在作出劳动力供给决策时，一般基于劳动力同质假设。

3. 劳动力供给的分类

(1) 无限劳动力供给

无限劳动力供给即在某一工资水平时有无穷的劳动力供给。依据此工资水平，厂商可以雇佣到他想雇佣的任何数量的劳动力。在低于这一工资水平时，劳动力供给为零，厂商雇佣不到任何劳动力。

(2) 随工资增加而增加的劳动力供给

在这种情况下，工资增加会使较多的人愿意提供劳动力。而当工资减少时，相应愿意提供劳动力的劳动者减少。受不同行业与职业性质的影响，随工资变动而劳动力供给的变动的情况并不相同。

(3) 与工资无关的劳动力供给

在这种情况下，工资并不影响劳动力的供给的数量，也就是说，不管工资怎样变动，劳动力供给都既不增加也不减少。最为常见的情形是，劳动者在较短的时间内无法调整其工作计划或某些职业技能时，在工资变动时，劳动力供给不会受到任何影响。或是某种劳动力特别短缺，即使有较高的工资也无法增加劳动力的供给。

(4) 随工资增加而减少的劳动力供给

劳动力供给在一定阶段随工资的提高而增加，但是随着工资的进一步提高，劳动力供给数量反而减少，从而形成了一条向后弯曲的劳动力供给曲线。这是劳动力供给的替代效应和收入效应共同作用的结果，即当工资增长到一定程度时，靠较短时间内的收入就足以应付必要的开支，而这时对于闲暇时间的需求就更多，那么劳动者就会减少劳动时间而享受在一定收入下的更多的闲暇。劳动力的供给并非总是随着工资的增长而增长。虽然在现实中这种情况并不常见，但这种情况确实存在。

(二) 劳动力需求

1. 劳动力需求的基本概念

劳动力需求，指企业在特定时期内在某种工资率下愿意并且能够雇佣的劳动量。劳动力需求中企业愿意与能够雇佣缺一不可：企业尽管愿意但难以雇佣也不构成劳动力需求；能够雇佣但不愿意，同样也构不成劳动力需求；只有在愿意与能力兼备的情况下，才能形成劳动力需求。企业的劳动力需求是一种派生性需求，即企业对劳动力的需求不是直接的，不像一般社会对物质产品的需求是一种绝对需求。企业之所以雇佣劳动力是因为劳动力与其他生产要素相结合为市场提供产品与服务，劳动力需求产生的直接基础在于对产品与服务的需求，因此劳动力需求是派生性需求而非直接性需求。正是由于劳动力需求的派生性，在其他条件不变的情况下，劳动力需求会随着市场产品和服务需求的变化而变化。

2. 劳动力需求的分类

按照需求的广度来划分,劳动力需求可以划分为企业需求、行业需求和市场需求。首先,劳动力需求的实体是企业,企业追求利润最大化,企业家特别关心由于增加劳动力数量而引起的总收入的变化。劳动力投入如果能使总收入的增加大于总成本的增加,则企业决定增加劳动力的投入。其次,行业劳动力需求为本行业企业劳动力需求之和。市场劳力需求指某一市场内企业在工资率下的劳动需求总和。再次,市场劳动力需求指的是劳动力市场中各个行业对劳动力需求的总和。市场上的劳动力需求是企业需求的叠加,不同的市场结构决定了劳动力需求的形态的差异。

按照需求的时间跨度来划分,劳动力需求可以划分为短期与长期劳动力需求。短期需求指在资本投入与技术条件不变的条件下企业对劳动力的需求。长期需求指的是企业的所有生产要素,不论是资本、技术,还是劳动力要素都是可变的,即任何条件都可能变化时对劳动力的需求。这种情况下,与短期劳动力需求相比,工资、资本价格和产品需求对长期劳动力需求的影响更为复杂。

3. 短期劳动力需求的特征

(1) 边际生产率递减规律

短期内唯一可变的生产要素是劳动投入,当把可变的劳动投入增加到不变的其他生产要素上时,最初劳动的增加会使产量增加;当其增加超过一定量时,增加的产量开始递减,这就是劳动的边际生产率递减规律。其他生产要素不变时,由劳动投入增加引起的产量的变动可以分为三个阶段:

第一阶段:边际产量递增、总产量增加阶段。边际产量即由于增加一个单位的劳动要素投入而增加的产量。边际产量递增是因为在开始时,不变的生产要素没有得到充分利用,劳动投入不断增加,可以使固定不变的生产要素得到充分利用,从而使边际产量递增。

第二阶段:边际产量递减、总产量继续增加阶段。这是因为不变的生产要素已得到充分利用,可变的劳动要素对不变的生产要素的利用趋向极限。

第三阶段:总产量绝对减少阶段。此时固定不变的生产要素已经得到充分利用,潜力用尽,再增加可变的劳动要素,只会降低生产效率,使总产量减少。

(2) 企业短期劳动力需求的决定

分析企业短期劳动力需求的决定,需要结合成本和价格来分析。企业通过比较增加劳动力投入所支出的成本及其所带来的收益来作出短期劳动力需求决定。在其他条件不变的情况下，企业每增加一个单位的劳动力投入所增加的产量，定义为边际产量，边际产量按照现行价格出售，则企业得到的收入增量就是劳动的边际产品价值，也就是企业在增加一个单位劳动力投入所获得的收益。即在完全竞争的市场结构中，资本等生产要素不变，唯一可变的生产要素为劳动，那么由于增加单位劳动而给企业增加的收益为劳动的边际产品价值，它等于劳动的边际产品乘以价格。

在完全市场经济的环境中，企业增加一个单位劳动力投入所需要花费的成本称为边际成本，其实际表现为工资水平。完全竞争的劳动力市场背景下工资率不变，企业面临的是一条工资率与横轴平行的劳动力供给曲线。企业在这个工资率上可以雇佣到想雇佣的任何数量的工人，如果工资水平低于这个工资率则雇佣不到任何工人，当然企业也没有必要以高于这个工资率的工资水平去雇佣劳动力。企业在以利润最大化为其生产目标的过程中，其劳动力需求决定必须遵循劳动的边际产品收益等于工资率的原则。

4. 长期劳动力需求的特征

长期劳动力需求指企业可以改变资本与劳动使用量的过程。长期内企业可以改变资本的使用量和技术构成。工资率的变动将影响劳动力的雇佣量，这表现为以下两种情况：

第一，工资通过规模效应影响雇佣水平。追求利润最大化的企业，产出规模要遵循最后一个产出单位的边际收益等于其边际成本的原则。工资率的上升造成边际生产成本的提高，而边际收益并不提高，其结果必然是在原有产量水平上边际成本超过边际收益。这时，企业减少生产产量反而会增加利润。一般说来，随着产量水平的下降，资本和劳动使用量会相应减少。

第二，工资率的提高导致要素之间的替代。企业追求利润最大化，必然使产品成本最小化。企业雇佣劳动力，按照一定的工资率水平支付给工人工资。对于工人来讲，工资则是他们的劳动收入。对于企业来讲，这是雇佣劳动力的成本。当生产的产品价值小于成本时，不能生产出剩余价值，企业没有利润。只有生产的产品价值大于生产成本时，对劳动力需求量才能存在或增加。即使劳动力需求是一种派生需求，但是企业对劳动力的雇佣化并不是简单地随产品需求变动而调整其劳动力需求。市场产品需求增加时，企业并不是简单地决定增加雇佣劳动量。应先要比较增加劳动力雇佣引起总成本变化与总收入变化的情况，如果增加雇佣量能使总收入比总成本增加更多的话，企业才会增加雇佣，反之则不增加雇佣劳动力。在假设其他条件不变的情况下，劳动力需求量与工资率存在着如下关系：工资率提高，劳动力需求量减少；工资率降低，劳动力需求量增加。为了取得最大利润,企业必然会以最小的成本来生产最大的产量。劳动力需求的最优决策是资本和劳动的边际产品比等于价格比。企业根据两者价格的变化,决定长期劳动力需求量。

(三)劳动力供需平衡

1. 劳动力供需平衡的概念

简单而言,劳动力市场的均衡即劳动力供给与需求均衡的市场状态。在劳动市场静态均衡条件下,通过劳动供给和需求双方自发形成均衡工资和均衡就业。同时,这种均衡的形成没有其他外力的干扰。劳动力供给与需求变动直接影响着劳动力市场均衡。

首先,劳动力供给变动对均衡具有重要影响。在劳动力市场中,劳动力供给和劳动力需求一起决定了工资与就业之间的均衡程度。劳动力供给、劳动力需求及其二者的变化均可打破原来的平衡,却又可在新情况下恢复平衡。资本供给的变动、产品需求的变动等非工资因素的影响,都可以造成劳动力需求的变动,它表现为劳动力需求曲线的移位。其次,劳动力供给与劳动力同时变动,亦可以使原有的市场均衡受到破坏。在劳动力供给与劳动力需求的共同作用下,仍可实现新的均衡。

2. 劳动力供求的影响因素

在市场经济体制中,市场的主体主要是企业和家庭(劳动者),但政府并不独立于市场之外,它同时也直接参与经济活动,并在经济活动中发挥着重要作用。这种重要作用体现在宏观经济政策、各类制度的制定与实施方面,对劳动力市场也有重要影响。

(1)国家财政对劳动力市场均衡的影响

国家财政由政府收入和支出两个方面构成。政府支出包括各级政府支出的总和,主要分为政府购买和转移支付两类。政府购买是一种实质性的支出,有着商品和劳务的实际交易,因而直接形成社会总需求,进而影响劳动力需求。转移支付是政府收入再分配的主要手段,是政府在社会保险福利、社会优抚、社会救济以及某些补贴等方面的支出。国家财政对劳动力市场均衡的影响具体分为以下两个方面:

第一,公共物品和服务的提供从多方面影响劳动力需求。在其他条件相同,公共物品的生产和消费与私人产品是互补关系时,将产生对私人部门劳动力的派生需求;相反,若公共物品的生产和消费与私人产品是替代关系时,则会降低私人部门对劳动力的派生需求。第二,公共物品和服务对劳动力供给的影响。通过调整短期个人劳动力供给中的收入和闲暇模型可以发现,公共物品和服务的提供会降低劳动力供给数量。

(2)政府税收对劳动力市场均衡的影响

税收是政府调控经济的重要手段和工具,税收的种类很多,所得税对劳动力市场具有影响。在劳动力需求曲线弹性既定的情况下,个人所得税对工资和就业的影响主要取决于劳动力供给曲线的弹性。在其他条件相同的情况下,如果劳动力供给曲线向右上方倾斜,个人所得税使劳动供给数量减少,导致工资率上升、就业量下降。所得税对工资率的影响是既降低每小时工作的实际收入,也降低既定工作量的净收入。政府通过国家财政、税收等宏观调控的形式对劳动力市场的微观主体的行为产生一定影响,对劳动力供给者产生不同的收入效应和替代效应,从而影响了劳动力市场的供给与需求,影响着劳动力市场均衡的实现以及实现水平。

☞ **思考题:**

1. 影响就业的因素有哪些?
2. 技术进步如何影响就业?
3. 经济发展与充分就业协调发展的重点是什么?
4. 社会发展如何影响就业?
5. 劳动力供给的影响因素是什么?
6. 劳动力需求的影响因素包括哪些?

第三章 经济全球化背景下劳动就业的挑战

第一节 一体化与业务外包

为了适应知识经济和全球化引发的新挑战，作为追求利润最大化的经济实体，企业把注意力集中于生产组织方式的创新，在一体化生产与业务外包之间相继抉择。突破原有传统生产经营观念的束缚，企业根据自身的性质和特点，创新与改进适合新经济的生产组织体系，扬长避短，焕发生机，无疑会给就业带来新的挑战。

一、一体化：组织规模化与多元化

在一体化生产组织模式中，企业的全部经济活动，无论是生产经营，还是职能管理，都由企业自己独立控制，尽可能在企业边界之内完成。一体化生产包含纵向一体化和横向一体化。一体化生产更多地被视为传统的生产组织模式。在企业竞相追求专业化生产的同时，为何仍然有不少企业专注于一体化呢？学者们给出了不同解释，比如交易费用理论、范围经济理论、资源能力理论等，在学界被广泛讨论。

科斯（Ronald H. Coase）从交易费用角度阐释一体化生产。他认为企业和市场是可以相互替代的两种机制，交易成本的存在导致了企业的出现。一体化经营将一系列外部交易内部化，企业代替市场组织经济活动，从而节约交易成本。该理论受到了众多学者的关注，继科斯之后威廉姆森（Williamson）等经济学家分别从该视角对其进行了延伸和完善，通过衡量内部生产和外部购买的成本，分析企业一体化的边界，明确单个企业向产品生产及销售等各阶段的延伸程度，确定在最终产品的总生产链中由该企业所完成的生产链长度。交易费用理论着重于企业产生原因，将企业看作一体化生产方式与市场交易的对立存在,指出了企业合约性质较之市场交易的优势之处,主要从合约的签订、监管和执行等交易费用节省的角度分析企业较之市场的优势。

范围经济理论①认为,当企业单独生产多种产品或经营多项业务时,成本比由多家企业提供的成本要低,即:

$$TC(Q_x, Q_y) < TC(Q_x) + TC(Q_y)$$

其中,$TC(Q_x)$,$TC(Q_y)$分别表示多个企业分别生产 X、Y 产品的总成本,企业就会采取一体化经营模式。企业追求经济利润最大化,收益和成本是其关注的重点。范围经济理论,从企业内部和外部生产的成本控制角度,说明了一体化生产方式在范围经济背景下的成本优势,表明利润驱动下企业一体化生产的意义。

资源能力理论认为,企业的本质是能力和资源的集合,企业的关键是有效保护和开发其能力,企业的专有能力是决定什么通过企业完成,什么通过市场完成的重要因素。理查德森(Richardson)认为,类似、互补性活动应该由企业来组织,不类似、一般互补性活动由市场来协调,不类似而高度互补性活动由企业间合作机制来协调。该理论侧重于强调在给定的活动及其资源能力特性条件下,什么样的生产方式会形成竞争优势。企业一体化和多样化的扩张过程不一定会带来内部管理成本的上升,扩张本身就是一种学习、能力利用和积累过程,由此会带来内部生产相对于市场的效率优势。② 一体化生产具有非普适性,依据经济活动性质细分,结合企业自身能力和资源现状进行生产方式的选择,一体化生产的规模经济效应只有带来内部效率提升,才能形成竞争优势。

二、业务外包:组织小型化与专业化

日新月异的科学技术发展、信息的瞬息万变使得企业在降低生产成本、提高生产效率、赢得竞争优势方面面临更大的挑战。资源(资本、劳动力、企业家才能、公共环境)正朝着达到最优配置的方向流动。任何国家、地区都不可能追求在所有行业都具有绝对竞争优势,企业亦是如此,并非所有环节都是其生产的优势部分,因此,企业越来越多地倾向于瞄准特定产品或服务价值链中的特定生产环节而从事他们最擅长的业务,

---

① 范围经济(Economies of Scope)指由厂商的范围而非规模带来的经济,也即当同时生产两种产品的费用低于分别生产每种产品所需成本的总和时,所存在的状况就被称为范围经济。
② 白玉、杨敏:《纵向一体化动因理论研究前沿及启示》,载《当代经济》2008 年第 10 期,第 144~145 页。

将不具备比较优势的生产环节外包出去，提升企业专业化程度。

传统的生产模式，从企业研发部门的创新和产品开发到企业生产、产品和服务的销售，整体呈现出一种线性格局。世界进入知识经济时代，单个企业内部的分工协作已经扩展到企业之间、行业之间，传统的纵向一体化和自给自足的组织模式已经难以适应新的经济环境。作为一种重要的生产组织形式，企业业务外包，将本企业的非核心业务交给专业公司完成，自己则专注于核心业务和核心竞争力的发展，如图3-1所示。

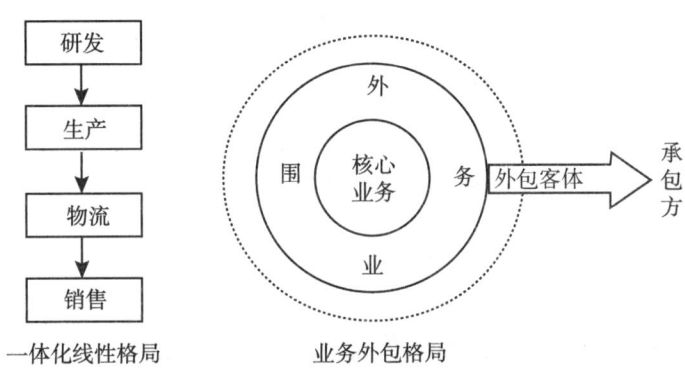

图3-1 企业生产形式对比图

根据企业外包业务职能及工作性质不同，常见的业务外包可分为"蓝领外包"（即生产外包，产品生产制造外包）和"白领外包"（服务外包，包括服务营销外包、人力资源管理外包、物流外包等）。

生产外包是最早的外包形式。早在20世纪60年代，美国提出的"生产分享计划"就是一种生产外包形式，主要是鼓励企业把劳动密集型产品或生产工序转移到海外进行生产。

服务外包，包括诸如ITO（信息技术外包服务）、BPO（技术性业务流程中的外包服务）、KPO（技术性知识流程外包），这些外包形式主要是依托于信息技术，利用外部专业服务商的知识劳动力完成企业内部的工作，从而达到降低成本、提高效率、提高企业适应市场环境、优化企业核心竞争力的目的，正逐步成为世界业务外包重要组成部分。

业务外包具有能够使企业专注核心业务和提高资源利用率的优势，但在微观企业决策时还要考虑诸多因素来决定最终是否进行外包以及将哪些业务外包，这些因素主要包括企业的成本、技术、战略等。

从企业成本角度看，如果承包企业专业化程度较高，能够达到规模经济，可以削减企业开支,提高效率,企业就会选择进行业务外包;从技术角度看,外包可以改善技术服务,通过业务外包,产品或服务价值链中的每个环节都由世界上技术最好的专业企业完成;从战略角度看,企业在进行外包决策时会首先明确什么是自己的核心竞争力,然后将企业中外围业务外包出去,从而使企业更加注重核心业务,专注于自己的核心竞争优势。

三、一体化还是业务外包

一体化和外包形式各具优势和劣势,采取何种生产组织形式,需要企业综合各种因素,并根据企业自身的特性作出最终选择。综合看来,选择一体化还是外包的决定因素主要集中于生产成本和所面临的风险。

两种生产组织方式形成的组织内部成本与市场交易成本不同。一体化形式(尤其是纵向一体化)经营可以减少获取市场信息的成本,实现信息的经济性,但企业内部组织环节增多,管理费用会较高。相对于一体化而言,业务外包则可以使企业内部管理费用大大降低,同时由于承接外包业务方具有规模经济效应或技能方面的优势,进行业务外包可以有效地降低经营成本。但业务外包也可能使企业面临很多风险。在业务外包形式中发包方和承包方之间形成一种委托代理关系,承包商比企业拥有更多关于产品或服务的成本、质量等信息,从而导致信息不对称,企业会面临由于信息不对称造成的道德风险。外包常常会使企业丧失对一些产品或服务的控制,从而增加了企业生产活动的不确定性(见表3-1)。

表3-1　一体化与业务外包的成本风险比较

	一体化	业务外包
成本	信息成本低,管理费用高	生产成本低,管理费用低
风险	风险较低	信息不对称带来风险

综合考虑企业生产方式的成本和风险,可将这两个影响一体化与业务外包决策的因素用指标(潜在竞争优势和外包战略风险)来表示。其中,潜在竞争优势指在考虑交易成本之后,企业自主进行某项活动存在的竞争力。如图3-2所示,企业应该采取的决策:当潜在竞争优势较低,且外包的战略风险较低时,企业应选择业务外包;当潜在竞

争优势较高,且外包的战略风险较高时,企业应选择一体化。

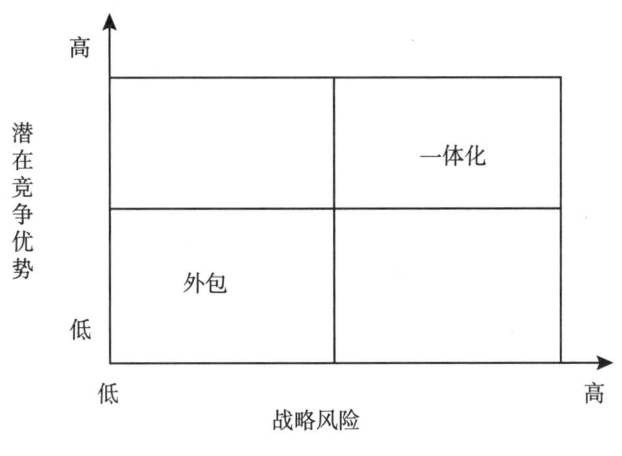

图 3-2 企业组织方式决策

四、业务外包对劳动就业的影响

从经济社会的角度看,在承认业务外包给双方带来一系列正效应的同时,其迅速发展无疑冲击着发包方和承包方的劳动就业市场。

从劳动力供需角度看,企业在世界范围内寻求具备比较优势的生产要素。据商务部资料显示,目前,美、欧、日等发达国家作为主要发包国,新兴经济体作为主要承包国的全球离岸服务外包格局已基本形成。对于承包国而言,大量的国际外包业务亦对国内的劳动就业市场产生重大影响。外包业务使得劳动力需求在一定程度上转移,市场对于制造业类低技能劳动力的总体需求会有所增加,创造就业机会。

从外包对就业形式的影响来看,非正规就业形式由于外包的发展而盛行,如劳务派遣、临时就业、非全日制等就业形式。以劳务派遣为例,企业开展业务外包成为劳务派遣就业形式发展的重要助推力,一些业务承包方限于技术、成本以及时间等因素,在自己不能独立完成外包任务时,会通过与劳务派遣机构合作寻求所需的劳动力或雇佣非全日制就业员工,组成临时就业团队进行项目承接,完成指定任务后自动解除相应的劳务关系。外包形式的灵活性使得外包双方能够在更加广阔的外部劳动力市场上获得所需的劳动力。相对于企业组织内部生产而言,这种与业务外包相关的就业具有更高的流动性。一方面，有利于劳动力资源的优化配置，使得劳动力供需匹配度更佳；另一方面，业务外包，突破了劳动力企业内部化的局限性，节省了相应的招聘、管理费用，以及由长期就业合约带来的其他成本，如正式员工所享有的各种福利保障等，有利于企业资源的利用率最优化。

从劳动者的角度看，这些区别于传统的灵活就业形式使得劳动力市场能够为其提供更多的就业机会及岗位，在就业过程中打破了传统就业形式中劳动力雇佣和使用的一体化格局，在这种灵活且专业化的工作中发生了雇佣关系和工作关系的分离，专职工作技能在实践中得到不断强化与提升，人力资本量得以积累，有利于推动个人长期寻优行为。然而，业务外包也增强了就业的不稳定性，增加了劳动力市场上劳动者权益受损的可能性，劳动者维权的难度加大。

第二节　跨国就业与跨行兼职

人类社会的经济发展史是一部社会分工史。其中社会分工的核心是劳动分工，是社会劳动的分类与独立化，是每一位劳动者分别从事各种不同而又相互联系的工作。

一、跨国就业：驱动力与理论解释

经济全球化对国际分工新格局产生了一系列直接或间接的影响。跨国公司不断扩大投资，全球服务贸易迅速发展，区域经济合作不断增强，在此背景下，国际劳务市场规模正在稳步扩大，全球范围内的专业人才在不同国籍的企业间转移甚至在不同的国家间转移都变得更加必要，即跨国就业。跨国就业的常见形式包括跨国公司就业、国际劳务派遣、对外承包工程派出、对外劳务合作等。中国劳动力市场不断国际化，人力资源流动范围逐步扩大到全球，部分劳动力放眼全球进行人力资本的供给。

（一）跨国就业之跨国公司就业

跨国就业的另一种理解是劳动力在不同国籍的企业间就业，就业于跨国公司无疑是这种形式的典型。跨国公司已成为国际分工体系的主导力量，跨国公司在国际范围内选择生产地点，引发劳动力的国际流动，受成本驱动的国际分工导致就业机会在全球范围内重新分配,这本质上是流动性强的要素追逐流动性差的要素的全球生产重组。

相对于资本,劳动力作为流动性差的要素,在跨国公司的生产布局中被优先考虑。作为生产国际化的主体,跨国公司在国际间实现更加专业化的细分,把处于标准化阶段产品的生产和技术对外转移,外包给世界各地的合同制造商,以规避某些方面的比较劣势。在这种国际分工和跨国生产模式下,就业岗位便实现了全球布局,这种承接外包工程的劳动力,无论在国界内还是在国界外都构成了跨国就业者的重要部分。

总之,资本国际间流动的产生和进一步扩展,促使跨国公司产生、发展和壮大,并成为今天经济全球化的载体。跨国公司的发展壮大又进一步促进了资本的国际流动,它们之间的交互配合对全球的劳动就业市场起到了调配作用。

(二)什么引起了劳动力的国际流动

每种现象的背后都存在经济学原理,劳动力的国际流动也不例外。市场机制(即"看不见的手")引发资源由供给过剩向供给不足、由效益低向效益高的部门或者领域流动,导致生产要素的跨国流动和配置。劳动力作为生产要素中的重要组成部分,也遵循最优化配置路径并在全球范围内流动,不仅仅局限于某一国家之内。

工资的国别差异(或区域差异)和微观个体(用人单位和劳动者)追逐自身利益,是劳动力跨国流动的直接动因。经济学的基本假定之一是理性经济人。劳动者总是期望同质劳动能获得相对较高的收入,从低工资地区流向高工资地区是市场经济条件下劳动者理性选择的必然结果。

开放经济条件下劳动力流动的基本模型如图3-3所示。该模型假定世界只由本国和国外两个国家组成,两国都拥有两种生产要素——土地和劳动,且都只生产一种产品,所以不存在贸易的条件,可简化成$2 \times 2 \times 1$模型。其中,土地是非流动性要素,两国实现经济一体化只能通过劳动力流动。图中OO'为两国的总劳动力数,开始时本国劳动力人数为OL_1,国外工人数为L_1O',MPL_d和MPL_f分别代表国内、国外同质劳动力标记产品。在劳动力的这种布局下,本国的实际工资A比国外的实际工资B要低。在自身利益驱使下,劳动力向支付高工资的一国流动,直到两国的实际工资率相等为止,即世界劳动力最终分配均衡点为C。此时,本国劳动力为OL_2,国外劳动力为L_2O',劳动力跨国流动总量为L_1L_2,世界劳动力市场通过劳动力的流动实现再配置,导致劳动力价格的趋同,最终劳动力市场的均衡价格为C。

此外,解释劳动力国际流动还可以使用国际贸易理论中"赫克歇尔-俄林定理"的推

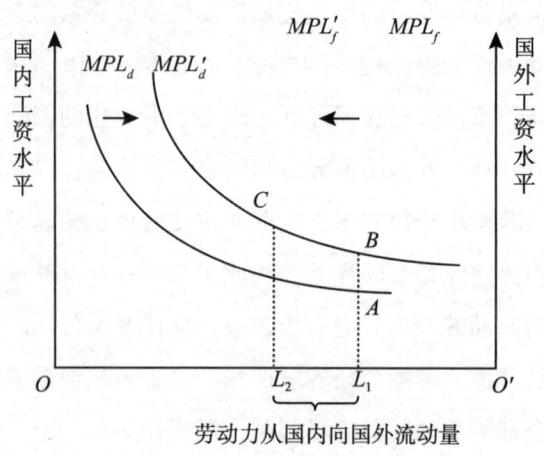

图 3-3 劳动力跨国流动模型

论,即要素价格均等化定理(H-O-S)。该定理认为,自由贸易将导致国际间同质生产要素相对价格和绝对价格的均等化。就劳动力要素而言,若将全球看作一个整体国家,那么不同国家间的劳动力流动就可以看作一个国家内部劳动力要素的自由流动。相对于发展中国家(或欠发达区域)而言,发达国家(或发达区域)的同质劳动报酬相对较高。自由贸易开展后,追逐较高的劳动报酬成为劳动力跨国流动(或跨区域流动)的直接动力。与此同时,发达国家(或发达区域)的劳动密集型产业更多地期待发展中国家(或欠发达区域)的廉价劳动力输入本国(或本地区)以缓解人员缺口,呈现出在全球性范围内寻求最低劳动成本的趋势。在此背景下,劳动力资源的全球(或全国)范围内流动成为输入输出各方达成共赢的新体现。

从宏观经济角度来讲,可将劳动力跨国就业归结为各国的经济发展水平不同。发达国家在工业化过程中已逐渐吸纳过剩的农业劳动力,其所创造的新的就业机会远远高于不发达国家。而不发达国家工业化水平低,不可能为劳动者提供充分就业机会,造成严重的失业和过剩人口压力。此外,发达国家人口自然增长率较低,老龄化严重,满足不了对劳动力的需求,存在大批就业岗位空缺,这就对那些劳动人口过剩的不发达国家的劳动力产生了吸引力。不发达国家由于人口自然增长率高,资金不足,技术落后,国内就业困难,对劳动力向国外转移产生了某种推力。对于发展中国家而言,在新的分工模式下积极融入国际分工体系,能充分利用其丰富的劳动力资源,加速解决二元经济结构导致的剩余劳动力问题。

二、跨行兼职：内涵与表象

中国改革开放初期，人们从事的本职工作以外的、有报酬的第二职业(即兼职)带有很大的隐蔽性。虽然有些人从事兼职工作，但却对兼职讳莫如深。随着社会经济的迅速发展，工作方式也发生极大的变化，跨越时空和地域的局限进行协同工作成为可能，极大地促进了兼职工作的发展。人们渐渐意识到兼职已不是边缘问题，已进入我们生活的核心领域，甚至已经成为一种时尚，正受到越来越多人的青睐。

(一)何为兼职

英文中"兼职"为"moonlighter"，从其组成上可获知其含义是白天下班后，晚上顶着月光做第二份工作的人，当下被称为"阿鲁族"。

兼职一般主要指业余兼职，即在保证全职工作顺利开展的前提下，利用8小时工作以外的业余时间开展兼职活动，并取得合理的报酬。

在搜索引擎中输入"兼职"二字，兼职吧、兼职网、兼职地带、兼职俱乐部等各种兼职招聘网站扑面而来。在网上找一份甚至几份自己喜欢的兼职工作，对一些人来说已经屡见不鲜了。对于一些专业人才来说，兼职是8小时之外展现自我的舞台；对SOHO(Small Office Home Office)一族来说，兼职让工作方式变得更加自由和符合现代时尚；对于在校学生来说，兼职是迈向社会前的最佳历练。对于不同人群，尽管兼职的效用不同，但正效用居多，这也是兼职流行的重要原因之一。此外，兼职岗位的提供方也在兼职流行中发挥了相当重要的作用，劳动力需求方灵活地配置工作人员构成，以经济性因素为根基，结合现代经营理念创造了多元化的人力资源体系，其中，兼职人员在体系中的作用越来越突出。

(二)个人需求：精神享受与经济收入

根据"理性人"假设，实现自身效用最大化是每个人的终极目标。对于劳动者而言，兼职工作是其主业以外获得更多收入的重要渠道，为了实现货币效用最大化，不少人追求8小时工作外的兼职收入。当今社会，越来越多的人不再将兼职仅仅作为"捞外快"的一种手段，而是视其为一种新生活方式或灵活自由工作状态，最为典型的即为SOHO一族。他们能够按照自己的兴趣和爱好自由选择工作，不受时间和地点制约、不受发展空间限制,甚至被看作兼职人群中的"高端"。由此,劳动收入的货币效用及工作方式的灵活性对劳动者兼职决策行为的促成作用可见一斑。

(三)企业需求:成本与收益

企业作为微观经济主体,无论在生产环节还是在购买环节都会试图实现成本最小化。投入任何生产要素,都需要承担相应的成本,对于劳动力要素投入,收益成本原则同样适用。我们知道,企业的劳动力成本中有一部分不随工资率的变化而变化,而是与劳动力本身密切相关。只要企业雇佣一名劳动力,就必须增加一笔固定费用,这就是准固定成本(quasi-fixed cost)。这种非工资性的劳动力成本不会因为劳动者工作时间或是服务年限的长短而发生太大的变化。[①]

对于任何一个经济组织而言,全日制员工无论是工资水平还是准固定劳动力成本一般都高于兼职员工,如果假设兼职员工与全日制员工在生产过程中是可以替代的,理性的企业管理者就会倾向于使用更多的兼职员工。特别是在一些门槛较低的劳动密集型行业,如餐饮业等,兼职劳动者可提供同质于全职员工的劳动,其劳动生产率差别不大,且一般求职者供大于求,这些行业中兼职劳动力比例相对较高,兼职存在空间很大。另外,企业可以使用兼职人员来规避法定福利和自定内部福利,比如法定保险、在职培训等。有些用人单位甚至不用提供工作地点,一切工作过程完全由兼职工作者自行操作选择,比如:独立合同工(independent contractor)形式的就业者,他们不隶属于任何一个单位,只是自己与雇佣方订立合同,完成工作并取得报酬,类似于"自由职业者",大大节省需方与供方达成、维护、管理契约的交易成本。

(四)劳动力资源配置:人才短缺与人才浪费

不充分就业状态也是促使许多人从事兼职就业的重要原因。通过本职工作外的兼职活动,每个兼职人员都在试图达到"人尽其才"的目的,期望最大限度地实现自身人力资本的充分利用。不仅如此,一些人还会在得到本公司允许的情况下占用工作时间从事兼职活动,这是本单位在工作任务不够饱满的情况下,支持员工流入其他单位进行兼职工作,一般是出于避免造成人浮于事,并在一定程度上使劳动者生产技能得以维持与更新的目的。用人单位突破原有职场界限,在与劳动者达成必要的合约后,允许内部人员

---

① 杨伟国:《劳动经济学》,大连:东北财经大学出版社2010年版。

进行"双线工作",这使得兼职活动成为用人单位促进人力资源正向外部经济性的重要途径之一。

兼职是智力交流合作的形式之一。兼职活动有助于本职工作质量的改善和个人能力的提高。从社会角度看,在缺乏某种人才时,允许兼职工作,有利于人才潜力的发挥和知识的传播。兼职实现了人才资源的社会共享,在提高人才利用率、减少人才浪费等方面起到了积极促进作用。兼职是通过市场调节人才缺乏与人才浪费并存矛盾的有效办法。

第三节 物质资本与人力资本

不同的经济形态中,物质资本与人力资本在财富创造中的地位和作用是不一样的。如图 3-4 所示,物质资本在农业经济、工业经济、知识经济中的作用依次降低,而人力资本的作用依次上升。如果说工业经济是以物质资本为主导生产要素的经济发展模式,那么知识经济则是以人力资本为主导生产要素的经济发展模式。在工业经济时期,社会消费结构以生存和初步发展所需的物质产品为主,在产业结构上表现为经济增长以物质生产产业为基础,产业的知识密集度较低,因此,物质资本对经济发展作用更加明显。自 20 世纪 80 年代起,人类社会进入以信息网络技术为主的信息时代和知识经济时代,消费结构得到升级,服务消费的比重相对于物质消费大大上升,产业结构中服务业比重

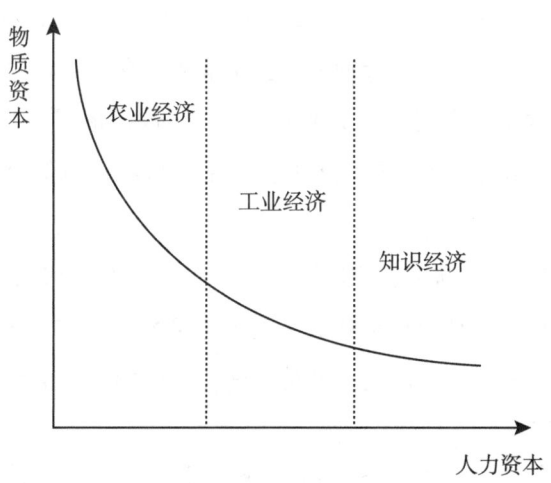

图 3-4 物质资本向人力资本转变

和知识密集度均极大提升，使得从工业经济向知识经济的过渡时期，人力资本的作用上升为首位，人力资本投资占社会总投资的比重越来越大。

总之，随着社会经济形态的演化，人力资本的重要性日益突出，在价值创造中所占的比例也越来越大。人力资本在国民经济和社会发展中的基础性、先导性和全局性地位日益凸显。

一、人力资本与物质资本交互作用

作为资本的两大分支，非人力资本和人力资本具有资本的一般性特征，如生产性、收益性等。人力资本是促进经济和生产发展的一个重要变量，其目的也是为了产出的最大化。对人力资本投资与对物质资本投资的根本目的一致：投资者，无论是人力资本载体、经济组织还是社会，都是为了追求投资效益的最大化。

人力资本区别于物质资本的最显著特征是其具备"能动"属性，这主要源于人力资本的依附性。依附性指人力资本不能独立于其载体而存在和使用，人力资本的载体将会依据自己的喜好来决定其组合的方式和程度，而个体的意愿和行为则会对其发挥作用产生一定的影响。例如，在不喜欢的工作环境下工作，会直接导致消极怠工等无效率行为的发生。人力资本与物质资本结合后，如果受到科学合理的激励，就能在生产中表现出很强的适应性及创造性，有利于不断改善物质资本的质量和使用状况。

人力资本与物质资本的另一重要区别是收益递增性。从生产角度来看，物质资本一旦投入使用后，其价值会通过折旧的形式逐渐转移到产品中去。然而，人力资本则不同，它在使用后具有再生性，不仅能使人力资本继续存在，而且通过不断使用，得到工作经验和技能提升的效果，实现人力资本的增值①，进而形成更高的人力资本量投入，因此人力资本在使用过程中，其边际收益是递增的，该特点也使得社会财富的增长越来越依赖于人力资本要素。

舒尔茨（Howard Schultz）认为，物质资本和人力资本都是经济发展不可或缺的生产性投资。其中，人力资本的依附性使得人力资本只有在生产劳动中与物质资本相结合，通过改变或运用物质资本，才能将自己的价值转移到新的产品中并创造出新的价值。如

---

① 物质资本除直接生产折旧外，也会因技术更新和进步所带来无形的精神磨损而造成其价值的减少。与此同时，人力资本也会产生自然贬值的现象，经过多年的教育培养的专业技术人才也会由于经济环境、技术进步、劳动力市场供需变化等而降低或者失去价值。

果没有人力资本投资,物质资本投资再多也不能发挥其作用,也即只有存在二者的交互作用才会产生经济增长的效果。

内生增长理论的一个重要组成部分是建立能使得资本报酬不再递减的生产函数,即 AK 模型:

$$Y = AK$$

其中,Y 是总产出,A 是一个反映技术水平的正常数,K 是广义的资本:既包括物质资本,也包括人力资本。

该等式表明,产出与资本存量成比例,资本的边际产出保持不变,为常数 A。作为人力资本的载体,劳动者本身具有主体能动性,是物质资本发挥效益的前提。劳动者通过人力资本的能动性活动,有效地促进物质资本结构、性能的改善,减弱或抵消物质资本收益递减规律的影响,使得总体的资本报酬率不下降。

人力资本甚至可导致物质资本等生产要素的收益递增。这意味着,投入一定量的要素,社会生产等曲线可能会向外扩展,或者在既定的产量目标下,减少所需的要素投入量。

总之,劳动者人力资本存量的不断提高,能够最大限度地发挥其他各种资源的使用效益,助力经济优质、高效并可持续发展。如果说处理好劳动力与资本(物质资本)的关系是工业经济发展的基础,那么科学地处理人力资本和物质资本的关系则是知识经济发展的基础。如何确定人力资本与物质资本的比例?图 3-5 以投入量为指标,定性地描绘了两种资本在经济发展中的角色转变过程。

其中,维持正常生产所需的物质资本和人力资本最低投入量分别是 K_0 和 H_0。AA' 曲线表示工业经济时期,经济发展的主导因素是物质资本,人力资本的投入量相对较少,BB' 曲线则表示知识经济时期,人力资本发挥主导作用,物质资本的投入逐渐减少。BOA' 曲线代表等产量线,假定在其他生产要素投入量适合时,描绘产量相等的人力资本和物质资本投入量的各种组合。在等产量线 BOA' 上,O 点表示工业经济与知识经济的过渡点,该点处物质资本和人力资本的投入量相等,O 点前后表示物质资本和人力资本的投入量比例不同。据此,我们可以定性地区分不同经济社会类型。

二、人力资本与经济增长

亚当·斯密在《国富论》中指出:"学习一种才能,须进学校,须做学徒,所费不

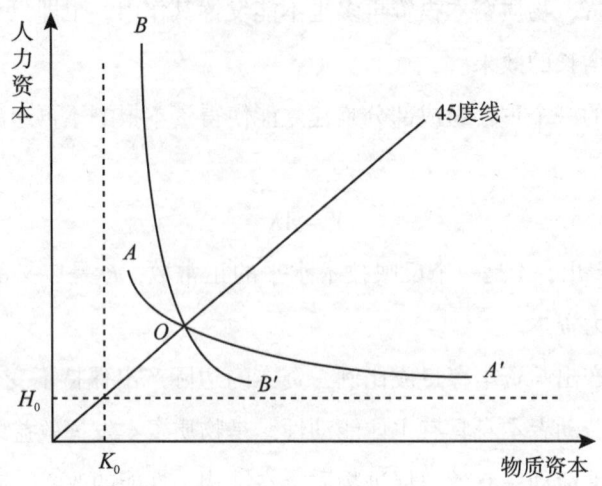

图 3-5 物质资本和人力资本的投入变化情况

少。这样费去的资本好像已经实现并且固定在学习者身上。这些才能,对于他个人自然是财产的一部分,对于它所属的社会而言,也是财产的一部分。工人增进的熟练程度,可以和便利劳动、节省劳动力的机器和工具同样被看作社会固定资本。"[1]这些早期的人力资本思想为其形成奠定了坚实的基础。

人力资本是工业经济以后,对应于一种新型社会经济形态的新型资本形式,这就决定了在社会经济领域中,对人而非对物的投资已成为一种主导性现象,而且这一现象已成为推动社会生产力增长的微观动力机制。揭开经济发展的层层面纱,政府和学者们越来越认识到,经济发展中最重要的因素是人,特别是掌握一定科学技术知识和技能的人,亦即要依赖于人力资本积累。

人类已步入知识经济时代,科技进步和人才是经济迅速崛起与发展的两大引擎。这些最终归结于有智慧的人脑和积淀于知识劳动者的才能,这都是人力资本投资与积累的主要内容。人力资本是提高生产效率的关键因素。人力资本积累能提高劳动者自身素质、劳动质量和经济价值。以劳动投入为视角进行剖析,工人在工作中所投入的现实劳动包含了工人体力、智力的耗费,在具体身体素质和知识能力素质之下,工人的精神素质,主要指劳动态度,则是规范工人向工作中输入体力、智力的重要力量。较高的人力资本可以使劳动者更新观念、改善劳动态度、增强责任心、提高创新意识,直接内化于生产环节,推动经济增长。劳动者精神素质的提高,可使劳动者更加专注于生产过程中

---

[1] [英]亚当·斯密:《国民财富的性质和原因的研究》,北京:商务印书馆1981年版。

的规范化劳动行为，从而改善劳动质量，劳动者操作设备的熟练程度能充分发挥设备效能，随着人力资本存量得以提高，可以有效促进物质资本效率的发挥，能够减缓物质资本边际生产率下降趋势，宏观上促进经济更快增长。

☞ **思考题：**

1. 劳动力资源国际流动对就业带来哪些影响？
2. 物质资本和人力资本结构变动如何影响就业？
3. 业务外包对就业有何影响？

中　篇

收入分配

第四章 收入分配的理论基础

第一节 古典经济学收入分配理论

所谓收入分配，从经济学范畴来看，就是社会物质财富通过初次分配、再分配等环节，在社会各成员之间形成一种收入分配，是联系生产和消费的中介。英国古典政治经济学的创始者英国古典经济学创始者威廉·配第，率先提出了劳动价值理论，并研究了利息、利润和地租等剩余价值的表现形式，分析了社会资本的再生产和再分配过程，客观上为收入分配的研究提供了理论基础。

一、亚当·斯密的收入分配思想

1. 亚当·斯密收入分配思想的产生

亚当·斯密是英国古典经济学的伟大代表之一，政治经济学的主要创立者之一，还是近代经济学的奠基人，其著作《国民财富的性质和原因的研究》（又称为《国富论》）是一部具有划时代意义的巨著，充满了收入分配的思想。亚当·斯密认为，国家总财富，也就是总价值，是国家总劳动所创造，进而肯定了劳动创造价值的观点。这点在《国富论》中就有明显的体现。亚当·斯密在书中写道："一国国民每年的劳动，本来就是供给他们每年消费的一切生活必需品和便利品的源泉。"虽然是从劳动的角度讨论国家总财富的来源和分配情况，但是，亚当·斯密又过分看重了资本主义社会中的收入和分配，认为一国的总收入，即总价值可以全部分解为工资、利润和地租；同时，亚当·斯密也认为这个过程是互逆的：一国的总财富无论表现形式如何，最终都能分解成这三种基本收入。亚当·斯密的收入分配理论与价值理论一起构成其宏观经济学的微观基础。

亚当·斯密理论思想的产生是由当时许多的社会条件决定的，这也是了解亚当·斯密的收入分配理论的前提。17世纪后期，随着资本主义经济的发展，在荷兰和英国首先发生了资产阶级革命。而到了亚当·斯密生活的时代，市民社会与工业资本主义迅速兴起。纺织业作为当时英国经济的核心部门，正在从畜力和风力推动的作坊向着水力推动的工厂演变，生产效率发生着重大变化。这个时代的英国，不仅从提高国内的内生动力出发促进经济增长，而且从国内和国外大肆进行的"圈地运动"中就获取了超额利润。以国会立法这样的强制方式完成了"圈地运动"，与海外贸易和远洋探险活动联系在一起的超额利润，使中世纪向本地市场供应商品的工商业向国际贸易为主的工商业过渡。伴随高速的经济增长，当时的英国政治与文化也进入了转型期，这为英国保持持续的经济增长奠定了坚实的基础。就是在这个时代，瓦特发明了蒸汽机，从此历史上第一次工业革命轰轰烈烈地开始了。

2. 亚当·斯密收入分配思想的构成

亚当·斯密的收入分配理论由两部分组成：第一部分是三种收入学说。工人通过劳动得到工资，土地所有者通过出卖土地作为生产资料得到地租，资本家通过提供资金得到利润。第二部分是三个阶层的学说。他第一次将社会划分成工人阶级、地主阶级和资本家。

(1) 三种收入价值论

亚当·斯密认为如果一些人通过抑制自身的欲望，使资本在其手中积累起来，那么他们中的一些人就会将积累起来的资本以产品生产的形式和途径投入那些没有或者拥有较少资本的劳动者的身上，为劳动者提供生产的原料和必需的生活资料，这样资本积累者就可以通过购买他们的劳动增加原料的价值获得利润。从原材料价值增加来源的方式来看，生产的总收入可以分成两部分，一部分支付劳动者的工资，另一部分支付雇主为垫支原材料和工资所投入全部资本的利润。以上是没有考虑土地作为生产资料情况下的分配方式。随着经济的发展和规模的扩大，土地作为生产资料的重要性和稀缺性越来越显著。如果土地完全成为私有财产，那么地主就会像其他人一样，喜欢不劳动就获得收入，且由于土地自身的特殊性，地主将永久性地拥有获得收入的权利，这样商品价格中就又有了第三个组成部分，即地租。由于每种具体商品的价格，即交换价值，都可单独分解成上述三部分中的某一部分或全部，所以，构成一国全部劳动年产品的全部商品的价格或交换价值，从其整体上来看，也必然可分解为三大部分，即劳动工资、资本利润和土地地租。社会每年由劳动采集或生产的全部产品，或者说它的全部价格，最初就是这样在某些不同的社会成员中间进行分配的。亚当·斯密认为工资、利润和地租在生产过程起到重要的作用，这三个要素也是所有收入和所有可交换价值的基本成分。亚当·斯密还认为对所有劳动产品的初次分配都应该是基于这三个要素进行的分配，即资本积累者获得利润、地主获得地租、劳动者获得工资，并且劳动者的工资、资本家的利润和土地所有者的地租是商品价值的构成部分和源泉。

亚当·斯密指出，在原始社会状态下，由于人口少、土地面积大，土地并不是稀缺资源，同时资本也没有积累起来，因此也就谈不上地租和利润，只有劳动在生产过程中起到决定性的作用，因此劳动的全部生产物属于劳动者，不存在资本家和地主参与分配。随着人口数量增多，经济增长，土地逐渐成为稀缺资源，同时对资本的需求大大提升，生产资料所有制逐渐发生了改变，土地变成私有财产，资本变成了资本家拥有的个人财富，于是，地主的地租自然而然成为从用在土地上的劳动的生产物中扣除第一个项目，资本产生的利润成为从用在土地上的劳动的生产物中扣除的第二个项目。亚当·斯密认为利润是工人劳动对原材料所增加的价值在扣除了工资以后的余额，地租是劳动产物在工资、利润以外的又一个扣除部分。

(2) 三个阶层的思想

亚当·斯密认为实际工资水平要由劳动者和资本家双方通过订立契约来决定，然而资本家常常处于有利地位，这点其实就体现了劳动关系，劳动者和资本家通过签订契约确定双方的劳动关系，但是，由于劳动者提供的劳动力往往具有同质性，且劳动力数量巨大，与之相对应的能够提供资本的资本家则十分有限，因此，这也就决定了资本家的有利地位。尽管如此，劳动者的工资也不可能非常低，需要有一个底线，需要保证足够维持劳动者及家庭的正常生活，为劳动者养家糊口、抚育子女提供必要的物质条件。可以看出，亚当·斯密认为工资是劳动者维持生活、延续后代所必需的生活资料的价值或价格。

亚当·斯密对地租有深刻的认识，他认为地租是一种垄断价格，具有一定的特殊性。作为使用土地所支付的地租，其垄断性自然是租地人按照土地实际情况所支付的最高价格。亚当·斯密还明确指出地租作为生产要素，它的价值应该蕴含在利用土地所生产的产品的价值或价格中，超过补偿农业不变资本垫支农业劳动工资和农业一般利润以上余额。由此可以看出，亚当·斯密认为地租存不存在，主要看农业生产品的价值或价格有没有涵盖该余额，地租的多少则取决于该余额的大小。由此亚当·斯密得出结论，地租成为商品价格构成部分的方式和机制与工资和利润不完全一样，它们与价格存在因果关系，且关系相反，工资和利润的多少是价格高低的原因，地租的多少却是价格高低的结果。

二、李嘉图的收入分配思想

亚当·斯密的劳动价值论观点对英国资产阶级古典政治经济学家李嘉图有重要影响。李嘉图在其《政治经济学及赋税原理》中指出，在生产中只有劳动者所创造的价值才是所有收入和所有可交换价值的唯一源泉。尽管，生产物的价值可以分解为工资、利润、地租等成分，但是这并不能动摇生产中所消耗的劳动量决定商品价值量这一原理。

李嘉图将劳动看成一般的生产资料，劳动的自然价格主要包括劳动者维持自身及其家庭所需的食物、生活必需品和必要的生活消费的价格之和。劳动的自然价格是随经济发展而变化的，随着经济发展和技术进步，社会财富增多，造成劳动的自然价格呈现上涨趋势。劳动的市场价格主要受到劳动力市场供求关系的影响而不断变化。但从长期来看，劳动的市场价格总是趋向于自然价格，利润和工资是相互对立的，两者不可调节。利润是商品价值中扣除劳动工资的剩余部分。因此，劳动价值上涨，利润就一定会下降，反之，劳动价值下降，利润就一定会上涨。随着财富增长和资本积累，货币工资会出现上涨趋势，同时规模化经营的出现，使资本和土地报酬收益出现递减趋势，因此，利润率和利润总量在中长期来看存在下降的必然性。

三、萨伊的收入分配理论

1803年，法国政治经济学家萨伊沿着亚当·斯密价值理论的另一种思路创立了效用价值论。在其著作《政治经济学概论》中，萨伊给出了效用的概念：效用指物品满足人类需要的内在力量，财富的创造等同于具有效用物品的创造；人们所谓的财富创造，并不是简单的创造广义的物品，而是指创造效用。这部分正是萨伊对财富效用价值论的阐述。而关于财富的创造和产生过程，萨伊认为，从生产的过程来看，所有生产出来的价值，都离不开劳动、资本和自然力这三者的作用和协同配合，同时他将能进行耕作的土地作为最重要的生产要素，但是，并不是唯一要素。萨伊强调劳动力、资本或土地在生产过程中的协同作用，尽管三者存在很大的差别，但是，无论缺少哪一个都不会生产出财富。借用劳动力所获得的报酬称为工资，借用资本所获得的报酬称为利息，借用土地所获得的报酬称为地租。因此，各种生产要素的所有者通过节制欲望，将自身拥有的生产要素投入财富的创造过程中，均应根据其提供生产性服务而获得其所得，作为其耗费之补偿。工资是劳动的生产性服务创造的价值，利润是资本的生产性服务创造的价值，地租是来源于土地的生产性服务创造的价值。

四、穆勒的收入分配理论

18世纪末期，英国哲学家杰里米创立了功利主义学派。1789年，他在《道德和立法原理导论》一书中系统地阐述了功利主义理论学说。他认为该理论主要由两大基本理论构成，一是功利原理，二是自利选择原理。功利原理是从社会大众角度出发考虑问题，认为人的天性是追求幸福生活，获得最大的幸福感，人们的一切行为也是围绕这一目标开展的，社会利益要以最大多数人的最大幸福来衡量，不能以少数人的利益代替社会利益。自利选择原理则是从个体角度考虑问题，认为幸福感的强和弱，只有本人才能作出判断，同样的环境，不同人的感受是不同的，为自己谋求最大幸福是每个理性人的最终目标。对于经济发展而言，他还提倡政府不应干预经济运行，这样不仅可以使社会生产能力最大化，而且会使财富分配更趋于平等。

英国古典经济学家穆勒在其1848年出版的著作《政治经济学原理》中，根据经济理论深入分析研究了关于福利的思想，考虑了收入分配的公平与公正，并对功利主义和收入分配理论作了修正。穆勒将政治经济学中的社会生产总过程划分为四个部分，即生产、分配、交换和消费，同时指出社会财富应该按照劳动、资本和土地三个要素的贡献进行分配。穆勒将工资按短期和长期分别进行了考虑，认为短期内工资主要是由对劳动的需求和供给决定的，即短期内工资由劳动力数量与资本的比例决定；而从长期来看，工资是由劳动者所需最低的生活资料的价值决定的，与劳动力市场的供需情况并没有直接的关系。对利润而言，穆勒将总利润划分为三个部分，即利息、保险费和管理工资。穆勒认为，厂商将自身拥有的资本转移给生产工人用于生产消费，而资本投入生产过程中，并不是没有风险的，生产过程和产品销售诸多方面存在风险，保险费则是对厂商承担风险的回报；企业家通过付出自己的智慧和能力，将先进的管理手段和方法应用于实际生产过程中，提高了生产效率，使收入水平普遍增加，管理工资则是对企业家付出的脑力劳动和技能的报酬。

第二节 新古典经济学的收入分配理论

就收入分配理论而言,新古典学派与古典学派有着很大不同。古典经济学收入分配理论关心的是所有权结构对分配结构的决定性关系,而新古典经济学更注重不同生产要素作为稀缺资源的配置。古典学派的核心是分配变量的决定先于相对价格的决定,它更关注各种不同的制度因素是如何影响收入分配的。而新古典经济学在进行收入分配研究的时候,依据的原则是经济行为者在追求最大化目标的前提下供给和需求的力量,其核心是商品价格的决定和生产要素价格的决定受该原则所支配。因此,收入分配不再像古典经济学中那样作为一个独立的问题进行研究,而是被归为资源配置的一部分。

新古典经济学理论的一个重要组成部分,就是把收入分配作为生产要素定价的结果,而生产要素定价则是由产品需求引致的结果。在产品市场上,不同的产品能够满足消费者不同的效用,因此,消费者通过判断不同产品的边际效用,进行人为主观判断,进而影响产品的需求数量,通过产品供需关系,决定了产品的需求价格,而对不同产品的需求又会引致这些产品的生产者对用于生产产品的生产要素的需求。从微观角度看新古典经济学,理解分配变量水平的关键在于要素的边际生产力;从宏观角度看新古典经济学,理解相对收入份额确定的关键在于要素对产出的技术贡献。新古典经济学收入分配理论的典型代表人物和理论可以概括为以下四个方面。

一、门格尔的收入分配理论

门格尔在19世纪70年代发起了揭开新古典经济学序幕的"边际革命",他也是奥地利学派的创始人。他提出了低级财货和高级财货的概念,低级财货指为消费而生产的物品,高级财货为生产要素。两类物品的关系体现在三个方面。首先,从两者的生产用途来看,用高级财货生产低级财货,因此,资本和土地同劳动一样是生产所必需的。其次,高级财货的价值总是无一例外地取决于它生产的低级财货的预期价值,而产品的生产者则充当了这一过程的中介。门格尔认为如果每种投入都获得其生产性贡献的价值,那么总产出的价值应该是被耗尽的,最终总产出的价值会被分解为相应的生产要素的报酬。最后,门格尔认为无需论证地租和利润(或利息,他将这看作资本所有权的总报酬)。他指出各种收入是合情合理的,高级财货是低级财货生产的必需品,他认为不需要对必要的、必然的事物进行责难和证明,我们要做的就是承认必然性并接受美好和谐的现状。

二、庞巴维克的收入分配理论

庞巴维克是新古典理论的主要传播者,他发展了资本与利息理论,并解释了实际利率必须是正数的原因。他提出了时差利息论,认为利润、利息、地租等各种马克思认为的剥削收入归结起来,就是人们对物品效用主观评价不同时所产生的后果。庞巴维克指出边际效用除了与消费者主体的主观因素有关,还与产品发挥效用的时间有紧密联系,他认为人对未来物品的边际效用的评价较低,而对现在物品的边际效用评价较高,评价现在物品边际效用与评价未来物品边际效用的差额构成时差利息。利息是现在物品的价值减去同种同量未来物品的价值,时差利息理论的产生主要有以下三种理由。

第一,需要和供应之间存在差别。庞巴维克认为对目前有困难和急需的人来说,解决当前的困难是其下一步发展的必要性条件。因此人们会将解决目前困难的要素作为最为重要的需求,对现在的物品有迫切需求的愿望,效用也是最大的,从而对现在物品的评价高于对未来物品的评价。

第二,认为现在物品在技术上具有优越性。庞巴维克认为将来物品的生产与否取决于现在的物品,即没有现在的物品就不能生产出更多的未来产品。因此,现在物品比未来物品具有更大的边际效用,也就具有更大的价值。由于两者价值上的差异,未来物品的所有者必须给付现在物品所有者的利息。

第三,人们一般会低估未来的预期。由于对未来的需要很难预料,总是考虑得不完善、不健全,因而人们常常高估现在物品的效用,而低估未来物品的效用。

三、克拉克的收入分配理论

克拉克是美国边际效用学派的主要代表之一。他最早把经济学分为三大部分——一般经济规律、静态经济学和动态经济学,并据此提出了新的收入分配理论和研究方法。一般经济规律包括财富的一般现象,凡有关取得和使用财富的过程,不管在什么社会条件下发生,都属于这个部分的研究范围。静态经济学由静态的社会经济构成,它说明若社会是有组织的,而且社会的组织形式和活动方式毫无变化,财富将会有什么变动。动态经济学包括动态的社会经济,它说明了由于社会的组织形式和活动方式在不断变化,社会财富和社会福利也在不断发生变化。静态经济学和动态经济学是从不同的研究方法出发,研究社会经济对于收入分配的影响。一般经济规律是指效用递减规律,并在此基础上形成其"边际生产力论"。下面从三个方面分析克拉克的理论。

第一,克拉克提出了劳动和资本的替代原理。在分析工资和利息时,克拉克从生产要素论和生产力递减规律出发,指出在资本数量不变的情况下,如果继续增加工人,每增加一个单位的工人,则平均每一个工人分摊到的装备就会减少,每一单位劳动生产出来的产品也会比原来的少。最后增加的那一单位工人的劳动生产力最低,这就是劳动边际生产力。劳动边际生产力不仅决定边际劳动的工资,而且决定所有与其相同的熟练程度工人的工资。同样,假定工人人数不变而资本增多,则在资本增多之后,每一单位资本所生产的产品将少于此前每一单位的资本所生产的产品。最后追加的那一单位资本的生产力称为资本边际生产力,资本边际生产力不仅决定边际资本的利息,而且决定其他部分资本的利息。假定某一固定资本数量下劳动的边际产品在劳动力增加时不断下降,则可以得到 MP_L 曲线,如图 4-1 所示。接下来我们再引进一个量,就是劳动的边际产品价值,用字母 VMP_L 表示。在竞争性行业中劳动的边际产品价值等于边际产品乘以单位售价。将图 4-1 的 MP_L 曲线乘以产品价格就可以得到图 4-2,即 VMP_L 曲线。VMP_L 曲线表明了资本家在不同就业水平下多雇佣一个劳动力会增加的相应收入。

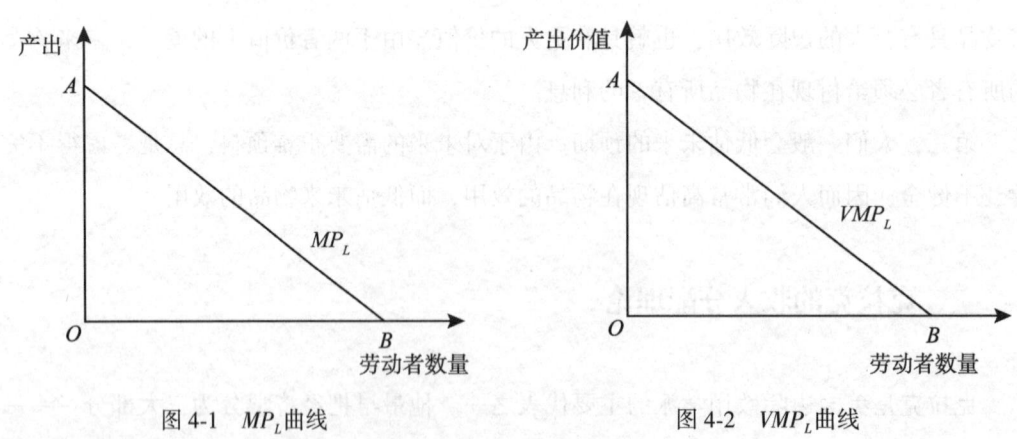

图 4-1 MP_L 曲线   图 4-2 VMP_L 曲线

第二,在完全竞争性假设前提下,市场供需情况决定了劳动价格,厂商对劳动和其他商品的价格都没有明显的影响力,劳动的价格由整个劳动力市场对劳动的需求和供给决定。整个市场的劳动需求曲线和劳动供给曲线的交点表示劳动市场中的所有厂商利润最大化时的劳动就业水平和工资率，每个厂商只能接受整个劳动市场决定的这个工资率，而改变不了它。通过以上的分析可以得到图4-3。因为在给定的时间内劳动的供给都是由人口规模决定的，所以劳动供给曲线是一条垂直的直线。这种情况可以对应到劳动边际产品价值曲线上，不同的市场工资率对应有不同的劳动数量，即 VMP_L 曲线是厂商的劳动需求曲线。将所有厂商的劳动需求曲线加总就可以得到劳动市场的总需求曲线，如图4-4所示。

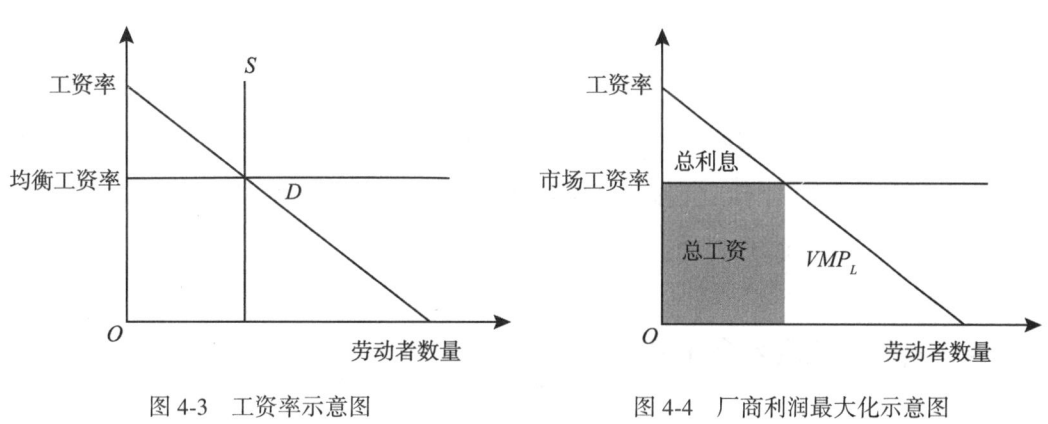

图4-3　工资率示意图　　　　图4-4　厂商利润最大化示意图

在图4-4中，阴影面积代表厂商支付的总工资（工资率乘以雇佣的劳动数量L），而三角形面积则代表了总利息（支付工资后的总产品价值的剩余部分）。因此，可以得到劳动经济学中的重要结论：厂商利润最大化的必要条件是厂商都将继续雇佣劳动直到劳动的边际产品价值等于工资为止。

第三，从图4-4中可以看出，利息似乎是剩余部分，但实际上利息不是剩余部分。因为在新古典经济理论中资本和劳动是可替代的，我们可以维持劳动不变而改变资本数量，这样可以得出图4-5。在两个图形中，包含的总产出是一样的，工资和资本也是一样的。也就是说，图4-4中矩形阴影面积与图4-4中三角形的面积相等，而图4-5中三角形的面积等于图4-5中矩形阴影面积，即两个图中的工资和利息都是相等的。

第四，克拉克对于收入分配理论的贡献可以总结如下。首先，克拉克得到的一个非常重要的结论，即资本家和工人所获得的回报的理论是一致的，资本家并没有凌驾于工人之上。这个是从萨伊和西尼尔开始就想解决的问题，克拉克完成了这一任务。其次，克拉克将资本生产理论与边际效用理论相结合，认为工人的工资由边际生产率决定。同

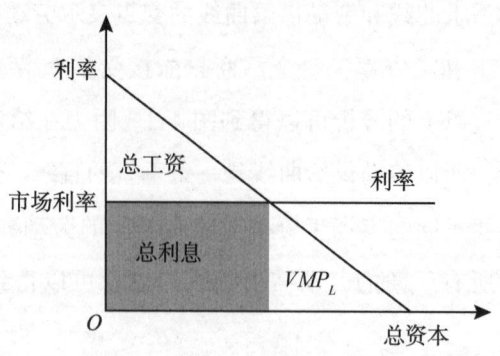

图 4-5　总资产与利率之间的关系

样的道理，利息是由最后增加的那一单位资本所创造的生产率决定的，即利息取决于资本的边际生产。再次，克拉克认为在资本主义条件下，资本和劳动作为生产资料，需要进行协作生产才能获得产品，因此，在要素市场上，资本和劳动能够得到各自在协作生产中所创造的产品和价值。

四、马歇尔的收入分配理论

马歇尔将古典经济学理论和边际主义结合起来，建立了均衡价格论，同时奠定了新古典经济学在西方经济学中的主导地位。运用到收入分配领域，马歇尔发现，边际生产力理论仅仅从要素的需求层面来解释要素价格，古典经济学理论单纯从商品的生产或供给层面分析收入分配。马歇尔认为，要素价格是由要素需求和供给的综合影响，在达到供求均衡时决定的。因此，马歇尔从边际生产力理论出发，将边际生产力理论和古典经济学中劳动价值论结合起来，并同时将边际分析方法引入生产成本层面，创立要素价格决定的供求均衡论。马歇尔的收入分配理论主要包括以下四个方面。

1. 马歇尔的工资理论

第一，劳动者的工资是由劳动力市场上的需求价格和供给价格决定的，两者的均衡点即当时的工资。

第二，劳动的需求价格是企业家在购买劳动时所愿意支付的最高价格，由劳动的边际生产力决定，也就是劳动的边际产品价格。从短期来看，随着工人参加培训和技能逐渐成熟，劳动生产力提高，劳动的边际生产力也相应提高，从而提高了劳动的需求价格，最终提高了劳动者的工资。但是从长期来看，在资本数量不变的情况下，短期内的工资提高，就会使大量的劳动者加入生产中，随着工人的不断增加，在劳动生产力递减规律的作用下，劳动的边际生产力递减，从而使劳动的需求价格降低，最后工资也就随之降低。

第三，从前面的分析中可以看出，尽管劳动力的工资会在短期有所波动，但是，从长期角度来看，劳动者的工资是趋于稳态的。马歇尔认为劳动的供给价格从长期看是由劳动的生产费用决定，即劳动者生存、生活的必需品，劳动者的培训及维持有效率的劳动精力所花费的费用。这是劳动者出卖自己劳动时所愿意接受的最低价格，也是劳动者能够维持生存和实现必要的技能提升的基本保障。马歇尔认为工资等于劳动的纯产品，也等于工人的生活费用，工人得到了其全部劳动应得的报酬。

2. 马歇尔的利息理论

第一，马歇尔将利息分为纯利息和毛利息两种形式，认为利息是资本及未来的报酬，是对拥有资本的企业家提供的必要的弥补。毛利息包括纯利息、风险金和管理报酬。利息就是资本的需求价格和供给价格之间的均衡点，其中，资本的需求价格决定于资本边际生产力，即利息为资本的市场价格。它是企业家借入资本时所愿意支付的价格。而资本供给由企业家的资本额和未来期望共同决定。

第二，马歇尔认为利息作为资本的报酬，资本所有者是有理由获取的：首先，资本所有者暂时不能使用借出的货币，付出了机会成本；其次，对资本借入者能够得到这笔资本所创造的利益，并不是进行公益性的活动，他们自身能够从资本中获得收益，所以他们应该将收益分给资本所有者一部分；最后，资本是所有者牺牲和等待的结果，资本运用者也应该付出一定的代价。

3. 马歇尔的利润理论

第一，马歇尔认为利润是企业家通过付出脑力劳动而应得到的报酬。企业在进行产品生产的时候，企业家作为企业的领导者，需要付出大量的脑力劳动，通过提供自身的经营能力，使企业能够有效地组织生产，达到资本的高效率使用，从而扩大了资本的价值。而企业家拥有的这些能力，需要进行专门的培养和经过漫长的教育才能实现。企业家预测企业的未来生产和消费趋向，要承担一定的经营风险，当然需要有必要的回报，而且企业家还需要启发工人的创造能力，全面掌握企业的秩序合作和其他一切能力。企业家对企业的持续和高效发展有着重要的作用，因此，企业家获得的利润是必须的、合理的。

第二，马歇尔认为利润的大小由企业家的需求和供给决定。利润是企业家的活动所提供的服务价格如何衡量的问题，是由需求价格和供给价格决定的。需求价格决定于边际生产力，是企业总收入扣除了工资、利息、地租等以后的余额，是由于企业组织和经营能力的作用而增加的收入。马歇尔认为企业家生活、教育和训练的费用是边际生产费用，它决定了企业组织的供给价格。利润的形成主要取决于企业组织和经营能力的需求方面，这是因为企业家群体相对来说是群体人数相对较少的劳动者，属于供不应求状态，特别是优秀的企业家。因此当企业家的组织和经营能力很高时，就可以使企业获得更多的利益。

4. 马歇尔的地租理论和准地租

第一，马歇尔认为从本质上来看，地租是土地的收入。土地的收益分为土地的纯收入和改良后收入。土地的纯收入指土地自然状态下获得的收入，而不是由人改良后获得的收入。地租是由于自然界的恩赐而无需人力就可以得到的报酬。改良后收入指对土地投资和人为努力使土地改良进而获得的收入。

第二，马歇尔认为地租的多少也应该是由需求和供给决定的。同利息、利润不一样的是，土地是自然界事先给定的，并不需要额外的付出，而且土地不能再生或者被人类生产出来，所以土地的数量基本不变，从而没有生产费用，也就不存在土地的供给价格。因此，与利息和利润不同，地租仅仅由土地的需求价格来决定，而土地的需求价格由土地的边际生产力决定。

第三，马歇尔认为报酬递减规律也适用于土地报酬，并且提出了两种不同的边际报酬递减规律。一是在固定数量的土地上连续地增加资本和劳动，农产品的边际产量是递减的；二是由于不断地利用土地，对许多劣等土地也进行耕种，从优等土地到劣等土地的这一过程，土地的边际产量在降低。

第四，马歇尔提出了准地租的概念。所谓准地租，就是在短时间内，从土地自身和土地之外的一切生产要素中获得的高于平均水平的收入。在短期内，工资、利息、利润这种只受需求影响，而不受供给影响的超过均衡水平的收入称为准地租。

五、新古典学派收入分配理论的启示

收入分配理论的发展与其所在的时代都有着紧密的联系。不同的经济发展阶段，供给与需求作用的相对地位也在不断发生变化。从亚当·斯密开始，西方经济学对经济增长问题就有了较为深刻的认识。古典经济学诞生于经济发展初期阶段，在这一时期，经济的发展水平比较低,供给的作用更大,因而特别强调供给方面的作用。所以古典经济学重点考虑了供给方面对要素价格的影响。

当经济发展到需求主导型阶段,经济发展水平较高时,需求方面的相对重要性更大。所以,在进行要素收入分析时,既要兼顾供给与需求,又要突出需求的作用。新古典经济学对要素价格决定因素的分析,将要素供给与需求相结合,较之古典经济学只从供给上考虑价格决定机制,更全面、更客观,更符合实际情况。首先,在市场经济条件下,供给与需求这两个基本方面对价格决定的影响均不容忽视而这两者又都受着供求关系制约,因此我们有必要对供求均衡时的价格形成机制进行研究,以期为经济发展提供一定的理论指导。其次,供给与需求对价格决定的相对影响还有待进一步剖析,新古典经济学只在技术层面上说明要素报酬的确定,并未考虑制度因素在收入分配中的作用。最后,新古典经济学考察的是资源静态配置问题,忽略了要素和其报酬变化的长期发展趋势。

第三节 马克思的收入分配理论

马克思收入分配理论的主要渊源在于空想社会主义收入分配思想与英国古典经济学收入分配思想。马克思根据生产决定分配这一思想,提出了社会生产如果是建立在生产资料公有制基础上的集体生产而非建立在生产资料私有制基础上,那么个人通过劳动购买的材料就不是某一特殊商品,它是个人在集体生产过程中应占有的部分。马克思劳动价值论认为,劳动创造了多少价值,劳动者就应该分配到等量价值的消费品,即按劳分配中的"多劳多得""少劳少得""不劳不得"的思想。

马克思对按劳分配的研究从分配与生产关系入手,深入研究后,得到了重要的结论:分配的结构完全决定于生产的结构。因为分配(这里指产品的分配)本身就是生产的产物,从对象和形式两个方面来说都是如此。就前者来说,能分配的只是生产的成果;就后者来说,参与生产的一定形式决定分配的特定形式,决定了参与分配的形式。在《政治经济学批判导言》中,马克思对生产与分配的关系有了全面而科学的认识,他认为生产决定分配,分配反作用于生产。他还注意到了产品的分配和生产要素的分配这两种不同的分配,及其与生产的关系,并给出了三者之间的复杂联系。马克思指出,生产的分配在产品的分配之前,它是生产工具的分配,是社会成员在各类生产之间的分配，个人从属于一定的生产关系。要实现按劳分配，必要条件就是各劳动者都以自己的劳动作为投入生产的唯一要素。这对生产资料所有制有所要求，即必然要求整个社会实行生产资料的公有制。如果生产资料依然是私有的，那么在生产资料投入生产的过程中，除了劳动力外，资本、土地等生产资料的所有者必然会要求获得产品的分配权，这也就是马克思所说的生产决定分配的具体体现。生产资料公有化，意味着要使按劳分配对各劳动者都实现平等的权利，生产资料就应该按照劳动者的劳动岗位的不同进行分配，而劳动岗位又要根据劳动者的能力和专长进行分配。只有在这些条件都满足的情况下，按劳分配才是最能激发劳动者的劳动积极性的一种公平的分配方式。

一、劳动价值理论是马克思收入分配理论的基石

劳动价值理论是马克思收入分配理论的基石，剩余价值理论是马克思政治经济学的理论枢纽。在任何一种社会生产中，劳动都包含两个不同的部分：一部分是用于个人消费，主要是直接用来满足生产者及家属的日常消费；另一部分则是用来满足一般的社会需要，它与剩余劳动相对应。劳动作为人类的本质固有属性，创造了整个人类世界，应该按照劳动量来获得相应的报酬，等量劳动获得等量报酬。同时，马克思也承认不同劳动者的体力智力的差别，认为他们的个人天赋和工作能力的不同，劳动者个人的禀赋也应被考虑到收入分配过程中。体力和智力都处于优势的劳动者，在同一时间内可以比一般人提供更多的劳动，从而能获得更多的报酬。

马克思劳动价值论决定了按劳分配是马克思分配理论的一个基本原则，按劳分配主要包括以下几点内容。首先，按劳分配是个经济范畴。其次，按劳分配是以社会劳动时间作为分配的计量标准和尺度的。最后，按劳分配承认差距，但反对平均主义。马克思的劳动价值论如实地反映了人类社会客观存在的、基本的事实。这些基本的客观事实至今并没有发生什么根本的改变，而且有一些核心内容永远都不会发生改变。因此，马克思的劳动价值论是我们必须坚持的科学的价值理论。

二、生产决定分配是马克思收入分配理论的实质

生产资料的所有制关系决定产品的分配关系是马克思主义的一条基本原理。马克思认为，分配关系是生产关系的一个重要方面，生产方式决定分配方式。人类生产包括物

质再生产和人类自身再生产。物质再生产包括生产资料再生产和生活资料再生产，生产、分配、交换、消费这四个环节是密不可分的，而连接生产和消费的中间环节是分配。进行分配首先应该有可以进行分配的对象，或者说产品，如果没有产品的生产，就根本谈不上所谓的分配问题，因此，生产决定分配。在社会主义社会，因为打破了生产资料的占有情况，所以不存在分配上的阶级对抗关系，这就使劳动者关心生产的发展，对社会生产的发展起推动作用。但是平均主义背离按劳分配的基本原则，对社会主义经济增长产生消极影响；另外，个人消费品分配的差别，如果与人们为社会所提供的劳动差别严重背离，也是不符合按劳分配原则的。此外，分配方式是否合理，也对社会生产力的发展有重要的影响：如果分配方式与生产力发展相适应，则会对社会生产起到积极的推动作用；如果分配方式与生产力发展不相适应，则会严重影响社会生产发展，甚至会带来一些社会问题。

三、劳动者之本位是马克思收入分配理论的出发点

马克思主义分配理论的出发点是人的分配，在这种分配制度下，马克思的思想伟大之处在于，他的理论立足于劳动者，实现人类的自由解放，将人的劳动从资本中解放出来。马克思的理论充分体现了劳动者的尊严、突出了劳动者的主体地位、尊重了劳动者的劳动。人是高级的生命存在物，对人类生存的生产资料和生活资料的分配在本质上最终目的是人类能尽可能地继续存在下去。广大人民群众是处于社会关系之中的，一切分配必须要贯彻以广大人民的利益为根本出发点，强调要使发展成果惠及全体人民，这也是马克思收入分配理论的现实价值所在。

四、人的全面而自由发展是马克思收入分配理论的目标

人的全面而自由发展是马克思全部学说的核心，马克思收入分配理论的目标同样也是实现人的全面而自由发展，这一点在中国有着重要的意义。要实现人的全面而自由发展，首先就要逐步实现共同富裕。坚持发展为了人民、发展依靠人民、发展成果由人民共享，关注人的价值、权益和自由，关注人的生活质量、发展潜能和幸福指数，归根结底是为了实现人的全面而自由发展。

第四节 新剑桥学派的收入分配理论

新剑桥学派将凯恩斯短期比较静态分析拓展为长期动态分析,其经济政策倡导以收入分配政策为主线,提倡实行收入均等化,对资本主义、新古典综合派及货币主义提出了反对意见。新剑桥学派把分配制度不合理、收入分配不协调视为资本主义社会的弊端,既反对新古典综合派关于调节总需求、控制工资物价的论断,又反对货币主义关于完全靠市场机制作用来调节经济的论断,要强化政府调控,实行计划政策。

一、新剑桥学派的典型代表

新剑桥学派以重视收入分配问题著称,但与其他学派不同的是,该学派将经济增长-收入分配模型融合到一起,进行动态分析,采用一些定量的方法,着重考察经济在增长过程中是如何影响收入分配的结构的,以及确定引起这种变化的基本因素。下面介绍一些典型的经济增长-收入分配模型。

(一) 罗宾逊模型

罗宾逊把净国民收入 Y 分为两个部分,即工资总额和利润总额。她假设工人数量为 N,人均工资为 W,利润率为 π,资本额为 K,资本设备和产品的一般价格水平为 P_0,根据国民净收入等式可得

$$P_0 \times Y = W \times N + \pi \times P_0 \times K \tag{4-1}$$

将式(4-1)等号两边同时除以价格水平,可得到真实的收入分配方程:

$$Y = \frac{W}{P_0} \times N + \pi \times K \tag{4-2}$$

因此利润率计算公式为:

$$\pi = \frac{\dfrac{Y}{N} - \dfrac{W}{p_0}}{\dfrac{K}{N}} \tag{4-3}$$

令劳动生产率 $L = \dfrac{Y}{N}$,技术系数 $\theta = \dfrac{K}{N}$,于是有

$$\pi = \frac{L - \dfrac{W}{P_0}}{\theta} \tag{4-4}$$

由式(4-4)可知，利润率 π 的大小取决于劳动生产率 L、实际工资水平 $\dfrac{W}{P_0}$ 以及技术系数 θ 三个因素的大小。其中，$L - \dfrac{W}{P_0}$ 可以看成净资本报酬率。因此，结论可以表述为利润率 π 与净资本报酬率 $L - \dfrac{W}{P_0}$ 成正比，与技术系数 θ 成反比。

此外，罗宾逊还通过假设工人储蓄倾向 S_w 为零，所有储蓄来自资本家的所得利润 P 乘以其储蓄倾向 S_p 得出等式：

$$S_p \times P = S = I \tag{4-5}$$

再在式(4-4)两边除以资本量 K 得到式(4-6)：

$$\frac{P}{K} = \frac{I}{K \times S_p} \tag{4-6}$$

其中，$\dfrac{P}{K}$ 为利润率 π；$\dfrac{I}{K}$ 为资本增长率。假设资本价值对产量价值在一定时期内是保持不变的，则 $\dfrac{I}{K}$ 就是经济增长率，可以用 g 表示，最终得出的经济增长模型可以表示为：

$$\pi = \frac{g}{S_p} \tag{4-7}$$

式(4-7)表明，利润率 π 与资本家的储蓄倾向 S_p 呈反向变化关系，也就是说，资本家储蓄倾向越大，消费率越小，利润率越小。经济增长与利润率之间是正向变化关系，即经济增长速度越快，所获得利润率越大。从上面的分析，可以得到如下结论：假设资本家储蓄倾向保持恒定不变，则随着经济增长，国民收入的分配将越来越有利于资本家，越来越不利于劳动者，使收入分配差距拉大。

(二) 卡尔多模型

卡尔多在罗宾逊的经济增长与收入分配模型的基础上，用简单的数学公式建立起了自己的理论体系。他描述了一个资本主义经济，其中国民收入被分为工资 W 和利润 P，而投资 I 等于储蓄 S，储蓄 S 则是工资的储蓄 S_z 和利润的储蓄 S_1 之和。根据凯恩斯 $I = S$

的理论，卡尔多得出三个恒等式：

$$Y \equiv W + P$$
$$I \equiv S \tag{4-8}$$
$$S \equiv S_z + S_l$$

如果把 S_w 和 S_p 分别看作工资和利润的储蓄倾向，则有：

$$I = S = S_w \times W + S_p \times P = S_p \times P + S_w(Y - P) = P(S_p - S_w) + S_w \times Y \tag{4-9}$$

式(4-9)等号两边同时除以 Y 可以得：

$$\frac{I}{Y} = (S_p - S_w) \times \frac{P}{Y} + S_w \tag{4-10}$$

变形等式(4-10)可以得到卡尔多一般经济增长模型：

$$\frac{P}{Y} = \frac{1}{S_p - S_w} \times \frac{I}{Y} - \frac{S_w}{S_p - S_w} \tag{4-11}$$

其中，$\frac{P}{Y}$ 表示利润产量比，为总收入中的利润份额；$\frac{I}{Y}$ 表示投资率，为总收入中的投资份额。针对上面的模型，卡尔多认为，如果给定工资获取者和资本家的储蓄倾向，那么利润占收入的比例可以通过投资占产出的比例计算得到。因此，该模型说明：总收入中利润份额与投资率有明确的定量函数关系。当工资和利润的储蓄倾向不变，而 $S_p > S_w$ 时，根据式(4-11)可知，这将使总收入中利润份额随着投资率的增加而增加，而工资份额随之减少。于是，在工资收入者和企业家的边际消费倾向不变的情况下，利润份额在国民收入中的比例就依赖于投资率。作为投资率的系数 $\frac{1}{S_p - S_w}$，分母越小，投资率的分配杠杆作用越大，它的微小变动都会通过杠杆作用，使利润总额与工资总额之间的分配比例发生较大的变动，造成收入分配差距较大变化，不利于经济健康发展。因此，要避免或减小这种分配比例的变动，就要使工人储蓄倾向越小越好。

利润在国民收入中的比例主要受两个因素控制，即资本家储蓄倾向和投资率。假设资本家储蓄倾向保持不变，则投资率与利润在国民收入中的比例大小呈正向关系。如果投资率保持恒定不变，资本家储蓄倾向与利润在国民收入中的比例大小呈反向变动关系，也就是说，资本家如果消费提高，利润所占份额也会相应提高。投资率的大小还直接影响经济增长速率，较高的投资率往往会使经济增长速率加快，因此，投资率越高，经济增长越快，利润所占国民收入份额越大，工资所占份额越小，国民收入分配差距拉大。

(三) 帕西内蒂模型

帕西内蒂结合哈罗德经济增长模型扩充了卡尔多模型。哈罗德经济增长模型保持充分就业的均衡增长条件是：

$$G_n = \frac{Q}{C_r} \tag{4-12}$$

其中，G_n 表示自然增长率；Q 表示社会储蓄率；C_r 表示资本系数。

$$S = S_w \times W + S_p \times P$$

$$Q = \frac{S}{Y}$$

$$C_r = \frac{K}{Y} \tag{4-13}$$

$$\pi = \frac{P}{K}$$

可求得：

$$G_n = \frac{S_w \times W + S_p \times P}{Y} = \frac{P}{Y}(S_p - S_w) + S_w \tag{4-14}$$

因此有：

$$G_n = P'(S_p - S_w) + \frac{S_w}{C_r} \tag{4-15}$$

当 $S_w = 0$ 时，则 $P' = \frac{G_n}{S_p}$，这个关系式表明，如果工人没有储蓄，则劳动增长率与利润率成正比，而利润率与资本家的储蓄倾向成反比，即劳动增长率越高，资本家消费越多，就会相应提高利润率。

因为工人储蓄倾向总是小于资本家的储蓄倾向，即 $S_p - S_w > 0$，所以 $S_w > 0$ 时，即工人储蓄不为零时，上述结论依旧正确。帕西内蒂还认为，如果工人把储蓄的一部分用来进行金融产品投资，例如，投资债券，那么工人也用资本获得了利润。但是他们的储蓄率比资本家要小很多，因此对经济增长中长期均衡利润率的大小的影响十分有限。随着经济的发展，利润收入所占相对份额越来越大是确定无疑的。

新剑桥学派收入分配理论虽然与其他学派的收入分配理论有较大差别，但是，它的理论体系也并不是孤立的，是与经济增长理论相互依赖、相互影响的。经济增长是一个十分复杂的动态过程，收入分配结构也在这个过程中不断变化，造成工资与利润的对立，使收入分配差距逐渐扩大。尽管新剑桥学派各个代表人物建立了不同的经济增长模型，从本质上来看，这些分析方法都存在一些不同的特点，但有一点是共同的，即它们都是基于凯恩斯投资储蓄分析展开的，均认为经济增长与收入分配结构的变化有着密切的联系，需要将二者进行统一分析。学者们从不同角度给出了同样的结论：由于经济增长与收入分配有着必然的内在联系，如资本家储蓄倾向假设恒定不变，经济增长就会提高资本家收入占国民收入的比例。投资率是决定经济增长和收入分配的最重要的因素，这与凯恩斯关于投资拉动经济增长的重要性是一致的，投资率越高，经济增长率越高，利润收入在国民收入中所占比重就越大，工资收入所占比重就越小。在投资率不变的条件下，资本家的边际消费倾向与利润收入在国民收入中所占比重成正比，也就是说，资本家的边际消费倾向越大，利润收入在国民收入中所占比重就越大。

二、新剑桥学派收入分配理论的特征和主要贡献

由前文讨论可见新剑桥学派收入分配理论有以下特点：

第一，新剑桥学派收入分配理论反对新古典综合学派采用边际生产力理论分析收入分配，认为这仅仅是一个主观的、纯粹技术性的分析，并没有抓住收入分配的本质性的因素。因此，新古典综合学派的收入理论是不合理的，存在严重的缺陷。

第二，新剑桥学派收入分配理论从总需求出发，基于凯恩斯的储蓄-投资分析，阐述了投资对于社会总产品的影响，特别强调投资的重要性。投资不仅仅对生产、就业和收入有重要影响，而且对国民收入分配中的两个对立变量——工资和利润，也有着重要的影响作用。

第三，新剑桥学派收入分配理论反对采用边际分析的方法分析收入分配。新剑桥学派试图使用李嘉图分析方法分析收入分配。首先，对李嘉图的劳动价值论进行了创造性的发展，建立起以斯拉法为代表的新的劳动价值论，并从新价值论出发，阐述了资本家获得利润率和工人获得工资率之间有此消彼长的关系。

第四，新剑桥学派收入分配理论与其他学派相比，在经济增长研究方面取得了重要的突破。该学派将收入分配理论与经济增长理论紧密结合，将原来的静态分析方法扩展为动态分析。这样将劳动和资本的对立关系进行动态分析，既不强调新古典的边际分析，也不强调各种变量之间的技术关系，而是把分配理论与经济增长理论相结合，研究随着经济增长而出现的分配关系将会有怎样的变动趋势，以及决定这一变动趋势有哪些

基本因素，这点对后来的经济学发展起到了重要的作用。

第五节　激励理论与收入分配

激励理论已有一百多年的发展历史，其研究思路已日益清晰，研究的领域与研究方法也逐渐丰富，理论体系也日趋完善。对激励问题的研究一般是从两个角度进行：首先，从管理学角度，以经验总结与科学归纳为基础，形成管理学激励理论；其次，从经济学角度，以人类理性假设为基础，运用逻辑推理与数学模型，形成经济学激励理论。

20世纪，随着"科学管理之父"弗雷德里克·泰勒的科学管理理论的产生和发展，关于如何激发人的工作热情这一课题的研究取得了长足发展，形成了比较系统的激励理论。泰勒提出的"差别计件工资制"，以及他的助手亨利·甘特设计的"任务奖金制度"，都是以金钱刺激为手段的一种典型的激励措施。这隐含着对人性的一种假设——"经济人假设"，即假定人都是追求经济利益最大化的，金钱是唯一的激励因素。激励员工努力工作的方式主要依赖于经济诱因、强制性的监督和惩罚措施。

一、机制设计与分配论

弗雷德里克·泰勒在20世纪早期提出了"经济人假设"——钱是激励工人工作的动力。到了20世纪30年代以后，许多经济学家开始研究如何提高企业内部管理效率和效果，开始认识到激励的重要性。此后，激励研究逐渐成为经济学和管理学领域中一个重要的分支学科，并在管理实践中得到广泛应用。20世纪末，随着现代管理科学的发展，激励越来越受到企业管理者的重视。在"经济人假设"的基础上，有学者更加深入地讨论激励理论，将人们对于"经济收入最大化"的追求拓展到对于"利润最大化"或者"效用最大化"等方面。随着现代企业的发展，经营权和所有权分离，企业经营者的追求目标与"利润最大化"目标不再一致，同时由于信息不对称，所有者对经营者的控制也难以奏效。在这种背景下，学者形成了以非对称信息博弈为基础的理论和对应激励模型。

1. 委托-代理理论

委托-代理理论的目标是在使得代理人在追求自身效用最大化的同时，实现委托人的效用最大化。由此产生的一个分配方式就是让代理人成为剩余权益的拥有者，实现的基本方法是把经理人的应得报酬与所有人事后看到的利润联系起来，使代理人的报酬是企业利润的某种函数，让经理持有股票期权，享受股票利润。这种制度安排有效缓解了股东与经理之间的对立关系，促进了企业效益的增长。而在高技术企业中，除了代理人外，核心人力资本要素也应获得股权等激励。

委托-代理关系理论，试图在微观经济领域里探讨和解决在企业层面（即在国民收入的初次分配中）界定企业剩余索取的权利和边界的问题。这似乎又回到了劳动价值论的问题，即企业剩余如何在资本和高端劳动力之间进行合理分配。针对企业高端劳动力所得与企业其他剩余分配是一个此消彼长的关系，委托-代理制度的研究，试图在初始产权界定以后，确定高端劳动力索取剩余的边界。

2. 隐性激励理论

从20世纪80年代开始，经济学在研究委托-代理关系时，引入动态博弈理论，证明在长期代理关系中，竞争、声誉和其他隐性激励机制对于代理人具有激励作用。

3. 证券设计理论

该理论构建了一个关于投票和剩余索取权匹配模型，认为证券可以有效地保证对公司法人的控制权，能够激励经理人员。投票权应和剩余索取权成正相关，不应该发行无风险廉价选票。也就是说，投票选择管理者的权力必须掌握在承受经营风险的人的手中。根据这种理论，由于选择经理的权力在那些承受经营风险的投票人手中，经理的经营业绩一旦不好，就会失去对企业的控制权，因此，这一选择机制会激励经理人努力工作、提高经营业绩，从而获取企业控制权。根据该理论，经理选择权的安排是一个非常重要的经理激励手段；而把控制权与企业绩效相联系，从而激励有控制权欲望的经理，也是一个提高经理人业绩的非常重要的条件。

4. 进入权与新的激励机制

"不完全合约理论"认为，在制定初始合约时，往往谁控制着企业重要资源谁就获得权力。而随着社会的发展变化，现代企业中权力的来源不再局限于企业的物质资产所有权，人力资源就是一个突出的权力来源。"进入权"指使用或处理企业关键资源的能力，包括了对物质的使用权。因此，在研究进入权的激励作用时，物化资产使用权的激励作用也包括在其中。

二、分享机制与分配论

从20世纪60年代末开始，西方经济出现滞胀，传统的凯恩斯主义失灵，威茨曼的分享经济理论在此时诞生。该理论由威茨曼在20世纪70年代创立并进行系统研究，于20世纪80年代形成完整体系，它的产生主要是为消除滞胀现象提供一种理论方案。

1. 威茨曼的劳资共享收益论

针对西方社会经济发展进入滞胀的现状，美国经济学家威茨曼提出了分享经济理论，即劳资共享收益分配理论。在威茨曼看来，经济滞胀根源于资本主义工资制度不合理，应对经济滞胀要变革劳资报酬。他提出了新的分配原则，即"分享制"，把企业利润分成两部分：一部分归劳动者个人所有；另一部分则由企业分享给全体职工。他主张传统工资制度下的工资不直接关系到企业效益，分享经济下的工资则直接用指数连接到企业效益，决定了收入分配时工人与雇主之间分享比率。分享理论导致的分享分配模式主要有英国的利润共享计划、美国的职工股份制计划等，有效地缓和了资本主义社会劳资矛盾，产生了激励效应，降低了失业率。

他比较了传统工资制度和分享制度不同的特点，并提出了关于分享经济的几个主要观点。他认为资本主义产生滞胀的根本原因就是现存的工资制度不合理，因此要对企业的分配机制作根本性改变——以分享制替代工资制，来解决资本主义经济出现的滞胀问题。他指出，利润(π)＝总收益(TR)－成本(C)，在资本主义工资经济中，π全部属于资本所有者，工资只相当于C中固定资本的一部分，也就是说，工资与企业的经营状况没有关系。当经济状况健康时，固定工资制度可以自动地把劳动从边际价值低的地方转移到高的地方，从而合理配置劳动力。当经济状况不好时，社会总需求减少，在工资固定的条件下，厂商只能维持产品的价格、降低产量、裁减工人来维持利润，这种决策必然导致普遍的失业，这反过来又加深了需求的不足，进入恶性循环，导致滞胀。反观分享经济机制下，工人和资本家分享企业利润，都参与剩余价值的分配。

2. 米德的分享理论

英国经济学家米德致力于研究分享经济制度的具体设计，使分享经济不拘泥于理论层面，而是更易于实践，他在这一领域作出了巨大贡献。米德归纳了四种代表性的分享形式，即职工股份所有制计划、劳动者管理的合作社、纯利润分享、纯收入分享。职工股份所有制计划，即员工持股计划，指员工拥有企业的部分普通股份，但对企业的经营管理没有实际上的控制权；劳动者管理的合作社指工人拥有企业的全部或者大部分财产，并控制企业大部分的经营管理决策权。这种形式只适用于劳动密集型的企业；纯利润分享指一个企业完全按市场价格付给工人固定工资，同时又从纯收入中扣除有形资本装备后应得的收益分给工人，剩余的金额就代表企业的纯利润；纯收入分享则指劳动的全部收入采取企业纯收入,继而按既定份额发放工资,余款如付给固定利息之后仍有剩余的部分,由企业股份资本所有者取得。他对比了各种形式的优势与存在的问题,并详细地分析了各种分享形式在员工承担风险与革新、投资与就业决策等方面所产生的效果与作用。米德认为,分享制度"对于提高积极性,改进企业中相互关系和推动就业达到一个高而稳定的水平,具有重要的优点"。但同时他也认为,每种分享形式对社会财富重新分配的作用都是有限的,对分享经济机制持积极而又谨慎的态度。

三、激励相容与分配论

激励相容理论逐渐应用于金融监管、最优拍卖、规制和审计、社会选择等经济学问题。1982年,马斯金等人将激励机制设计问题和相关激励理论引入监管理论,大大推动了政府监管经济学的发展,并为激励相容理论的进一步发展奠定了基础。1993年,英国剑桥大学的詹姆斯·米尔利斯(James Mirrlees)和美国哥伦比亚大学的威廉·维克里(William Vickrey)两人将激励相容概念用在产业发展研究当中,为建立激励机制设计的新型理念,研究产业发展当中信息不对称的严重问题提供了基础。[①] 1997年,普雷斯科特(Edward C. Prescott)比较系统地分析了PCA的理论模型,并进一步描述了私人信息条件下激励相容的约束条件。

☞ **思考题**:

1. 简述亚当·斯密的收入分配思想。
2. 简述马歇尔的收入分配思想。
3. 简述马克思的收入分配思想。
4. 简述激励与收入分配的关系。

[①] 安丽娟:《金融控股公司的有效监管机制设计》,西南财经大学2011年硕士学位论文。

第五章　收入分配的方式与测量

第一节　收入分配的方式

所谓收入分配，从广义上看，就是一定时期内某一国家经济要素在许多经济主体之间的分配；从狭义上看，就是国民收入在各部门、各单位和各居民之间的分配。它是国民经济运行中一个十分重要的环节，收入分配对社会再生产和宏观经济都有重大影响，我国的收入分配是由初次分配、再分配和第三次分配等环节组成。

一、初次分配

1. 初次分配的含义

国民收入的初次分配是国民在社会生产活动中，通过投入自己的生产要素获得收益。在市场条件下，初次分配多表现为不同形式的生产要素，如劳动、资本、土地、技术等按照每一要素在生产过程中的贡献程度来获取一定的报酬，其中生产要素的价格受供求关系影响，价格由市场机制决定。经过收入分配，国民收入便分成了三部分，即政府财政收入、企业收入和个人可支配收入。这三部分的利益与国民收入密切相关，三部分收入比例的均衡和协调决定着收入分配的公平。但在现实的市场经济活动中，由于市场价值规律的自我调节机制效果有限，并不能充分实现初次分配的效率与公平。

收入分配的大体情况很大程度上取决于初次分配。在我国，初次分配一般是在市场的自我调整机制作用下，实现生产要素使用者与消费者的转换。初次分配对于整体收入分配情况的重大影响，迫使政府不得不以整体掌控者的身份出现并加以管制，而市场机制在初次分配中的关键地位，奠定了政府在初次分配中所要扮演的角色，即间接调控。

市场可以利用自身内部竞争机制调节经济发展的效率，但是一旦出现市场失灵的情况，便会产生民众、行业以及地区之间的收入差距扩大的现象。伴随着行业垄断、信息不对称等情况的出现，会造成市场不正常竞争的状况，从而影响市场经济的正常发展，致使劳动者缺乏工作积极性，社会经济正常运行遭到破坏。这时，就需要政府这个市场调节者从中干预，维护正常的市场秩序，通过一系列行政手段减少市场失灵所带来的消极影响，建立公平合理的市场运营环境。

综合来看，初次分配是政府在承认市场经济为主导的条件下，为保证经济效率和社会公平而设计并实施的调整初次分配规范和制度的总称。其目的是保证市场合理发展和公平竞争，其侧重点是鼓励劳动者积极参与市场劳动、促进经济发展和市场的良性持续运行。同时，将国民的收入水平、行业间收入差距控制在一个合理的范围之内。初次分配应该包括以下几个特点：

第一，初次分配政策是政府对国民收入分配调整的第一步把控。作为国民收入分配的起点，初次分配政策是国民收入在各个经济主体之间的第一次分配，是各级经济主体所获取的原始收入。基于公平及平等原则，初次分配起到了维护市场的良性正常发展、确保市场主体地位、维护各级主体公平竞争的作用。第二，初次分配政策倾向于政府的间接调控。在以市场经济为主导的情况下，政府必须承认并支持市场经济体制在初次分配领域中的主体作用，同时注重调整和减轻由市场失灵而产生的不良后果。因此，间接调控才是初次分配政策所倾向的重点，而不是直接干预。

2. 初次分配的实现机制

初次分配政策的实施，能够有效维持市场公平竞争秩序，提高社会经济发展效率。本着兼顾效率与公平的原则，初次分配的实现机制具体可包括以下四个方面。

首先，建立更加完善的法律法规制度，从根本上约束各市场经济主体的行为，为市场经济的正常公平运行保驾护航。市场经济的独特运行机制能够将社会资源进行合理的分配和充分的利用，但受限于市场失灵等因素，不能使资源的配置达到最佳的效果。初次分配政策的制定，能够有效地缓解和规避因市场缺陷而引发的一系列负面问题和影响，因此，可通过建立规范的市场竞争规则，维护市场经济运行秩序，排除和降低市场经济对资源与要素流通的阻碍，从而为市场经济健康有序地发展提供一个良好的制度运行环境，以促进资源有效地配置。

其次，增加劳动参与者在初次分配中的劳动报酬。我国人口规模较大，能够充分享受人口红利带来的优势，但劳动力供给过剩，会使劳动报酬处于一个相对较低的水平。

一般而言，劳动报酬过低，不仅影响劳动力工作的积极性，还对扩大内需和社会经济的增长都存在消极的影响，这是社会稳定和谐发展中的一个极大隐患。低收入人群的收入渠道仅仅限于劳动收入，而高收入人群除了提供劳动力，还可以通过很多渠道获取非劳动收入。因此过低的劳动报酬会进一步扩大收入差距，影响经济效益的提高和社会稳定。

再次，设置最低生活保障，改善劳动报酬集体协商机制。随着社会的发展、生活的进步，城市居民的收入也处在合理增长的状态下，但各地区经济发展速度不同，致使居民收入差距在逐步扩大。因此，通过制度性政策可以使低收入人群的收入增长速度大于高收入人群的收入增长速度，缩小两极之间的收入差距。通过合理设计最低工资标准，能够保护在初次分配中处于弱势地位的低收入人群。同时需要设立完善的工会组织制度，维护劳动者的基本权益，建立有效的劳工报酬谈判与协商机制。

最后，提高市场参与者自身的技能和文化水平，增强自身的软实力。在公平、平等的市场经济秩序下，如果劳动者个体之间存在文化、能力和知识上的差异，就会出现一定的收入差距。因此，初次分配政策应倾向于劳动者的自身发展，加大对劳动者的知识文化水平能力的教育，增加对劳动者的劳动技能的培训，为劳动者提供公平、平等的竞争环境。

3. 初次分配政策的评价标准

政策的制定与实施都是以处理现实问题为基础的，评价一项公共政策效果的优劣，可以从预期目标完成度、投入的工作量等方面进行参考，涉及具体的初次分配政策制定，要按照政策本身的实施目标构建评价体系，具体包括以下部分。

首先是效率性，即投入产出比。反映的是在初次分配政策上，国民生产总值的增长率与政策制定的成本比较；国民生产总值，指一个国家或地区所有常驻机构单位在一定时期内收入初次分配的最终成果，是一国所拥有的生产要素所生产的最终产品价值，也指一个国家或地区所有国民在一定时期内新生产的产品和服务价值的总和，是衡量一个国家或地区社会经济发展最有效的指标之一。施行初次分配政策的目的在于缓解和规避初次分配过程中可能存在的问题，因此政策制定者要着眼于维护和保证初次分配的特点和优势，即最大限度地实现资源的有效配置，促进经济效率的提高。因此可以对比一国一段时间内国民生产总值的增加量来判断政策实施的成功与否，同时比较相应的政策投入、工作量，来获取对应的政策实施效果的评价。

其次是公平性。初次分配的基础是给予市场经济参与者一个公平的竞争环境，这是提高市场经济效率的关键。初次分配政策最大的目的就是解决分配上的不公，所以初次分配政策是否体现了公平就是评价政策好坏的重要尺度。还可以通过与经济发展相关的一些指标来衡量，具体如下：

第一，动态比较一定时期内居民收入增长率和国内生产总值增长率。如果居民收入增长速度低于国内生产总值的增长速度，说明居民收入与经济发展不同步，长此以往会影响社会稳定和公平。第二，对国家财政收入增长速率和国内生产总值增长速率进行了动态对比，如果国家财政收入的增长速度超过国内生产总值(GDP)增长速度，说明初次分配中的大部分被政府占有，反之，说明初次分配政策能够体现相对的公平性。第三，劳动报酬占居民收入比重的动态变化。不同收入群体的收入获取手段有所不同，高收入群体依靠技术创新来提高生产率，而低收入群体则依靠付出劳动报酬来实现收益，所以劳动报酬在居民总收入中的占比能够度量初次分配是否公平。

初次分配政策作为政府在维护市场秩序、弥补市场缺陷问题上的稳定器，其主要作用就是尊重并维护市场主体地位，充分发挥市场本身的价值调节作用；通过一系列的法律规章制度约束，调整并控制好市场经济的健康发展态势；从中发现积极可行的科学竞争与发展办法，在促进资源有效配置的同时，积极维护市场经济秩序，维护社会稳定。

二、再分配

市场经济主导型初次分配带来了资源配置效率的提高与经济的发展，但也产生了收入差距拉大、区域间经济发展失衡等消极影响。受限于市场失灵的缺陷，市场不能依靠自我的调节来避免负面效应。因此，作为国家公共权力行使者的政府要充分发挥其间接调控的作用，强制性地参与和介入，最大限度地减少和避免市场失灵产生的负面影响，从而缓解社会矛盾、维护社会稳定。

1. 再分配的含义

市场存在着一些自身无法控制的问题，如劳动者之间存在的文化、技能和能力等方面的差异，导致劳动收入的差距。同时，社会上还存在着一些由于年龄问题无法劳动，因病丧失劳动能力的人，他们更是没有办法获取初次分配的收入。市场由于自身机制的限制，当面对这样一系列问题时，无法进行自我调整、改善现状，这时就要求政府通过制定一些政策、法律法规来调整、缓解因市场失灵而造成的不良后果。同时在对贫富差距进行调控时必须要有相应的经济手段，在社会保障方面则应加大对贫困群体的扶持力度。有必要采取系列政策和规定缩小两极人群收入差距并确保社会公平与稳定。相对于初次分配而言，政府调控市场机制已不再把注意力集中在分配的出发点和过程公平上，再分配更多地是以分配结果为导向进行调控。

作为国民生产总值（GNP）分配的一环，再分配建立在初次分配基础之上，与市场机制在初次分配中所处的主体地位相比较，它主要由政府来承担。政府通过税收、财政转移支付来重新分配国民收入的部分，以调节收入差距达到社会公平分配。因此，我们可以把再分配政策定义为：政府为了实现社会公平，保障社会稳定，在初次分配结果的基础上，对各收入主体之间通过各种渠道实现现金或实物转移的调整过程和规范，其主要目的是缩短收入两极人群的收入差距，将社会收入差距控制在一定范围内，实现一定程度上的收入公平。具体的实施手段包括税收、财政转移支付和社会保障等方面。与初次分配政策相比，再分配政策有如下特点：

首先，再分配是在初次分配的基础上进行的再分配，目标是实现社会收入公平。与初次分配相比，再分配主要着重于发挥政府的主体作用，在初次分配的基础上进行调节和再分配，以调节各市场经济主体之间的收入差距，维护社会公平。

其次，在再分配过程中，政府不再扮演间接调控的角色，而是直接参与国民收入分配的调整。在初次分配政策中，政府的作用发挥在于维护市场的健康、正常运行，为维护社会经济正常发展提供制度和法律保障，间接调控初次分配的过程。再分配中，政府取代市场作为第二次收入分配的主体，依靠其特殊的权力性、强制性介入国民收入分配当中，调配的力度更强，更有成效。

2. 再分配政策的实现机制

政府作为再分配过程中的主体，能够采取强制性的措施和政策以保证再分配政策目标的实现。再分配政策的实现手段和机制，概括起来大致分为以下三种。

首先是税收制度。税收制度是政府在再分配过程中发挥作用的最重要的手段。市场经济参与者由于其自身知识、能力、技能熟练度等差异，导致在初次分配过程中会产生一定的收入差距。在此基础上，政府通过税收的调节功能，对高收入者进行税费的征收，同时将这部分收入转移给低收入者，从而在一定程度上调整各收入主体之间的收入差距，保障社会公平。

其次是财政转移支付制度。财政转移支付制度是基于中央与地方之间财政的纵向不平衡和地区之间的横向财政不平衡产生的。将一部分财政资金在中央和地方之间、地区和地区之间转移，达到平衡区域之间经济发展目标的目的。财政转移支付主要包括直接的收入转移支付和实物转移支付，如公共工程项目及地方的公共基础设施的建设等。

最后是社会保障制度。社会保障制度是在政府的管理之下，以国家为主体，依据一定的法律和规定，通过国民收入的再分配，以社会保障基金为依托，对低收入人群以及暂时失去劳动能力者在生活困难时给予的物质帮助，满足其最基本的生活保障及物质需求的一项社会制度。社会保障体系主要包括社会救助、社会保险、社会优抚和社会福利，其目的是保障劳动者在年老、工伤、失业、患病、生育等方面的风险应对能力。同时随着社会经济的发展，综合国力的不断提升，政府应该不断提高社会保障水平，提升人民生活质量，满足人民的物质文化需求，维护社会的和谐和稳定。为了保障收入分配的公平性，实现社会的公平稳定，政府可以通过行使公共权力，制定切实可行的政策，如最低工资立法、就业援助、反贫困计划等，这些都能对收入分配的公平性产生积极影响。

三、第三次分配

1. 第三次分配的含义

在市场经济中，收入分配主要有三种类型：第一次分配是由市场按照效率原则进行的分配；第二次分配是政府根据兼顾公平与效率，注重公平的原则，通过税收、社会保障支出及其他支出对收入实行再分配；第三次分配指在道德力量的推动下，通过个人自愿捐赠而进行的分配。第三次分配有广义和狭义之分。在广义上，第三次分配指调动社会各方面人员积极性，建立社会救助、民间捐赠、慈善事业、志愿者行动等多种形式的制度和机制，是一种不同于政府调控的互助行为的体现。狭义的第三次分配可以理解为慈善捐助，其形式通常是高收入人群的无偿捐助，帮助低收入人群及其他生活有困难的群体。

由于市场自身对于生产要素的分配往往有悖公平性，所以，国民收入在经过市场自动调节后还要在社会范围内进行分配。但在实际的实施过程中，由于政府自身财政的困乏，政策制定不合理等问题，经过再分配之后的分配格局仍然存在某些非公平性。高收入人群存在着自愿捐助及慈善等互帮互助的行为与动机，客观上形成了超越市场和政府的分配层面，即第三次分配。第三次分配在国民收入再分配之后，根据国民自身的意愿，以募集、自愿捐赠和资助等慈善公益方式对社会资源和社会财富进行的分派，它依靠精神力量，奉行道德原则，对缩小社会差距、实现更合理的收入分配和公平有重要意义。

2. 第三次分配的特征

在市场经济条件下，以效率为目标，依据经济主体对社会的贡献的不同，实现对财富的初次分配，那些富有文化知识、技能熟练、善于创新并努力工作的社会成员将获取更多的劳动报酬，先富裕起来。政府作为社会公平的调控者，通过税收、财政、金融等手段对收入进行调节，以公平为原则，帮助弱势群体，建立全面系统的社会保障体系。而第三次分配建立在自愿的基础上，人们以募集、自愿捐赠和慈善公益等方式帮助低收入群体提高生活质量，弥补市场和政府分配的缺陷。

3. 第三次分配的功能定位

第三次分配的主要功能是通过各种有益的活动对社会产生积极正面的影响及作用。第三次分配，作为对前两次分配的补充，对缩小社会差距，实现更合理的收入分配和公平有重要意义。一方面，考虑到因为存在信息不对称和道德风险等因素的影响，市场经常失灵，导致收入分配差距过大。为了克服市场失灵，可以通过对低收入群体提供技术要素的补给，提供义务培训增强其技能；可以通过对低收入群体资本要素补给，提供给他们一定的创业资本，改善他们的收入水平，降低收入分配差距，这也符合市场发展的要求，有利于提高全要素生产率，从而提高经济发展质量。另一方面，在弥补政府失灵方面，政府的财政政策和货币政策有时不能发挥其应有的效用，有些高收入人群的收入仅仅通过税收政策进行调节是不够的。通过第三次分配可以弥补收入差距，同时高收入者因为提供无偿捐赠导致高收入群体财富减少，他们在整个社会中财富所占的收入比重也会减少，从而有利于降低收入差距。同时，慈善对于教育具有重要的促进作用。一方面，对教育的投入，能够减轻低收入群体的教育负担；另一方面，对家庭成员进一步成长提供物质保障，从长远看，慈善对贫苦地区儿童而言，是一种智力救困。另外，慈善可以弥补政府社会保障资金短缺，使得财富分配更合理，收入差距更小。

4. 第三次分配的运行机制

社会慈善的主要过程是在慈善捐助方、慈善受助方与慈善组织方的共同作用下，通过接受捐赠、管理资金和实施慈善三大环节共同完成的。捐助方指自愿捐献财富者，他们在捐献财富的过程中，是单线的、不以获取回报为目的，不会为了捐助索取回报。一般捐助方可能包括个人、家庭、社区、企业等。其中个人和家庭占捐助方的比重最大，是慈善捐助的最大社会基础；慈善家是专门从事慈善事业或进行慈善活动的人，他们的慈善捐助从数额上看往往也较大；企业法人也是慈善事业的重要主体。

慈善事业的受助方主要是家庭贫困、需要社会救助的弱势群体，他们通过第三次分配无偿得到捐助，不需要付出代价或者提供义务，慈善本身就是出于自愿原则，在权利与义务不对等的关系中实现财富的再分配。慈善组织方，主要包含民间慈善组织和一些慈善基金会等。他们负责协调慈善捐助方与慈善受助方的关系，将慈善基金有效地发放至需要救助的人手中，同时承担着反馈慈善效果和接受社会问责的责任。

第二节 规模性收入分配和结构性收入分配

宏观层面的收入分配主要是国民收入的功能性分配格局，主要是处理好政府、企业和个人的收入分配问题。微观层面的收入分配表现为利益个体所得到的具体数额及其相对比例的规模性分配格局，它受到性别、年龄、教育、职业以及民族等社会属性的影响。宏观层面的收入分配和微观层面的收入分配相互制约，相互促进。

一、功能性收入分配和规模性收入分配的内涵

功能性收入分配也称为要素收入分配，该分配形式是按照生产资料的不同进行的分类，指的是收入被划分为来自劳动的收入和来自财产的收入，这就涉及各生产要素(分工协作的各参与方)参加生产时所获得的酬劳或收入份额。与之相对应的是规模性收入分配，也称为个人收入分配，指的是收入(或者财富)按照大小，或者更准确地说按照经济单位的收入档次进行划分，其中涉及的是各类收入在人们(个人、家庭或住户)之间的最终分布状况。功能性收入分配同产品生产直接相关，是从宏观和公正性角度研究收入分配问题；规模性收入分配则更多地同人们的生活水平和生活质量有关，属于从微观和均等性角度研究收入分配问题。从理论和实践来看，功能性收入分配和规模性收入分配各有优缺点。功能性收入分配是经济理论体系的重要组成部分之一，但是，由于经济理论通常都是从现实经济问题中高度抽象提炼出来的，所以在测度上面临着许多困难；"规模性收入分配"就是直接从现实经济生活中来考察收入分配状况，它在测度上有明显的优点，但是在理论上也有不足之处。一般仅仅针对有关的实际问题提出相应的理论，很难建立一种类似于功能性收入分配的整体理论框架。

功能性收入分配理论讨论了资本积累和总量均衡等问题，在这方面最具代表的是马

克思的收入分配理论。马克思科学地创造了劳动价值、剩余价值理论和生产方式决定分配的理论以及构想了社会主义社会公有制下的按劳分配,形成了马克思主义的分配理论体系。马克思的分配理论在社会主义国家得到了实践,特别是在我国,大量的学者将这方面的研究集中在消费和投资的关系上,还表现在国家、集体和个人三者利益关系的研究上面,可以说,马克思分配理论对我国的发展有重要的影响。马克思分配理论不仅被社会主义国家所践行,同时也被西方资本主义国家理论界以及工党、社会民主党等左翼政治党派所普遍认同,作出了全新探索。拉美及其他发展中国家与地区的经济学者与实践者,在国家关系问题上进行了剥削理论的革新。

对于规模性收入分配研究形成了第二条线索的基本内容,帕累托在这方面作出了重要的贡献。帕累托把对收入分配的研究引入如家庭、个人和其他居民收入分配的微观研究领域,利用统计规律,针对每个不同社会特征下个人或者家庭社会平均收入偏移情况,对个人或者家庭相对收入的差异进行分析。例如,人们所熟悉的基尼系数等相对收入不平等的测量原则和方法。规模性收入分配被称为个人收入分配,因为这种分配主要说明了微观经济条件下个人或者家庭收入分配形成与类型,并衡量了有关收入不平等尺度。功能性收入分配与规模性收入分配虽然分别隶属于宏观经济与微观经济研究视角,但在对二者进行界定时,可发现它们之间又存在着千丝万缕的联系。在宏观层面,二者是一种相辅相成、互为因果的互动关系;而在微观层次上,则主要体现为个人对自身劳动成果进行再配置所形成的分配机制与结果的不同。在制度与宏观经济视角下,制度色彩浓厚的功能性分配将对个人收入分配模式产生直接的影响。每个人所在的群体获得的收入,势必会影响个人收入分配。税赋结构、社会保障体系等重大的宏观经济政策调整,都会直接影响到个人收入的差距。

我们在制定收入分配政策时,都会首先从调整国家、集体和个人关系开始的宏观分配制度改革着手,因此对个人分配的研究不可能离开宏观收入分配政策。相反,个人收入分配这一微观行为还将对宏观分配产生直接影响。若个人收入差距太大,将导致社会阶级力量不平衡,则在阶级层面上需要社会对其功能性收入分配结构进行调整;如果个人收入差距过于均等,又会影响生产效率,从而影响经济增长的速度。功能性收入分配与规模性收入分配之间存在着较为复杂的关系(见图5-1)。一方面,低收入群体劳动报酬普遍占有很大比例,所以劳动份额减少常常意味着收入差距拉大,也会影响低收入群体的生活质量;另一方面,虽然功能性收入分配通常关系到"正义"问题,但是,如果某一低收入群体功能性收入分配机会不足,那么规模性收入分配领域很容易深陷于困顿社会之中,不可避免地,人们对规模性收入分配是否合理提出了更高的疑问。因此,只有将两种收入分配理论结合起来协同实施才能产生令人满意的经济效益和社会效益。

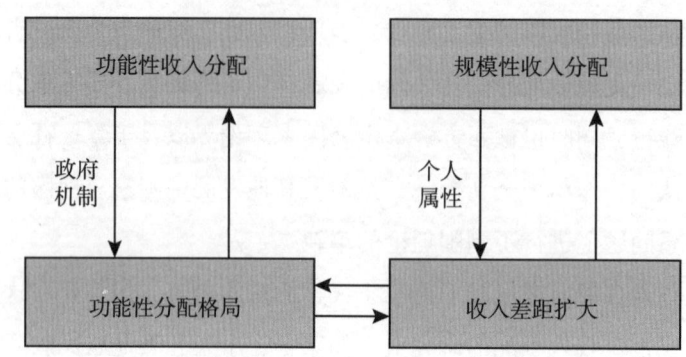

图 5-1　功能性收入分配和规模性收入分配的关系

二、功能性收入分配和规模性收入分配的区别

经济学界对功能性收入分配和规模性收入分配的研究历史悠久,两者相比,功能性收入分配理论的研究早于规模性收入分配。尽管两者都是针对收入分配进行的研究,但是其分别从宏观和微观进行考虑,这使两者的研究方法、理论框架和数据来源很少会有相通的部分。具体来说,功能性收入分配研究更加注重数理模型逻辑、总体理论框架以及国民收入账户等方面;规模性收入分配则更加注重数据处理及度量、相关影响因素等方面的理论讨论以及经验分析,例如人力资本、再分配政策等和微观调查数据。在经验研究领域,功能性收入分配和规模性收入分配在各自的经验研究中,采用的是不同的数据来源、不同的收入定义,遵循着不同的研究路径。规模性收入分配考察的是人们的最终收入与收入差异,分析了不同个体和群体的收入状况和收入差距,对从微观视角研究社会问题有着重要的理论意义和实践意义。

新古典经济学关于功能性收入分配理论的重要观点有两个,分别是边际原理和耗尽原理。具体来说,边际原理是在完全竞争环境下,每种生产要素都将根据它们在生产过程的边际产出,获得各自的边际报酬,即边际收益等于边际产出;耗尽原理指在规模收益不变情形下的分配状况。新古典经济学认为通过功能性收入分配能够兼顾效率和公正。新古典经济学可能的价值评判为:自由竞争市场中功能性收入分配不仅具有"正义"，还与"效率"相容，没有效率与正义，就无法缓解经济增长与成果共享之间的矛盾，既然自由竞争市场中功能收入分配可以相容于"效率"和"正义"，那么新古典经济学可能提出的政策主张就是：市场对生产与分配都具有效力，而政府不能介入自由市场。功能性收入分配理论之所以在20世纪五六十年代重新受到重视，与经济学界把眼光由凯恩斯短期分析转到经济增长方面有重要关系。亚当·斯密认为劳动是有报酬的，而劳动工资则是不确定的；勤勉和人的其他素质一样，越受奖就越勤勉。丰富的生活资料使劳动者体力增进，而生活改善和对前途的信心会使他们更加努力工作，提高工作效率。所以，一般来说，高工资地方的劳动者要比低工资地方的劳动者工作效率高。尽管如此，我们仍应该认识到，功能性收入分配和规模性收入分配讨论的侧重点不同，随着政府部门在社会经济活动中承担的角色越来越重要，从政府的角度，将功能性收入分配和规模性收入分配通过再分配政策、公共品政府供给等制度进行有效融合，目的在于兼顾效率与公平双重目标。

三、功能性收入分配理论的多维视角

对功能性收入分配理论的梳理和探讨有利于从宏观层面整体掌握功能性收入分配理论的内容和目的，具有重要的理论意义。从亚当·斯密的四个维度工资决定论来看，工资由四个维度决定。第一，从理论上看，工资水平主要由劳动供求决定，而且工资增长主要来自劳动需求增长，劳动需求增长又来自经济增长与资本积累。第二，劳动者普通工资是由劳资双方签订的合同决定的，与双方议价能力紧密相关。第三，获得工资的多少还与职业本身的性质有密切关系：一是劳动者对所从事的职业是否感到愉快，是否有成就感；二是劳动者从事的职业是否需要培训，以及培训的费用情况；三是从事的职业是否具有稳定性；四是职业所担负的责任轻重情况；五是个人事业成功可能性的大小。第四，限制竞争、妨碍劳动力自由流动的制度安排和政策措施，不仅会对工资水平和工资差异产生影响，而且会降低生产的效率，不利于初次分配的公正。

综合来看，亚当·斯密提及的第一个维度是基于完全竞争条件下和生产函数的探讨。四个不同维度的发展表现为：第一个维度涉及经济增长和资本积累，这与技术进步密切相关；第二个维度主要从劳资双方议价能力的角度进行考虑，这与经济全球化和金融创新对劳动份额所产生的影响有关；第三个维度则涉及工资理论和失业理论，如补偿性工资理论、搜寻匹配理论等；第四个维度与私有化和福利国家政策调整，以及发展中

国家和转型中的劳动力市场不完备性有密切关系。

需要注意的是，以上种种功能性收入分配理论，多以发达经济体作为实际背景，市场发育程度及配套措施较为完善，因此相关理论较少考虑制度性劳动力市场分割、大规模结构调整与经济转型、行业垄断与就业歧视等。由于这些理论的经济制度背景与发展中国家有较大的不同，因此，在解决实际问题时需要进行必要的修正和创新。目前，我国的经济情况与发达国家有所不同，表现为以下四个方面：第一，全球化、信息化、金融化等影响世界各主要经济体劳动份额的因素有较大不同；第二，我国正在经历着大规模的产业结构调整和经济转型，引发生产要素在不同产业之间合理或不合理的重新配置和动态调整，这点具体表现为大量的传统农民工和新生代农民工在三次产业之间流动、大量资金游离于实体经济和虚拟经济之间等；第三，生产要素配置中的城乡分割、行业分割和地区分割仍然严重，生产要素价格仍然留有行政干预痕迹，使生产要素的报酬不一定能够充分反映其边际产出；第四，我国社会保障制度和再分配政策正处于构建和完善阶段，功能性收入分配和规模性收入分配之间尚缺乏足够的缓冲机制。

四、规模性收入分配的重要性

从度量指标上看，规模性和功能性的收入分配有所不同，前者与生产过程有直接关系，检验各生产要素能否根据其对生产过程的贡献而取得相应比例，所涉及的多为初次分配。规模性收入分配直接考察个人、家庭或住户的收入分布，尤其是不同个体或群体之间的收入差别或不平等状况，不仅涉及收入的初次分配，更涉及收入的再分配。规模性收入分配关注的是每个人或每个家庭的最终收入水平和不同个人或家庭之间的收入差距，它同人们的生活水平、相对地位及能否享有体面的生活息息相关。因此，从人们的生活水平和社会公平感角度来看，规模性收入分配具有更为重要的意义。这也是随着社会经济的发展和人本主义的重视，政府和个人越来越重视规模性收入分配的原因之一。

规模性收入分配以人们之间的收入差异为考察对象，不可避免地涉及人与人之间的比较。由于人存在主观性，所以这种比较并不简单，主要存在两方面的问题。第一，目前的经济学分析框架，更多关注的是同质化的人，针对不同人之间的比较的理论很少，即使有也很难操作，更多的是停留在理论层面进行讨论。现有经济学体系更多的是基于个体效用函数，而不同个体之间的效用函数并不具备可比性，因此同功能性收入分配相比，规模性收入分配同现有的经济理论体系缺乏一种直接的密切联系，在经济学框架内面临着理论方面的困难。第二，规模性收入分配以人们之间的收入分布状况为研究对象，不仅概念界定清晰、含义明确、数据容易获得，而且可以方便地对不同个体或群体、不同收入来源、不同收入差距原因进行考察，不必经过复杂的理论与现实之间的概念辨析、数据调整等，故在度量方面享有较大的优势。功能性收入分配的理论往往是实际经济发展的抽象和思辨，规模性收入分配则不同，它的理论更加微观、具体和技术化，因此，在度量、分解等实证研究领域应用较多，成果丰富。

五、功能性收入分配的回归

由于经济制度的变化，在重视规模性收入分配的同时，功能性收入分配也逐渐被重视，又回归到主流经济学研究方向上，这与劳动份额下降和国际形势变动有关。此经济背景进一步激发了人们对功能性收入分配的关注和学术界的研究热情。具体来说，劳动份额持续下降、经济理论的发展、数据的充实、技术方法的创新，共同推动了功能性收入分配的强势回归。对于劳动份额问题的研究主要集中在与社会经济发展现实背景以及制度背景相结合的基础上，对于世界范围内普遍存在的劳动份额不断减少的问题进行了合理的阐释。近年来国内外学者围绕这一主题开展了大量理论与实证方面的探索，取得了一系列有意义的研究成果。特别是从 20 世纪 80 年代开始，技术进步（尤其是互联网技术应用）、全球化、金融化、私有化，以及福利国家政策调整对规模性收入分配产生了影响，这些都成了重点研究领域。

第三节　收入分配的测度

通过观察和评估政策实行后的效果，能够有效对实施政策的必要性进行反馈。对比来看，再分配政策作为政府促进社会和平、维护社会稳定的有效手段，其具体的评价标准应更多注重收入或财富在市场经济参与者之间的适用性及公平性，就现实再分配政策评价标准而言，要更多地借助于洛伦兹曲线、基尼系数以及欧希玛指数等。

一、国内现有收入分配评价指标

国内现有的收入分配差距测度指标是由国家统计局等权威机构定期或不定期发布的

调查数据指标，包括基尼系数、恩格尔系数、城乡居民可支配收入、东中西部城镇居民收入和消费情况。

（一）洛伦兹曲线

洛伦兹曲线弯曲程度对收入分配公平性有显著影响。收入分配的不平等程度随着时间的推移而增加；但是，当一个国家或地区的经济发展到一定水平后，随着社会的进步和人们生活水平的提高，这种差距就会越来越大，而且这种差距还将继续扩大，直至整个社会的弯曲程度超过收入分配所能承受的限度为止。但是，在某些情况下，洛伦兹曲线会出现反方向的变化，即收入差距扩大，这种现象称为"洛伦兹倒 U 型假说"，尤其是当全部收入集中于一人之手，剩下的人却什么也没有得到的时候，收入分配就到了完全不平等的程度。洛伦兹曲线向下弯曲程度越大说明财富集中在极少数人手中，收入分配越不平等，反之曲线越平滑。当曲线为平面直角坐标系第一象限对角线时，收入分配最公平。

（二）基尼系数

基尼系数指在全部居民收入中，用于进行不平均分配的那部分收入所占的比例。基尼系数最大为"1"，最小等于"0"。前者表示居民之间的收入分配绝对不平均，即100%的收入被一个单位的人全部占有了；而后者则表示居民之间的收入分配绝对平均，即人与人之间收入完全平等，没有任何差异。但这两种情况只是在理论上的绝对化形式，在实际生活中一般不会出现。因此，基尼系数的实际数值只能介于 0 到 1；基尼系数越趋近于 0，收入分配越平均；基尼系数越趋近于 1，收入分配越不平均。国际上通常把 0.4 作为贫富差距的警戒线，大于这一数值容易出现社会动荡。一般来说，基尼系数低于 0.2 表示收入高度平均；0.2~0.3 表示比较平均；0.3~0.4 代表相对合理；0.4~0.4 表明收入差距较大；0.6 以上代表收入差距悬殊。

基尼系数能更客观且直观地反映与监控居民贫富差距，并对两极分化质变临界值进行有效预警，但难以进行国际比较。另外，这一系数为静态结果，不能全面地反映不同社会群体收入或者消费的累积份额，而且计算过程复杂，对数据要求高，容易产生偏差。

（三）恩格尔系数

恩格尔系数是应用较为广泛的测量贫困的指数。该指数基于食品消费支出是家庭消费总支出中不可或缺的组成部分这一理念，采用家庭用于食品消费的支出占家庭消费总支出的比重来测量贫困程度。恩格尔系数的取值范围为 0~1，系数越大表明家庭越贫困，而系数越小说明家庭越富有。其优点在于精简实用、针对性强，但由于是间接反映居民收入水平和收入差距，因此无法精确地描述出不同群体之间的收入差距。这一指标是国家统计局定期公布的，并按照城镇居民恩格尔系数与农村居民恩格尔系数进行了分别统计。它是反映居民生活水平高低的重要标志之一，也是衡量经济发展与社会进步程度的主要依据。在统计上，还有以人均纯收入五等份为单位划分农村居民家庭恩格尔系数，以区域为单位划分农村家庭恩格尔系数等方式。

(四) 泰尔指数

泰尔指数的计算公式为：$T = \sum (Y_i/Y)[\log(Y_i/Y) - \log(P_i/P)]$，其中 Y_i 和 P_i 分别为第 i 个地区或者分组的收入和人口，Y 和 P 分别为总收入和总人口数量。其取值范围为 0~1，泰尔指数越大，则表明地区经济差异越大。泰尔指数用来衡量不平等的最大的优点是，它可以衡量组内差距和组间差距对总差距的贡献，缺点是没有上下界限，不能进行对比。泰尔指数和基尼系数之间具有一定的互补性，这两个指标结合使用往往具有较好的效果。具体来看，基尼系数可以用于收入不平等的要素分解，而泰尔指数在分解组间差异和组内差异方面有很好的应用效果。

二、国际通用的收入差距衡量指标

(一) 欧希玛指数

欧希玛指数指以最高收入的 20% 的人所占的收入份额与最低收入的 20% 的人所占有的收入份额之比表示一个社会的收入分配状况。这一指数的最低值为 1，指数越高，说明收入两极分化越严重，贫富差距越大。相比于洛伦兹曲线和基尼系数，欧希玛指数更简单和直观，是判断再分配政策效果的一个重要指标。一般而言，欧西玛指数在 3 以下为收入水平高度均等，3~6 为相对均等，6~9 为相对合理，9~12 说明收入差距偏大，12~14 表示社会居民收入差距过大，16 以上为收入水平差距极大状态。该指标同时兼顾了最贫穷和最富有的两个群体，因此，在分析贫富差距时更具体细致；不足之处为其无法反映居民收入分配差距的总体变动趋势。

(二) 阿鲁瓦利亚指数

阿鲁瓦利亚指数是用于衡量全体居民众收入最低的40%人口的收入总额占全体居民收入总额的比重。该指标数值介于0~0.4，指数越小表示低收入的40%居民群体与其他60%居民之间收入分配差距越大，反之则越小。该指标的优点是它能直接、明确地反映出低收入群体的相对收入水平；不足之处在于该指标衡量的人口比例(40%)选取值太高使得对于低收入群体的收入状况描述得过于笼统。

(三) 库兹涅茨指数

库兹涅茨指数是由诺贝尔奖获得者西蒙·库兹涅茨在1974年提出的测量收入分配差距的指标。该指标把收入份额与人口份额之间差额的绝对值加总求和，然后再去除以人口数。其计算公式为 $R = \sum |y_i - p_i| \div P$，其中 R 为库兹涅茨比率，y_i 和 p_i 分别为各阶层的收入份额和人口份额。如果计算得到的 R 值越大，则收入差距越大，反之收入差距越小。库兹涅茨指数是库兹涅茨比率的一种特殊情况，它表示全体居民中最富有的20%人口的收入总额占全体居民总收入的比重。在指标解释上，可以将库兹涅茨指数解释为与阿鲁瓦利亚指数相互补充的指标。该指标值介于0.2~1，指数越小表示高收入的20%居民群体与其他80%居民之间收入分配差距越大，反之则越小。该指标的优点在于其既可以直接反映高收入群体的收入状况，也可以体现低收入群体的相对收入状况；缺点在于其不能具体反映出高收入群体内部的收入分布情况。

(四) 多维贫困指数

多维贫困指数是由联合国发布的一个界定绝对贫困人口的新指数。该指数采用三维+10个指标衡量贫困水平。三维包括健康、教育和生活三个方面的标准，10个指标包括营养、儿童死亡率、受教育年限、儿童入学率、厨房燃料、卫生间、水、电、地板和资产，10个指标中3个及以上不达标即认定为贫困。多维贫困指数把多项指标综合起来全面反映被调查对象的贫困程度，可以衡量某一家庭、某一地区乃至某一国家不同水平的贫困状况。该指标对贫困的界定更加全面，从单纯的个人消费水平扩展到家庭状况和家庭之间的横向比较，还考虑到了影响贫困的因素中个人是否能够享受免费的基本生活资料供给，以及获取这些生活资料的成本高低。它可以显示出一个国家内不同地区人口的贫困状况。

☞ **思考题：**

1. 简述收入分配的方式。
2. 分析功能性收入分配和规模性收入分配的关系。
3. 简述收入分配的测度方法。

第六章 我国收入分配制度变迁

分配体制的改革带来了社会经济的飞速发展,这是有目共睹的事实。经济体制改革前,我国忽视物质利益的引导作用,无法充分发挥分配引导增长的功能,导致了经济发展速度较慢,影响了广大人民群众的积极性。改革开放以来,我国运用分配激励机制,尽可能地调动企业、个人和地方的积极性,使社会生产力得到了快速发展。总体来看,我国收入分配制度改革是成功的,较好地发挥了收入分配的引导功能。

第一节 改革开放前的收入分配制度

中华人民共和国成立以来至改革开放之前,收入分配制度历经"多种收入分配形式共存""按劳分配制度的逐步确立"和"平均主义分配制度"几个时期。各个历史时期都有其特定的经济背景和社会条件,并对我国当前的收入分配制度产生了一定影响。收入分配制度在这几个时期的变化有可参考之处,但是也存在很多的问题。

一、按劳分配制度的建立

从1949年中华人民共和国成立到1956年,我国经历了社会转型,与之相适应的收入分配制度已发生深刻变化,从多种分配形式共存向按劳分配制度的确立转变。从1956年到改革开放前,在探索适合中国国情的社会主义经济建设的道路过程之中,按劳分配制度初步实施,在实施过程中也遇到曲折。

(一)多种分配形式并存

从1949年到1956年底,是中国进行国民经济恢复工作的时期,中国向新民主主义社会转型。当民主革命遗留问题得到解决时，中国执行新民主主义经济纲领并确立新民主主义经济体制——各种经济成分共存，市场和计划共存。这个时期并没有形成一个统一的分配体系，城市与农村同时出现了各种分配形式。

(二) 平均主义的分配制度

从 1957 年到 1966 年，中国全面开展社会主义建设，探索符合中国国情的社会主义经济建设的道路。这期间的运动，都在推行平均主义，收入分配制度具有平均主义的特点。这种失误在国民经济调整时期得到了局部的纠正，按劳分配制度得到了某种程度的恢复。

二、改革开放前分配制度变革的经验

这一时期收入分配制度的变革存在可以借鉴的部分。一方面，在当时生产力水平较低、消费资料不足的情况下，收入分配制度受着需要符合保持社会安定和保证人民群众基本生活的客观因素的限制。高度集权的收入分配制度使国家把劳动剩余几乎全部集中起来，从而保证重工业超常发展，并在中国工业化进程中起到了推动作用。另一方面，高度集中而又过于平均的低收入状况也带来了一系列社会问题。这一制度从根本上违背了生产决定分配的规律，无法发挥出分配对生产应有的促进作用。如果说在中华人民共和国成立之初生产力极度落后的情况下，这一分配形式还具有客观必然性，那么，随着社会主义建设不断向前推进，这一平均主义分配所带来的缺陷也越来越明显地暴露出来，限制劳动积极性的发挥。

第二节　改革开放以来我国收入分配制度的改革

自改革开放到现在，中国在收入分配问题上已经作了很长一段时间的探索，每一次党的全国代表大会都会为收入分配改革指明一个新的发展方向，中国的收入分配改革也因此取得了一定的成效。在新的历史时期，中共中央把党工作的重点重新转移到经济建设上来，重新确立正确的指导思想，进行经济体制改革，建立社会主义商品经济，确立经济发展战略，实施对外开放等。

表 6-1 我国收入分配政策演变

会议(年度)	收入分配政策演变与创新
十一届三中全会(1978)	解放思想，实事求是；把工作重心转移到社会主义现代化建设上来；实行改革开放；以农村为重点；强调按劳分配的社会主义原则，克服平均主义
十二届三中全会(1984)	以城市为重点；发展商品经济；打破平均主义，实现部分先富
党的十三大(1987)	"以按劳分配为主体、其他分配形式为补充""在促进效率的前提下体现公平"
党的十四大(1992)	"中国经济体制改革的目标是建立社会主义市场经济体制""兼顾效率与公平"
党的十五大(1997)	第一次明确提出："把按劳分配和按生产要素分配结合起来。"
党的十六大(2002)	"确立劳动、资本、技术和管理等生产要素按贡献参与分配的原则"。初次分配注重效率，发挥市场的作用，再分配注重公平，调节差距过大收入。
党的十七大(2007)	健全劳动、资本、技术、管理等生产要素按贡献参与分配的制度。首次提出："初次分配和再分配都要处理好效率与公平的关系，再分配更加注重公平；提高居民收入在国民收入分配中的比重，提高劳动报酬在初次分配中的比重。"
党的十八大(2012)	完善劳动、资本、技术、管理等要素按贡献参与分配的初次分配机制，加快健全以税收、社会保障、转移支付为主要手段的再分配调节机制。首次提出："努力实现居民收入增长和经济发展同步、劳动报酬增长和劳动生产率提高同步。"
党的十九大(2017)	促进收入分配更合理、更有序；在经济增长的同时实现居民收入同步增长、在劳动生产率提高的同时实现劳动报酬同步提高。

一、"部分先富"思想的确立

1978年12月召开的十一届三中全会重新制定了解放思想，实事求是的思想路线，党和国家把工作重点转向经济建设和改革开放。首先，十一届三中全会明确要求遵循经济规律，制定符合实际状况的经济政策，这为收入分配制度改革创造了良好的政治经济环境。其次，十一届三中全会作出把工作中心转移到经济建设上来和实行改革开放的决策,为收入分配制度改革奠定重要的物质基础。再次,提出改革的重点是农村,以农村改革为突破口,补救农业合作化后期以来农村工作上的失误,调动几亿农民的生产积极性。最后,提出克服平均主义,打破平均主义分配方式,为收入分配制度改革提供正确的方向。在十一届三中全会之前,绝大多数人民群众的认识里面占据主导地位的是平均主义,而平均主义导致劳动生产中的"懒惰",收入分配与个人的劳动没有关系,造成经济效率极低。十一届三中全会不仅冲破了传统理论框架,从根本上贯彻了马克思主义按劳分配理论原则,而且具有重大实践的意义,农村家庭联产承包制的推行使农业生产跨上了新台阶。

1984年10月召开的十二届三中全会通过《中共中央关于经济体制改革的决定》(以下简称《决定》)。《决定》中指出:"农村推行承包责任制这一基本经验,对于城市来说也是如此。要使城市企业增强活力,发挥广大劳动者的主动性、积极性和创造性,就必须明确企业内每一个岗位和每一个劳动者的工作需要,并建立起以承包为主要形式的各种经济责任制。"特别强调要发展社会主义商品经济:"商品经济的充分发展,是社会经济发展不可逾越的阶段,是实现我国经济现代化的必要条件。只有充分发展商品经济,才能把经济真正搞活,促使各个企业提高效率,灵活经营,灵敏地适应复杂多变的社会需求,而这是单纯依靠行政手段和指令性计划所不能做到的。"《决定》还特别指出,"平均主义思想是贯彻执行按劳分配原则的一个严重障碍,平均主义的泛滥必然破坏社会生产力""只有允许和鼓励一部分地区、一部分企业和一部分人依靠勤奋劳动先富起来,才能对大多数人产生强烈的吸引和鼓舞作用,并带动越来越多的人一浪接一浪地走向富裕"。这进一步为改革分配制度扫清了理论障碍。"共同富裕"最终的目标是实现人人平等、共同富裕,"先富"是基础,是共同富裕的捷径。

二、按劳分配为主与其他分配形式为补充的理论形成

1987年10月召开的中共十三次代表大会通过了《沿着有中国特色的社会主义道路前进》的报告。该报告指出,"必须以公有制为主体,大力发展有计划的商品经济。在所有制和分配上,社会主义社会并不要求纯而又纯,绝对平均。在社会主义初级阶段,尤其要在以公有制为主体的前提下发展多种经济成分,在以按劳分配为主体的前提下实行多种分配方式,在共同富裕的目标下鼓励一部分人通过诚实劳动和合法经营先富起来"。对于收入分配政策,该报告指出:"社会主义初级阶段的分配方式不可能是单一

的。我们必须坚持的原则是，以按劳分配为主体，其他分配方式为补充。除了按劳分配这种主要方式和个体劳动所得以外，企业发行债券筹集资金，就会出现凭债权取得利息；随着股份经济的产生，就会出现股份分红；企业经营者的收入，包含部分风险补偿；私营企业雇佣一定数量劳动力，会给企业主带来部分非劳动收入。以上这些收入，只要是合法的，就应当允许。分配政策，既要有利于善于经营的企业和诚实劳动的个人先富起来，合理拉开收入差距，又要防止贫富悬殊，坚持共同富裕的方向，在促进效率提高的前提下体现社会公平。"

该阶段收入分配理论上的重大突破是：第一，按劳分配不是唯一的分配方式，而是居于主体地位的分配方式，肯定了其他分配方式存在的必要性，这实际上是将按生产要素分配纳入了我国收入分配制度之中；第二，按生产要素分配的主要形式是资本收入，具体形式有利息、股息、红利和利润；第三，按生产要素分配所获得的收入，其性质是非劳动收入，但只要是合法的，就是允许的。党的十三大提出的收入分配制度规定是中国收入分配制度在理论和实践中的一次重大突破，使得中国从"平均主义分配制度"发展到"按劳分配为主，多种分配方式并存"的新的分配制度。这突破了过去的收入分配制度的单一分配形式，并且肯定了除按劳分配以外的其他分配形式的合法性，允许和保护各种合法的非按劳分配收入的劳动收入、资本收入、经营收入。

1992年10月，中国共产党第十四次代表大会提出："中国经济体制改革的目标是建立社会主义市场经济体制。"在收入分配制度上，党的第十四次代表大会提出："要以按劳分配为主体，其他分配方式为补充，兼顾效率与公平。运用包括市场在内的各种调节手段，既鼓励先进，促进效率，合理拉开收入差距，又防止两极分化，逐步实现共同富裕。"党的十四大在收入分配问题上仍然坚持了十三大的按劳分配观点，强调按劳分配与其他分配方式是"主补关系"，其在理论上的突破是提出了收入分配要兼顾效率和公平。

三、按劳分配和按生产要素分配相结合的思想出台

1997年9月，党的十五大对收入分配政策作了进一步明确，主要有以下几点：一是"坚持按劳分配为主体、多种分配形式并存的制度"；二是"把按劳分配和按生产要素分配结合起来，坚持效率优先，兼顾公平"；三是"依法保护合法收入，允许和鼓励一部分人通过诚实劳动和合法经营先富起来，允许和鼓励资本、技术等生产要素参与收益

分配"；四是"取缔非法收入，对侵吞公有财产和用偷税逃税、权钱交易等非法手段牟取利益的，坚决依法惩处"；五是"整顿不合理收入，对凭借行业垄断和某些特殊条件获得个人额外收入的，必须纠正"；六是"调节过高收入，完善个人所得税制，开征遗产税等新税种。规范收入分配，使收入差距趋向合理，防止两极分化"。

党的十五大在收入分配理论上取得的重大突破是：第一，在分配制度上，将"其他分配方式作为补充"，发展为"多种分配方式并存"，从"补充"发展为"并存"，强调各种分配方式所占的地位和重要性，并明确将其作为分配制度的内容；第二，将"允许其他分配方式并存"进一步发展为"允许和鼓励生产要素参与分配"，明确指出资本、技术等生产要素参与分配；第三，解决了生产要素能不能参与收入分配的问题，第一次把其他分配方式概括为"按生产要素分配"，明确提出了在收入分配的实践中要"把按劳分配和按生产要素分配结合起来"。

四、确立劳动、资本、技术和管理等生产要素按贡献参与分配的思想

2002年11月，党的十六大报告中阐述了如何深化中国分配制度改革的问题。报告提出了一系列重要观点：一是"调整和规范国家、企业和个人的分配关系"；二是"确立劳动、资本、技术和管理等生产要素按贡献参与分配的原则，完善按劳分配为主体、多种分配方式并存的分配制度"；三是"坚持效率优先，兼顾公平，既要提倡奉献精神，又要落实分配政策，既要反对平均主义，又要防止收入悬殊。初次分配注重效率，发挥市场的作用，鼓励一部分人通过诚实劳动，合法经营先富起来，再分配注重公平，加强政府对收入分配的调节职能，调节差距过大的收入"；四是"规范分配秩序，合理调节少数垄断性行业的过高收入，取缔非法收入"；五是"以共同富裕为目标，扩大中等收入者比重，提高低收入者收入水平"。

该时期收入分配在理论上取得了重大突破。第一，它阐明劳动、资本、技术和管理均为社会财富创造之源。这种理解是在加深劳动价值理论理解的基础上，阐明劳动之外的生产要素一样会创造社会财富并肯定劳动之外的生产因素。第二，确立了"劳动、资本、技术和管理等生产要素按贡献参与分配"的原则。这既是对党的十五大报告提出的"允许和鼓励资本、技术等生产要素参与收益分配"原则的继承，更是创新和发展。这一分配原则不仅扩大了生产要素的范围，也明确了分配的依据。第三，明确了"一切合法的劳动收入和合法的非劳动收入都应该得到保护"。这是我党建党以来第一次公开表

示保护"合法的非劳动收入",这意味着我国将从体制上、政策上甚至法律上实现对投资行为及其收益的保护。第四,明确了"要扩大中等收入者比重,提高低收入者收入水平",为社会发展的分配格局勾画出了基本轮廓和框架。这些论述为深化收入分配制度改革指明了方向,具有重大的现实意义和深远的历史意义。

2007年10月党的十七大召开,报告中对收入分配改革进一步作出了重要论述:一是"坚持和完善按劳分配为主体、多种分配方式并存的分配制度";二是"健全劳动、资本、技术、管理等生产要素按贡献参与分配的制度";三是首次提出"初次分配和再分配都要处理好效率和公平的关系,再分配更加注重公平";四是"逐步提高居民收入在国民收入分配中的比重,提高劳动报酬在初次分配中的比重",这也是在党的文件中首次提出,体现了发展成果由人民共享的理念;五是"着力提高低收入者收入,逐步提高扶贫标准和最低工资标准,建立企业职工工资正常增长机制和支付保障机制";六是"创造条件让更多群众拥有财产性收入";七是"保护合法收入,调节过高收入,取缔非法收入,逐步扭转收入分配差距扩大趋势"。报告所提出的"初次分配和再分配都要处理好效率和公平关系"的指导原则,是解决收入差距逐步拉大问题的政策要点和着力点,也是对党的十六大所提出的"初次分配注重效率,再分配注重公平"的分配原则的进一步完善和调整,具有很强的现实针对性。该阶段收入分配上的重大突破是:

第一,指出"逐步提高居民收入在国民收入分配中的比重,提高劳动报酬在初次分配中的比重",是调整收入分配结构的重要方面。由于改革开放以来,企业具有决定员工收入的自主权,国家还没有建立相应的保护劳动者合理工资的制度,再加上中国农村剩余劳动力较多,导致企业把员工工资尽可能压低,造成劳动报酬提升较少,在有些部门甚至难以维持劳动力再生产,这些都是收入分配制度需要调整的内容。

第二,要"着力提高低收入者收入,逐步提高扶贫标准和最低工资标准",这是实现社会公平的重大政策。中国的低收入者大多分散在农村,他们由于自然环境恶劣或者劳动能力较低,始终无法脱离贫困。逐步提高扶贫标准和最低工资标准,有助于增加贫困者的收入,保护他们的合法权益。根本的解决办法是通过加强技术和职业培训,提高劳动者的素质和技能,努力使部分低收入者成为中等收入者,尽可能减少低收入者的比重。

第三,首次提出"要创造条件让更多群众拥有财产性收入"。由于我国经济持续增长、企业效益提高,并且资本市场日益繁荣,加上居民储蓄率提高,很多居民将在资本市场投资。因此,"创造条件让更多群众拥有财产性收入",是根据资本市场发展情况提出的新举措，有助于增加居民收入。

五、完善初次分配与再分配使发展成果由人民共享

2012年11月中国共产党第十八次全国代表大会召开。报告中就收入分配改革强调了以下几点：

一是"坚持走共同富裕道路。共同富裕是中国特色社会主义的根本原则。要坚持社会主义基本经济制度和分配制度，调整国民收入分配格局，加大再分配调节力度，着力解决收入分配差距较大问题，使发展成果更多更公平惠及全体人民，朝着共同富裕方向稳步前进"。二是"发展成果由人民共享，必须深化收入分配制度改革，努力实现居民收入增长和经济发展同步、劳动报酬增长和劳动生产率提高同步，提高居民收入在国民收入分配中的比重，提高劳动报酬在初次分配中的比重"。三是"初次分配和再分配都要兼顾效率和公平，再分配更加注重公平"。四是"完善劳动、资本、技术、管理等要素按贡献参与分配的初次分配机制，加快健全以税收、社会保障、转移支付为主要手段的再分配调节机制"。五是"深化企业和机关事业单位工资制度改革，推行企业工资集体协商制度，保护劳动所得"。六是"多渠道增加居民财产性收入。规范收入分配秩序，保护合法收入，增加低收入者收入，调节过高收入，取缔非法收入"。

该时期收入分配理论的重大突破是：

第一，"调整国民收入分配格局，加大再分配调节力度，着力解决收入分配差距较大问题，使发展成果更多更公平惠及全体人民，朝着共同富裕方向稳步前进。"表明对公平问题更加重视，从追求"国富"转向更加追求"民富"，为中国制定和实施收入分配改革的具体方案提供指导思想和重要原则。

第二，"实现居民收入增长和经济发展同步、劳动报酬增长和劳动生产率提高同步"，即"两同步"，这标志着我国宏观收入分配政策由20世纪80年代的强调劳动报酬的增长要低于劳动生产率的增长，转变为要实现两者的同步，有利于藏富于民，解决劳动收入偏低的问题。

第三，要"完善劳动、资本、技术、管理等要素按贡献参与分配的初次分配机制，加快健全以税收、社会保障、转移支付为主要手段的再分配调节机制"，在党的十七大的基础上进一步完善了按劳分配与按要素分配的关系，即，在初次分配中注重完善按劳分配与按要素分配，在再分配中用多种手段进行调节。

2017年10月，党的十九大召开。报告中提出的关于收入分配的改革主要有以下几方面内容：一是坚持按劳分配原则，完善按要素分配的体制机制，促进收入分配更合理、更有序；二是鼓励勤劳守法致富，"扩大中等收入群体，增加低收入者收入，调节过高收入，取缔非法收入"；三是坚持"在经济增长的同时实现居民收入同步增长、在劳动生产率提高的同时实现劳动报酬同步提高"；四是拓宽居民劳动收入和财产性收入渠道；五是履行好政府再分配调节职能，加快推进基本公共服务均等化，缩小收入分配差距。

该时期在收入分配理论的重大突破是：

第一，强调收入分配"更合理""更有序"。对公平和效率的关系作了创新型调整，没有把效率与公平的关系作为分配制度内的关系。

第二，当前中国新经济逐步崛起，应运而生的新技术、新模式、新业态也如雨后春笋破土而出，为中国经济发展不断注入新动力。因此，党的十九大不再将参与分配的要素一一列出，体现出"凡是有价值的要素，都可以参与分配"，不再局限于"劳动、资本、知识、技术和管理"。让各种要素的作用在分配中得到更充分的体现，将激发全社会创新创业的热情。

第三，十九大提出"在经济增长的同时实现居民收入同步增长，在劳动生产率提高的同时实现劳动报酬同步提高"，即"两同时"，其目的就是要把经济发展水平的提高和个体收入水平有机结合起来，让劳动生产率的提高能有效造福劳动者。

第三节　我国收入分配领域重大关系演变

回顾中国收入分配改革实践和发展，不仅仅是简单总结和梳理收入分配理念和制度创新的历史，更重要的是要分析中国收入分配制度改革引起的若干重大经济利益关系的深刻变化。正是这些重大经济利益关系的深刻变化，推动了中国经济社会的发展。

一、中央与地方利益关系的演进

中央与地方利益关系是中国财政体制构成的重要内容，财政体制改革从一定意义上塑造了中央与地方的关系。因此，可以从财政体制的角度分析中央与地方利益关系的演进。

1. "划分收支，分级包干"阶段

为贯彻"调整，改革，整顿，提高"的方针，发挥中央与地方积极性，使之与四化建设相适应，国务院确定了自 1980 年开始进行"分灶吃饭"为主要内容的"划分收支分级包干"财政体制改革。所谓"划分收支"指的是按照经济管理体制划定的隶属关系，将预算收入分为中央固定收入、地方固定收入、中央对地方的调剂收入、固定比例分成收入，将预算支出划分为中央管辖单位预算支出和地方管辖单位预算支出。所谓"分级包干"指的是根据划定的收支范围核定各级地方财政收支包干底数并以此为据落实各级的包干规模。这种体制的优点在于，扩大地方财权的同时也加重了地方支持责任，体现了权责统一。财税改革带动各项改革，使高度集中的计划经济体制不断实现改革。这种体制也存在其弊端，即中央财政收入比重不断下降，中央政府宏观调控能力被削弱。

2. 分税制财政体制阶段

继中央确定市场化改革方向后，财税改革又经历了一次伟大的历史性转折，开启了市场配置资源的基础作用。1994 年开始实施的分税制改革，使中央与地方之间的收入差距进一步拉大，财政收入增长乏力。分税制改革以规范财政收入为突破口，明显增强了财政总体实力，强化了中央宏观调控能力，大大缓解了中央财政困难，明显增加了地方财力。同时，分税制改革奠定了市场经济转轨时期中国央、地两级政府间财政关系的基础，加强了中央政府宏观调控经济运行的能力，有力推动了市场经济体制改革和工业化进程。但是，分税制改革也由此带来了财权和事权的不平衡，导致地方政府收入比例下降，却仍然承担着地方绝大多数公共产品的支出责任。

二、国家与企业利益关系的演进

国家与企业的利益关系主要表现在国有企业的分配制度上。改革开放以来，国有企业分配制度的演变主要经历了以下五个阶段。

1. 企业基金和利润留成并存阶段

十一届三中全会以后，国有企业分配制度改革进入了新的历史时期。为扩大企业自主权、调动企业积极性、加强积极核算，并改进经营管理，1978 年至 1982 年国家对独立核算国有企业全面推行了企业基金和利润留成制度。表现为国有企业上交国家的比例有所降低，但是在执行的过程中出现了一系列问题，比如考核指标过多、超计划的利润由主管部门提取、企业盲目建设、资金浪费等，限制了国有企业的发展，因此改革以失败告终。

2. 利改税阶段

1981年3月，财政部颁发的《关于国营工业企业试行以税代利的若干规定》把上缴利润改上交税收为税后利润在企业内部保留。在1983—1985年，国家又分两步进行利改税改革：第一步是要求盈利企业上缴55%所得税，并且将税后利润的一部分上交国家；第二步过渡到完全的以税代利，税后利润归企业所有。征收所得税有利于国有企业向独立核算、自负盈亏发展，也强化了国有企业内部进行经济核算的意识。从1983年到1986年，国有企业留存利润下降，上缴利润上升。利改税把国家和国有企业的分配关系用税法形式稳定下来，为整个经济体制的进一步改革创造了条件。①

3. 承包经营责任制阶段

利改税依然没有达到增收目的，且存在税制设计不完善、税率过高等问题。为了进一步深化企业改革，增强企业活力，国家继续减少对企业下达指令性计划。1987年至1993年，国家采用企业承包经营责任制，这标志着中国以增强企业活力为中心的经济体制改革进入一个新的发展阶段②。在利润分配上，用承包上缴利润取代向国有企业征收所得税的办法。1987年到1993年，国有企业年度利润大幅增加，年度上缴利润也大幅增加。承包经营责任制度有助于进一步增强企业自我建设、自我完善的能力。但是，承包仍无法将企业从行政附属物位置上解放出来③，为了将企业推向市场并真正成为商品生产者与经营者，首要问题就是对企业财产制度进行创新并理顺产权关系④。

4. 税利分流阶段

1993年11月，十四届三中全会通过《中共中央关于加强社会主义市场经济体制若干问题的决定》，提出理顺国家和国有企业的利润分配关系并建立政府公共预算和国有

---

① 李建昌：《利改税第二步的原则、措施及重大意义》，载《现代财经——天津财经大学学报》1984年第4期，第10~13页。

② 邵宁：《试论承包经营责任制在改革中的意义》，载《中国工业经济》1987年第6期，第19~25页。

③ 田代贵：《正确认识和评价承包经营责任制——兼议国有企业进一步改革的思路》，载《财贸经济》1988年第4期，第55~58页。

④ 王富华：《论国营企业的制度创新——进一步深化企业改革的理论思考》，载《财政研究》1992年第9期，第10~14页。

资产经营预算的发展目标,这标志着国有企业改革思路由行政干预转变为加强制度建设[1]。1994年全面实行税利分流制度。国家向盈利企业统一征收33%的所得税,并且逐步建立国有资产投资收益按股分红、按资分利或税后利润上缴的分配制度。在实际执行中,为了减轻国有企业负担,并未落实对国有企业税后利润的收缴。在这一时期,国有企业经营能力得以提升,特别是在2002年以后,税后利润总额大幅上升,虽然没有上缴税后利润,但上缴的税收明显大幅增加。

5. 分类上缴阶段

为进一步完善社会主义市场经济体制、深化国有资产管理体制改革和国有资本收益权的实施,2007年《中央企业国有资本收益权征收管理暂行办法》规定国有独资企业上缴利润分三种类型。其中,资源型垄断企业上缴比例为10%,竞争性企业上缴比例为5%,国防、科研单位暂缓3年上缴或免交。国有企业长达13年只缴税收不交利润的历史彻底结束。2008年国家继续出台了企业所得税法,将企业所得税税率统一为25%。国有企业上缴25%的企业所得税的同时还要依据不同类型上缴利润。2010年到2015年国有企业上缴的利润比例逐年上升,上缴利税占财政收入的比例维持在30%左右。

以上五个时期中的前三个时期是为了提高国有企业自主权而实施的放权让利阶段。第四个时期是为了进一步强化国有企业发展能力而采取分税制的过渡性措施阶段。第五个时期则在国有企业利润总额实现增长后提出分类上缴的分配制度[2]。总体而言,我国的国有企业分配制度渐趋合理,逐步过渡为税利分流且分类上缴的模式,这也是政府与国有企业之间利益博弈的结果。

三、城市与农村利益关系的演进

改革开放之前,城市与农村的关系呈现出发展不平衡的二元结构特征。1953年起,为了更好地推进工业化进程,国家对粮食和棉花等大宗农产品实行统购统销政策,出现工农业"剪刀差"。户籍制度、人民公社制度等也使得城乡之间的联系和要素流动基本被切断,城乡之间形成比较封闭、隔绝的二元结构。农业支持工业的政策也造成了工农

---

[1] 戚聿东,肖旭:《国有企业利润分配的制度变迁:1979—2015年》,载《经济与管理研究》2017年第38卷第7期,第35~44页。
[2] 戚聿东,肖旭:《国有企业利润分配的制度变迁:1979—2015年》,载《经济与管理研究》2017年第38卷第7期,第35~44页。

业发展失调、城乡发展失衡，城乡关系遭到扭曲①。改革开放以来，城市与农村的关系经历了一系列的变革，可以概括为三个阶段。

1. 1979—1984年的城乡二元结构开始松动阶段

1978年，安徽省凤阳县小岗村的农户改革，率先在农村实行家庭联产承包责任制。20多年来，这个制度为中国农村经济发展作出了不可磨灭的贡献。其主要内容包括土地承包经营、农业合作化与集体化相结合的双层经营体制，以及农产品市场经济体制三个方面。这一体制极大地激发了农民生产的积极性和农村生产力的解放，将他们从对人民公社组织的人身依附中完全解脱出来，让他们享有支配自己劳动的权利，因而能够具备参加市场经济和向全国进行大范围流动的条件。② 从1979年夏粮上市开始，国家大幅度地提高了农副产品收购价格，合理地分配了农民同国家和城镇居民之间的关系，降低了农业价值流向工业和城市的量。③ 1985年起，国家不再向农民下达农产品统购派购任务，按照不同情况，分别实行合同订购和市场收购，粮食流通的主要渠道由计划供应逐渐转为市场自由流通。

2. 1985—2002年的城乡关系剧变阶段

1984年十二届三中全以后，经济体制改革的重点由农村转移到城市，资源配置也向城市转移，城镇居民收入迅速增加，农村居民收入则增加缓慢，城乡差距急剧扩大。同时，户籍制度在一定程度上出现松动，对城乡关系的束缚作用不断下降。随着农村经济体制改革的进行，农村经济得以发展，生产效率提高，农村出现大量的剩余劳动力，而城市发展对廉价劳动力需求增加，国家出台一系列政策放松对户籍制度的限制，农村劳动力大规模流向城市，城乡二元结构格局也发生一定变化。

3. 2003年至今的城乡统筹协调发展阶段

在工业化初期，很多国家都采取了"农业支持工业、为工业提供积累"的政策，在工业化达到相当程度以后，工业反哺农业，实现农村城市协调发展。就目前我国经济发展阶段来看，有必要把农业对工业的支撑作用、乡村对城市的支撑作用向工业对农业的反哺作用和城市对乡村的拉动作用这一新型关系过渡。统筹城乡经济社会发展，大力发

---

① 韩俊：《中国城乡关系演变60年：回顾与展望》，载《改革》2009年第11期，第5~14页。
② 张汝立：《我国的城乡关系及其社会变迁》，载《社会科学战线》2003年第3期，第241~244页。
③ 夏永祥：《改革开放30年来我国城乡关系的演变与思考》，载《苏州大学学报（哲学社会科学版）》2008年第29卷第6期，第18~20页。

展现代化农业,对于促进农村经济持续快速健康发展,增加农民收入,实现全面建设社会主义现代化目标具有重要意义。当前,国家强农惠农工作不断加强,巩固了农业农村发展基础,农业现代化水平与农民生活水平持续提升,是城乡统筹的体现。

4. 我国城市与农村利益关系演进的特点

第一,国家政策是影响城乡利益关系的主要因素。不论是为了发展工业而建立的农业支持工业、农村支持城市的单向机制导致的城乡二元结构,还是城乡关系的剧变,以及统筹城乡协调发展,都是国家一系列政策实施的结果。

第二,城乡二元结构格局没有根本改变,城乡资源要素的分割明显。改革开放以来,虽然城乡二元结构在一定程度上出现松动,但是城乡之间资源要素的流动还是受到限制。农民在大城市落户受到许多政策制约、农民进城务工无法平等享受就业、劳动报酬、社会保障等公共服务。

第三,城乡发展差距显著。不论是可支配收入方面,还是在基础设施建设与公共服务方面,农村都远远落后于城市。在教育方面,农村人口的教育水平也远低于城市。

四、国有与民营利益关系的演进

国有经济与民营经济是中国经济发展中的重要动力来源。中国收入分配制度的改革也对国有与民营经济之间的利益分配关系具有深刻影响。

1. 1979—1993 年的两种模式税收政策阶段

在这一阶段,国家对国有企业和民营企业的利润分配或税收上缴实行了不同的模式。其中有关国营企业的政策发生了较大变化:1978—1982 年,独立核算的国有企业全面实行企业基金制度和利润留成制度。国有企业上缴国家的利润比例有所降低。1983—1987 年,国家分两步进行利改税改革。第一步是要求盈利企业上缴 55% 所得税,并且将税后利润的一部分上缴国家;第二步过渡到完全的以税代利,税后利润归企业所有。1988—1993 年,国家采用企业承包经营责任制,在利润分配上用承包上缴利润取代向国有企业征收所得税的办法。而对于民营企业,在 1988 年颁布的《中华人民共和国私营企业所得税暂行条例》规定,私营企业所得税依照 35% 的税率计算征收。

2. 1994 年以来的税收政策逐步统一阶段

1994 年到 2006 年,国家颁布并实行统一的《中华人民共和国企业所得税暂行条例》,国家向盈利企业统一征收 33% 的所得税,此时民营企业和国有企业的税收政策趋于统一。这一时期为了减轻国有企业负担，并未落实对国有企业税后利润的收缴。2007年颁布的《中央企业国有资本收益收取管理暂行办法》将国有独资企业分为三类上缴利润，国有企业自此开始既缴税收还缴利润。2008年国家出台了企业所得税法，将企业所得税税率统一为25%，即2008年以来，国有企业上缴25%的企业所得税的同时依据不同类型上缴利润，民营企业按照25%缴纳企业所得税。因为国有企业归国家所有，上缴利润实际上促进了国有企业和民营企业的公平竞争。

五、内资与外资利益关系的演进

内资与外资的利益关系的演进主要体现在税收政策的改变上。主要有如下几个阶段：

1. 1978—1993年不同经济成分企业所得税不统一的阶段

改革开放以后，为了吸引外商投资，引进外国的技术和人才，我国分别于1980年和1981年颁布了《中华人民共和国中外合资经营企业所得税法》和《中华人民共和国外国企业所得税法》两部涉外企业所得税法，前者规定企业所得税税率分别为30%和10%的地方所得税附加额，后者为20%至40%的5级超额累进税率和10%的地方所得税，而后，又颁布政策法规对内资企业的税收作出调整。这一时期内不仅外资企业实行两套不同的税制，而且不同经济成分的企业所得税的征收标准不同，承担的税收负担也不统一，不适应进一步改革开放的要求，也不利于各种经济成分公平竞争。

2. 1994—2007年内外资企业所得税分别统一阶段

1994年，我国税制发生了重大变革。在企业所得税方面，颁布并实行的《中华人民共和国企业所得税暂行条例》和《中华人民共和国外商投资企业和外国企业所得税法》，分别统一内外资企业所得税，并且对内资企业和外资企业实行两套独立的税制。对内资企业实行33%的统一比例税率、统一税基和优惠办法，对外资企业实行30%的企业所得税和3%的地方所得税。为了吸引外资，还对外资企业实行一系列优惠措施，比如两免三减半、五免五减半等，对设在经济特区等地的外资企业可按15%或24%征收。

3. 2008年以来内外资企业所得税统一阶段

2008年之前，我国针对企业是否具有外资特点实行了内外有别的所得税政策。从税率、税基和税收优惠政策等方面给予外资企业更为优厚的待遇，以此作为吸引外资的重要方面。对外资企业的超国民待遇在改革开放初期对推动经济发展起到重要作用，但违反税收公平原则,对内资企业的发展造成了较大影响。2008年1月1日起,我国将内外资企业所得税统一调整为25%。确定25%新税率主要实现了内外资企业公平竞争,一方面对内资企业税率由33%降低为25%,减轻了税负,但财政减收在可承受范围内;另一方面对外资企业进行适当增加税负,实现了增收和吸引外资的兼顾。

六、沿海与内地利益关系的演进

区域经济发展是中国经济增长的一个重要动力。而区域之间的收入分配对区域发展格局具有深远影响。

1. 1979—1994年的沿海内地非均衡发展阶段

1979年4月首次提出要开办"出口特区",1979年7月,中共中央、国务院同意在广东省的深圳、珠海、汕头三市和福建省的厦门市试办出口特区。出口特区(后来改名为"经济特区")的发展带动了沿海地区的发展。"六五"(1981—1985年)计划中明确提出,要积极利用沿海地区的现有基础,采取一系列措施向沿海地区倾斜。"七五"(1986—1990年)明确把中国划分为东、中、西三大经济地带,并详细制订了区域非均衡发展战略。为了更好地实施非均衡发展战略,政府相继出台了一系列政策,包括向东部倾斜的对外开放政策和各种向东部倾斜优惠政策、投资布局等。

2. 1995年以来的沿海和内地均衡协调发展阶段

面对区域差距扩大的问题,中共中央在1995年提出:"从'九五'计划开始,要逐步地、积极地解决地区差距扩大问题,实施区域协调发展战略。"中央政府采取了有力措施支持中西部地区发展,优先在中西部地区安排资源开发和基础设施的建设项目,实行规范的中央财政转移支付制度,利用优惠政策积极鼓励国内外投资者到中西部地区投资。

七、资本与劳动利益关系的演进

中国收入分配利益关系中最为集中的一个关系就是劳动与资本的利益分配关系。随着中国收入分配制度改革,劳动与资本的利益关系也表现出不同特征。

1. 1979—1986年的计划经济改革与劳资关系解冻阶段

这一时期围绕"实践是检验真理的唯一标准"进行了收入分配制度改革,使人们长期压抑的计划经济思想得到了解放。1979年召开的十一届三中全会，以农村为突破口，推行农村家庭联产承包制，努力推进按劳分配，有效地调动了广大劳动者生产经营的积极性。1984年的十二届三中全会提出经济体制改革的重点要由农村转向城市，把如何增强企业活力作为改革的中心环节，并以此为基础，于1985年开始展开全面的工资改革，对国民收入的提高起到了一定的促进作用。这一系列政策，解放了计划经济思想，为进一步盘活劳动、资本等市场资源，发展生产力提供了良好的政策环境。

2. 1987—1991年的资本谋求发展空间的阶段

党的十三大指出，除了按劳分配这种主要方式和个体劳动所得以外，企业发行债券筹集资金、股份分红所得、企业经营者部分风险补偿等收入，只要是合法的就应当允许。这突破了我国以往按劳分配单一模式的界限，首次明确提出非劳动收入可以作为补充方式，这为劳动者实现多元化收入提供了重要前提。另一方面，资本收入形态的利息、股息、红利和利润等其他分配方式也得到了确定，资本开始谋求合法收入出现了的良好开端。总而言之，这个时期，中国的劳动资本关系出现了十分可喜的变化和进步。

3. 1992—1997年劳资要素平等竞争阶段

1992年召开的党的十四大，把中国经济体制改革的目标确立为建立社会主义市场经济体制。十四届三中全会通过了《关于建立社会主要市场经济体制若干问题的决定》，明确指出个人收入分配要"体现效率优先，兼顾公平"，这为劳资关系的改革和推进指明了道路。按照效率原则，作为资源和要素意义上的劳动和资本，无论是劳动，还是资本，都需要按照市场经济公平竞争的原则，实现各自的利益和所得。这确保了劳动力资本在市场竞争法律地位上的公平性和平等性。

1993年十四届三中全会确立了"个人收入分配要坚持以按劳分配为主题，多种分配方式并存的制度"。多种收入分配制度并存，使劳动和资本的收入增长实现多元化，从多元化收入增长的角度实现并确保了劳动和资本的权利，也使得劳动和资本双方获得了进一步的动力和效率。站在劳动与资本博弈的视角，按劳分配与多种分配方式并存的分配制度的确定，标志着劳资双方的地位正愈发趋向于均衡。

4. 1997年以来劳资双方走向均衡与动态化阶段

1997年，党的十五大在收入分配理论上取得的重大突破就是解决了生产要素能不能参与收入分配问题，明确提出要把按劳分配和按生产要素分配结合起来，从制度层面将按要素分配合法化，为其提供制度和政策的保障。2002年，党的十六大确立了劳动、资本、技术和管理等生产要素按贡献参与分配的原则，从而进一步解决了什么是其他生产要素以及如何参与配置这一难题,既拓宽了生产要素范围又阐明了配置基础,同时这一时期也明确规定所有正当劳动收入与正当非劳动收入均应受到保护,对包括投资活动的资本收益提供了法律的依据。该阶段的改革对资本而言,不仅合法权益得到了保护,同时在收入分配上也获得了话语权。2007年党的十七大报告也明确提出要"创造条件让更多群众拥有财产性收入"。从劳动与资本关系的视角看,这一表述是自改革开放以来收入分配领域对劳动地位和资本地位的再提升,也是劳动和资本向市场经济复归的重要标志。2012年党的十八大报告提出要"使发展成果更多更公平惠及全体人民",以及"两个同步",即居民收入增长和经济发展同步、劳动报酬增长和劳动生产率提高同步,充分体现了实现发展成果由人民共享的思路,有助于修复失衡的劳动资本利益分配关系,推动中国经济实现高质量发展的目标。2017年党的十九大报告指出,坚持在经济增长的同时实现居民收入同步增长、在劳动生产率提高的同时实现劳动报酬同步提高。既讲"同步"也讲"同时",把经济发展水平的提高和个体收入水平有机结合起来,让劳动生产率的提高有效造福劳动者,平衡劳动和资本的利益关系,以实现劳资共赢。

☞ 思考题:

1. 简述按劳分配和按生产要素分配的关系。
2. 简述我国收入分配制度的变革过程和未来趋势。
3. 分析收入分配制度改革与共同富裕的关系。

第七章 经济增长与收入分配

从经济增长的含义可以看出，经济增长是生产能力变动的一种长期趋势，研究的是生产可能性边界在时间上的向外移动情况，而并不是生产可能性边界上的移动情况。经济理论研究的最终目标是将稀缺资源进行有效配置，最大限度地增加人类的福利，而经济增长和收入分配正是达成这一目标的两个途径，因此有必要研究经济增长和收入分配之间的理论关系。

第一节 经济增长的基本理论

所谓经济增长，就是一国或一地区所生产物质产品与劳务的不断增加，这就意味着经济规模与生产能力不断扩大，体现着一国或一区域经济实力不断提高。度量经济增长的主要是国民生产总值、国内生产总值和国民收入等总量指标以及与之对应的人均量。为了改善国民生活水平，促进经济发展，经济增长更加注重实际人均产出。经济增长受到以下三方面条件的约束：一是资源约束（包括自然条件、劳动力素质、资本数额及生产资料）；二是技术约束（技术水平对生产效率有直接影响）；三是体制约束（主要是劳动方式、劳动组织、物质与商品流通以及收入分配），它规定着经济行为的界限。

经济增长同收入分配之间存在着密切的联系，这主要是由于经济的不断增长将导致社会经济诸方面发生结构性改变，表现为投入结构发生改变、产出结构发生改变、收入及一般生活水平发生改变、教育状况发生改变，以及环境生态状况发生改变。显然，稳定、合理和持续的经济增长模式必将促进社会经济各方面的良性发展，当然也包括城乡居民收入增长和生活水平的普遍改善。相反，如果经济增长呈现的是短视的、粗放式的模式，那么就会造成社会经济发展大起大落，出现所谓的经济增长而不发展的现象；就收入分配而言，会造成国民收入在不断提高，但是收入差距逐渐增大，社会问题不断出现。因此，经济增长便有了"增长"和"发展"的区分，也就是分别从数量和结构的角度进行考虑。经济增长表现为经济总量的增加，经济发展表现为经济增长加上结构变化，即经济发展更加强调了质的变化。短期经济增长和经济发展会出现分离的情况，但是从长期来看，经济增长是与结构变化紧密相连，互相影响的。产出总量包含了各个行业的产量，因此它的增长总是伴随着各产业的兴衰。没有产出结构的合理变化，不可能实现长期增长，而产出结构的合理变化又受到对应的投入要素的影响，没有投入要素在总量上、结构上、质量上的变化，就不会有长期的增长。收入分配与经济活动中各个参与主体的利益密切相关，经济增长是适当利益刺激的结果，收入分配状况若得不到改善，必将阻碍经济的长期增长。同人力资本密切相关的教育状况、卫生健康情况等都会直接影响到劳动力素质，而劳动力素质高低又是经济能否长远发展的重要条件。另外，生态环境及其承载能力也是人们所认为的限制增长的重要因素。

经济增长更加重视经济总量，要重视经济增长的数量，但也要更加重视经济增长的质量，这和收入分配差距密切相关。我们要更多地关注个人收入，如果整体经济增长更快，但居民收入差距相对较大，则经济增长进程中居民受益更小，经济增长对于居民生活质量促进作用更小。从某种意义上讲，这一经济增长不公平性使居民生活质量变坏。所以要重视总量经济增长，但更要重视收入分配，经济增长能在何种程度上缓解贫困和改善居民生活质量，这和收入分配差距是息息相关的。

第二节　经济增长对收入分配的影响

自改革开放以来，我国经济体制从计划经济转变为社会主义市场经济，经历了较大的历史变革，经济结构也出现了较大的调整，经济增长的速度取得了举世瞩目的成绩，居民收入水平较改革开放之前也得到了显著的提高。但是，经济增长和收入差距并没有得到协同发展，在经济增长与收入水平不断提高的过程中，收入分配的不公平性也日益凸显出来，居民收入差距也逐步拉大，基尼系数居高不下。

一、经济增长的收入效应

国际经济发展规律告诉我们，经济的持续增长会使社会财富得到积累和扩大就业，从而提高劳动者的收入，有助于改善收入分配状况。奥肯定律阐述了经济增长和就业之间的关系，该定理认为经济增长对就业会产生积极的正向作用，伴随着经济增长，社会大量的闲置资源会被充分利用，从而实现资源的最优配置。经济增长中，企业投资的增加会相应带动就业机会的增加，从而有效减少失业人口，进而缓解社会贫困问题。通过多国的经济发展过程来看，经济增长会对一国居民收入分配产生的两种结果。一是随着经济增长，人们的绝对收入差别和相对收入差别都有所减少，规模性收入分配趋于均等，居民收入分配状况逐步改善，包括失业及贫困人口的减少和居民间收入不平状况的改善。二是随着经济增长，收入分配出现两极分化的现象。这种情况下，居民平均收入虽有提高，但贫困人口并未明显减少，居民收入差距继续扩大，极大影响了社会稳定与和谐。第一种情况要优于第二种情况，第一种情况下人们会获得更多的幸福感，社会更加和谐；第二种情况则会激发不同群体之间的矛盾，乃至引发社会冲突。经济增长是一个复杂的动态发展与演化过程，是多种因素相互作用的结果，而居民收入分配变化则受经济增长所处阶段、经济结构变动与服务经济发展等因素的综合影响。

二、不同经济增长阶段下的收入分配特征

随着经济增长，经济规模会不断增大。假设一个国家或地区的总人口不变或者保持较低的人口自然增长率，显然经济增长会提高本国居民平均收入水平。然而经济增长能否缩小居民收入差距，减轻居民收入不平等等问题也要看这个国家的经济增长所处阶段，即考察该国经济增长阶段和居民收入分配均等化关系。罗斯托和钱纳里对经济增长过程的阶段进行了划分，并形成一整套理论体系，库兹涅茨则将经济增长与收入分配联系起来，在收入分配和投资等经济领域产生了深远的影响。

1. 罗斯托关于经济增长阶段的划分

罗斯托从发展经济学的角度，用历史的、动态的方法对不同国家的经济发展过程进行了深入研究，提出一个国家的发展需要经过六个阶段：

第一阶段是传统社会阶段。由于科学技术十分落后，传统社会阶段的特点是生产力极度低下，产业结构主要以农业为主，社会关系主要是农业社会特有的地主和佃户的关系，收入分配的公平性停留在较低的水平。

第二阶段是为起飞作准备阶段。这一阶段普遍被认为是为增加人均国民收入打基础的阶段。科学技术开始在起飞准备阶段中的工农业生产中发挥一定的作用。生产力水平

在这一阶段得到一定程度的发展,与传统社会阶段相比较,社会剩余产品有所增加,储蓄欲望增强,金融机构应运而生,健全的法律制度与统一的市场建立起来,从而为资本积累创造出必要的物质与制度条件。

第三阶段是起飞阶段。该阶段依托于产业革命,打破传统经济停滞不前的状态,人均国民收入开始了急速增长,制造业得以规模化发展,使生产力得到迅猛发展。劳动力和资本快速转移,从农业转移到工业的劳动力和资本进一步为工业化的快速发展提供了必要的物质保障。罗斯托认为,在经济起飞阶段,投资收益率会从5%增长到10%,起飞阶段所需的时间为20年到30年,而该期间收入分配差距会进一步拉大。

第四阶段是成熟阶段。在前一阶段的基础上,现代工业技术日趋实用化,产品需求也多样化,工业也朝着多样化的方向发展。产业发展重心从起飞阶段的纺织业、铁路运输业逐步向钢铁、机械、化学等重化工业转移,人均收入不断提高,人口不断向城市聚集,劳动力趋向专业化、熟练化。与前面的阶段相比,成熟阶段的对外贸易作用显著加强,外贸收入占总收入的比例快速提高,开始进入国际化贸易阶段。该阶段收入差距基本维持在稳定波动的状态。

第五阶段是普遍的高消费阶段。在这一阶段,国民收入水平较前面的阶段有了显著提高,人们追求生活质量的愿望大大增强,从而派生出大量的、多样的消费需求。该时期经济发展重心转移到耐用消费品和服务业上来,由于政府财政收入提高,政府可用来提供社会福利的能力增强,公共资源规模扩大,经济的国际化也得到进一步发展。该时期政府开始关注收入分配问题,并着手改善收入分配差距过大的局面。

第六阶段是追求生活质量阶段。这一阶段的经济中心完全转移到现代服务业上来,教育文化、医疗保障、社会福利、环境保护受到民众的关注。该时期收入分配差距开始缩小。罗斯托对经济增长过程的描述是比较精确的,也是普遍使用的划分方法,但是罗斯托的研究缺少定量研究,钱纳里通过实证分析,弥补了这一空白,促进了经济增长理论的完善。

2. 钱纳里关于经济增长阶段的划分

从结构变动等角度,钱纳里对经济增长的过程进行了划分,共有三个阶段、六个变动时期。第一阶段是初级产品的生产阶段。在此阶段,占统治地位的产业是农业,制造业和服务业所占的比重较小,经济增长主要依靠农业。该阶段经济增长缓慢,资本积累低速,全要素生产率增长缓慢。钱纳里的第一阶段描绘的特征跟罗斯托的前两个阶段的内容非常吻合,都属于生产力比较落后的农业经济社会。第二阶段是工业化时期。钱纳里对这一阶段进行了定量划分。钱纳里按照人均收入水平将该时期细分为四个次阶段，如表7-1所示，以1964年的美元计算，人均GDP为200美元到400美元为工业化的第一个阶段，人均GDP为1500美元到2400美元是工业化的最后一个阶段。钱纳里划分的第二阶段对应于罗斯托的第二阶段的一部分及第三阶段、第四阶段的全部。钱纳里划分的最后一个阶段是发达经济阶段，对应于罗斯托的第五阶段和第六阶段。换句话说，罗斯托和钱纳里分别从不同角度对经济增长进行了划分，两者之间是相互联系的。

表7-1 钱纳里按人均GDP划分的工业化四阶段　　　　　（单位：美元）

工业化阶段	人均GDP		
	1964年	1970年	1982年
第一阶段	200~400	280~560	728~1456
第二阶段	400~800	560~1120	1456~2912
第三阶段	800~1500	1120	2912~5460
第四阶段	1500~2400	2100	5460~8376

资料来源：[美]钱纳里著，吴奇译：《工业化和经济增长的比较研究》，上海：上海三联出版社1989年版，第116~130页。

钱纳里等通过对不同收入水平的国家进行实证研究发现，只有当经济增长达到一定程度的时候，收入分配均等化才会逐渐实现。当一国人均GDP低于500美元时，经济增长会扩大收入差距；而当其超过1000美元时，收入最低的阶层所得份额占国民生产总值的比例会有所提高，经济开始恢复走向平等发展。

3. 库兹涅茨倒"U"型曲线

库兹涅茨将经济增长与收入分配的公平性进行定量检验，并将二者之间的关系概括为倒"U"型曲线。利用经济增长的阶段理论可以解释这个现象：经济增长处于初始阶段时，由于劳动生产力较低，因此人们的贡献相对较少，参与分配的收入份额较少，国民收入十分有限，所有的国民收入基本都用来进行分配。该时期国民收入仅仅能满足基本需求，不可能有任何更多的资本积累，财产占有差别及由此所决定的收入差距很小。这种收入分配状态是一种消极的状态，尽管收入差距很小，但是收入水平也很小，很难实现提高人们生活水平的目标。但经济处于发展阶段时，解决温饱问题是政府的首要目标，整个国家围绕国民收入增长开展经济工作，至于收入平等化退居次要目标，政府更关注效率而不是公平。经济增长目标往往是通过利用市场机制资源配置作用来激励自由竞争与资本积累。然而，在经济发展过程中存在着一种"路径依赖"，即人们对经济增长的期望与实际之间总是存在一定程度的偏差。个人财产、人力资本等要素在收入分配不公平趋势下对经济增长产生影响。在经济进入较富裕阶段时，人们将生产重心转向耐用消费品与服务业，极大地拓展了社会福利公共资源。该期间教育逐渐普及，劳动力培训变得日常化，不同群体间的人力资本差别不断缩小，市场机制逐步完善。这使劳动生产率和工资水平显著上升，劳动收入份额上升，资本收入份额下降，功能性收入分配出现了结构性变化，使规模性收入分配不均现象趋于改善。与此同时，处于经济相对富裕阶段的国家经济实力不断增强，财力不断增强，政府部门已经具备了采取更加完善再分配政策的条件，可以通过税收政策、财政转移支付等手段来提高低收入阶层经济地位从而缩小收入分配差距。

三、经济增长结构变动与收入分配

(一) 经济结构变动与收入分配

长期的经济发展是一个通过结构变化实现经济改革的过程。高质量的、合理的、可持续的经济增长往往包含了产业结构变迁，产业结构伴随着经济增长进行动态发展。几乎没有任何一个国家在经历着经济增长的同时没有发生产业结构的调整，可以说，产业结构调整是经济增长的必要条件。从各国产业结构调整和收入分配的历史数据来看，产业结构的调整和升级是影响收入分配的重要因素。产业结构的调整会使不同产业占国民收入的比例发生改变，从而造成各种生产要素在各个产业间的配置比例发生变化，使原有的生产资料在整个经济体系中的地位和作用发生了变化，从而使原有生产资料的边际效益发生变化，进而影响居民收入分配状况。产业结构变化对居民收入分配的影响主要体现在以下三个方面。

1. 产业结构的演变规律

马克思主义把生产力看作人类社会不断向前发展的决定性力量，而经济增长过程实质上就是先进生产力不断替代落后生产力这一历史必然走向。纵观人类经济与社会发展进程，无论哪一场产业革命，都会大大促进生产力跃进与产业结构巨变。产业的划分理论有很多，最为流行的是三次产业划分理论，最早提出该理论的是澳大利亚经济学家费舍尔，随后克拉克进一步深化了费舍尔的理论，把社会生产划分为第一产业，主要是农业，将工业划分为第二产业，包括制造业和建筑业等，以及将服务业划分为第三产业。

按照三次产业的顺序，农业作为第一产业是人类生产发展史上首先兴起的产业，该产业主要是解决人们生存的最基本要求，因此占据了长达几千年的统治地位。农业社会的生产力水平极其低下，很长一段时间没有产业，即使存在，产业的发展仅仅处于初级阶段。在英国以蒸汽机和棉纺织机的发明为标志的工业革命爆发后，第二产业——工业开始蓬勃发展。由于工业大大提高了农业生产效率，因此工业逐渐取代农业成为经济社会中的主导产业。在20世纪50年代，随着信息技术的产生和发展，第三产业——服务业迅速兴起。服务业的生产效率明显高于第二产业，特别是以科技创新和知识经济为主要内容的高科技产业和信息产业等现代服务业在国民经济中的地位迅速上升。

2. 产业结构变动对收入分配的影响

产业结构变动直接影响着劳动力需求的变化。著名的配第-克拉克定律就是针对这方面得出的结论，其具体内容为：随着经济的发展和人均国民收入水平的提高，各产业之间出现的收入差异将导致劳动力由低收入产业向高收入产业转移。具体来说，劳动力先从第一产业转移到第二产业，随着人均国民收入水平的进一步提高，劳动力又从第一产业或者第二产业转移到第三产业。其结果是第一产业中劳动力分布会下降，而第二和第三产业中劳动力分布会上升。

通过劳动力在不同产业间的转移，产业结构的演变对居民相对收入差距产生影响。正如配第-克拉克定律所描述的那样，产业结构演变表现为从劳动密集型产业向技术密集型产业的转化，从而会引起劳动力需求结构变动，导致产业结构演变与劳动就业岗位供需之间的结构性矛盾。产业结构与就业结构的错配，最终在短期内会造成结构性的失业，进而引发失业型贫困的增加。伴随产业结构演变，劳动生产率进一步提高，国民收入水平也会进一步提升。在产业结构协调发展的基础上，产业结构演变会增加居民收入总额，从整体上提升收入水平。

3. 产业结构调整与收入分配变动

产业结构演进大致经历了三个阶段，在这三个阶段中，农业、工业、服务业在国民经济中的重要性依次递推，也是产业结构不断升级和生产力水平不断提升的阶段。产业结构由农业主导向工业主导的转换中，由于工业生产率远远高于农业生产率，因此劳动力、资本等生产资料会发生转移，国民经济中农业所占份额下降，工业所占的比重上升，逐步形成以工业为主的产业结构形式。产业结构转换引起了产品供需结构、生产要素向各个部门分配,以及价格体系的变化,从而引起了经济增长导致的居民收入分配状况变化。工业化初期的产业结构调整,使社会财富存量与国民收入快速集中到生产效率更高、效益更好的工业部门。产业结构的调整使就业结构随之发生变化,这使原来在农业部门就业的劳动者被排挤在外,同时,工业部门还无法完全吸纳这些被挤出的劳动者,因此失业人口迅速增加,失业率上升,贫困人口增加,收入分配差距迅速扩大。另外,劳动者之间的异质性也造成了收入差距扩大。伴随着工业化进程,所需技术熟练工人与知识型人才相对不足,技术熟练程度和知识水平不同引起居民内部收入差距扩大。

产业结构由工业主导向服务业主导转换阶段,农业比重迅速下降,工业比重继续提高,但增长幅度下滑,而服务业,包括政府、金融、法律、教育、医疗、信息、技术等服务部门,比重大幅增加,因而收入分配格局也发生变化。这个阶段的转换中,农业中大量剩余劳动力已经转移出去,农业内部收入差别稳定。工业和服务业部门包含了数量众多的行业,这些行业差异很大,即使同一个行业生产的产品结构也有较大差异,同时这些产品对市场供求情况反映灵敏,造成其收入分配变动非常复杂。

(二)二元经济结构与收入分配

二元经济结构指城市以工业为主的现代部门与农村的传统农业部门并存的经济结构。由于城乡制度差异,两个部门之间存在一定的割裂现象。我国城乡二元经济结构的主要表现如下:首先,城乡经济生产方式存在较大差异,城市经济以现代化的大工业生产为主,而农村经济以典型的小农经济为主;其次,城乡基础设施情况存在较大差异,城市的道路、通信、卫生和教育等基础设施发达,而农村的基础设施落后;再次,城市的人均消费水平远远高于农村;最后,农村剩余劳动力数量巨大。这种状态既是发展中国家的经济结构存在的突出矛盾,也是这些国家相对贫困和落后的重要原因。

二元经济结构的存在严重阻碍了发展中国家的经济社会发展。二元经济转变要求通过发展城市工业经济来吸收农村剩余人口的不断增加,使得农村人口的规模逐步缩小,劳动力在各部门之间进行转移,完成从二元经济结构到现代经济结构转变。我国目前的城市化进程就具有这样的作用。城市化在发达国家与发展中国家之间存在着一定的差异,发展中国家的经济增长过程中,城市化就是劳动力的转移过程,这主要表现为农村剩余劳动力逐步转移到城市中收入比较多的行业。这个过程不仅仅涉及农村劳动力的空间位置变化,更重要的是形成产业间的角色转换。城市化对于居民收入分配的影响比较复杂,因为整个过程涉及多个部门和行业,但是二元经济结构转换会逐渐提升居民收入的整体收入水平。

四、服务经济发展与收入分配

(一) 经济服务化的概念

经济服务化就是工业化高度发展阶段后产业结构发生了变化,具体表现为服务业在产业结构中所占比例超过了工业而成为经济活动中心。所以,经济服务化也称第三产业化,称为 Tertiarization。经济服务化是伴随着经济全球化而出现和发展起来的。无论人们谈知识经济还是谈服务经济,也无论软性经济、信息经济还是网络经济等,无不蕴涵着经济生活中服务化变革的这层含义,这是人类社会急剧变化中必然出现的现象,也是全社会生产力水平发展到一定阶段的必然产物。在产业规模和结构升级的背景下,多种生产要素(包括资金、技术和劳动力)不可避免地会由农业向制造业流动,然后又向服务业迁移。经济服务化是一个国家或地区产业结构合理化水平提高到一定程度后出现的必然结果,也是各国经济发展过程中普遍存在的一种现象。服务业占我国国民生产总值和就业人口比重超过50%,已进入经济服务化阶段;经济服务化发展趋势的演变使得许多行业都面临着不可多得的业务机遇,服务行业所涉及的业务链较长,这就给银行发掘和培养潜在就业岗位带来了契机。

(二) 服务经济时代的收入分配变动趋势

收入差距与经济增长之间的关系仍然是经济学实证研究中有待进一步探讨的问题。经济发展初期物质资本收益相对较高,所以收入差距拉大可以加速物质资本累积,进而有利于经济增长。反之,在经济发展进入高级阶段后,人力资本的重要性日益凸显,若收入差距持续拉大会使得更多低收入者受到信贷约束,无法加大人力资本投资力度,十分不利于经济增长。一般来看,物质资本积累、人力资本投资、政府发展战略、市场化程度、区域间劳动力流动等因素都对收入差距有显著性影响。近半个世纪以来,服务经济已经成为当今世界经济发展的主要趋势,特别是进入21世纪以来,在全球范围内出现了服务经济加速发展的新态势。经济发展越快的国家服务业的增加值占比越大。因此,服务于全球的经济活动正日益成为世界各国社会财富最重要的源泉,也是主导和促进世界经济发展最重要的力量。

1998 年，美国人口普查局发表题为《从 1947 到 1997，美国的收入分配变化五十年研究》的报告，指出美国经历了持续五十年的收入差距扩大过程，认为库兹涅茨倒 U 型曲线右侧失效。全面讨论库兹涅茨曲线的变化形态需要依托于经济发展阶段变迁的视角，库兹涅茨在确立收入分配与经济增长分析的时候，是在 20 世纪 50 年代，当时正处于全球工业化加速发展的阶段，决定收入分配的关键因素来自制造业内部的收入差距。其倒 U 型结论与刘易斯的二元结构模型具有一致的思想。市场机制是决定制造业工资的外在前提，而要素边际生产力的差异则是决定工资的外在前提。随着经济的发展，当许多经济发展较快的国家或地区进入服务经济时代后，产业结构分布、就业人员特质都会发生显著变化。需要说明的是，服务经济时代中服务业的工资决定机制并不是按照生产上的边际生产力和需求上的市场机制来综合决定的，而是按照制造业的工资间接决定的。随着制造业技术的提升和制造业就业人员的转移，制造业从业人员的工资不断提升，进而同步拉动服务业尤其是高端服务业从业人员的工资水平提高，直至两者相近。同时，原先工业经济体系中那些低劳动生产率的低工资就业岗位虽然总比例降低，但依旧存在，以至于最富裕人群的比例上升，且收入分配差距拉大，所以库兹涅茨假说后半段不符合实际情况。

(三) 鲍莫尔服务业"成本病"假说及其收入分配理论

鲍莫尔"成本病"假说又称鲍莫尔-富克斯假说（Baumol-Fuchs Hypothesis），该假说是在鲍莫尔两部门非均衡增长宏观经济模型的基础上发展出来的。该模型所蕴含的思想特别适用于分析服务业。鲍莫尔-富克斯假说的基本观点为：第一，服务业与其他产业，特别是制造业相比，劳动生产率增长滞后；第二，服务业就业增长相对较快，其原因是多方面的，但主要原因是服务业劳动生产率相对较低；第三，服务的需求弹性对服务业增长有重要影响，较低的价格弹性会导致"成本病"问题，且经验分析发现，服务需求的收入弹性并不明显大于 1。

鲍莫尔构造了一个简单的两部门非均衡增长模型，讨论了服务部门的劳动生产率增长滞后及其相关宏观经济含义。他假定社会中有两个部门：停滞部门（stagnant sector）和进步部门（progressive sector），前者（停滞部门）的劳动生产率增长率为零，后者的劳动生产率增长率为正；还假定劳动为唯一要素投入，不同部门的劳动收入即工资相同，并且名义工资与平均劳动生产率按相同的速度增长。于是生产函数为：

$$Y_{st} = aL_{st}$$

$$Y_{pt} = bL_{pt}e^{rt}$$

其中，Y_{st} 和 L_{st} 分别表示服务部门在 t 时的产出与劳动投入，Y_{pt} 和 L_{pt} 分别为进步部门在 t 时的产出与劳动投入；a 和 b 为奇数参数；r 为进步部门的劳动生产率增长率；根据假定，$r > 0$，且工资 $W_t = We^{rt}$。

该模型得出以下结论：一是如果进步部门单位产出成本不变，则停滞部门的单位产出成本将随着时间的推移而上升并趋于无穷大；二是如果对停滞部门产出的需求富有价格弹性，则停滞部门的相对产出将趋于零，即该部门在国民经济体系中消失；三是如果对停滞部门产出的需求缺乏价格弹性，则劳动力将不断地转移到该部门，而进步部门的劳动力比重将趋于零；四是如果要实现均衡增长，总体经济增长率将趋于零，也就是说，若要保持两个部门的实际产出比重不变，则由于越来越多的劳动力进入停滞部门，经济增长将最终趋于停滞。

鲍莫尔所说的"停滞部门"主要指传统服务业，如餐饮、教育、医疗、表演艺术等行业，"进步部门"则主要指制造业。鲍莫尔的非均衡增长模型表明，在不均衡的经济中，由于名义工资的同水平增加，则服务部门的成本（主要是工资成本）将不可避免地不断累积、无限上升。其结果是，如果服务部门的需求价格弹性较低，则对其产品即服务的消费成本将越来越大，即出现鲍莫尔所说的"成本病"现象。如果服务部门具有较大的价格弹性，则人们将因消费成本越来越高而不得不减少对它们的消费，致使其市场逐渐萎缩甚至消失。服务部门的"成本病"不仅会给政府带来严重的财政困难，而且对服务业自身的发展具有消极影响，即导致服务质量的下降和服务业提供的家庭化和非市场化。鲍莫尔"成本病"现象的存在也在一定程度上导致了服务业与其他产业之间以及高低端服务业从业人员之间的收入差距，进而影响到整体的收入分配。

（四）服务业内部不同分工与收入结构变动

由于服务业发展内部本身具有的结构性差异性特点，因此必然会形成不同的收入结构，会引起收入结构的分化和收入差距的扩大，逐渐产生社会阶层分化。在高级知识密集型服务业职位上工作的人将以其高人力资本及管理才能在某些高收入职位上工作，例如从事金融及保险行业的。由于其拥有比较高的收入和消费，经济条件和社会地位等会由此发生变化，最后逐渐形成一个具有较高的消费支出能力和一定的社会影响力的中产阶级。而低收入岗位就业人员、劳动力密集型非正式工和零时就业人员等将因收入水平相对较低等原因而逐步沦为低收入群体。从这个意义上说，服务业内部的产业分工和发展引致城市内部社会阶层的分化。服务业发展的不同层次之间相互产生市场需求，尤其是高收入者群体的种种需求直接或间接地产生了对就业岗位的需求。产业分工相互之间具有内在的联系性，正如经济发展理论研究所指出的那样，主导产业本身具有的很强的产业关联效应，包括对上游产业和下游产业所产生的种种关联性，都会对整个产业发展产生十分深刻的影响。

发达国家经济发展过程表明：任何经济体需求结构变化和收入分配改善，自然会导致产业升级。新技术的引进使西方国家的产业结构发生了重大变革，同时也对我国的就业结构产生了重要影响。生产规模不断扩大，市场范围不断扩大，使物质资本和人力资本得到优化配置，脑力劳动者在技术创新中越来越重要。生产自动化和信息化程度的提高，使得高技能劳动者的就业机会和从业收入快速提升。

随着产业升级与转型，国民收入初次分配在三方面发生了变化：一是资本密集型第二产业的产值比重下降，技术密集型和劳动密集型第三产业的产值比重上升，导致劳动收入份额提高，由于物质资本相比劳动更容易为个人所囤积，要素收入分配格局的这种变化缩小了个人间的收入差距；二是在第三产业内部，零售、批发、运输、餐饮、公用事业等传统第三产业比重下降，为产业结构升级提供专业化技术服务的研发、设计、金融等生产性服务业比重上升，形成了低端服务业、中端服务业和高端服务业的内在结构，导致服务业内部收入差距进一步扩大；三是产业升级使得工业和服务业对高技能劳动力的需求不断增加，由于高技能劳动力的供给相对有限，并且激励工资占其总收入比重较高，劳动者报酬差距进一步扩大。

(五) 我国产业升级、教育与收入状况

1. 明瑟收入函数

在明瑟收入函数的基础上，加入产业结构升级变量，采用微观调查数据，在控制流动人口个人特征、就业特征的基础上，得到产业结构升级对劳动者收入影响的模型。并采用国家卫生和计划生育委员会的 2016 年全国流动人口动态监测数据进行分析。模型如下：

$$\ln(W_{ij}) = \alpha + \beta EDU_{ij} + \lambda_1 E_{ij} + \lambda_2 E_{ij}^2 + \gamma IDU_{ij} + \mu$$

其中，W_{ij} 为流动人口 j 在 i 城市的工资水平，EDU_{ij} 为 i 城市的流动人口 j 受教育年限，E_{ij} 为 i 城市的流动人口 j 工作年限，IDU_{ij} 为流动人口 j 所在城市 i 的产业结构升级情况，μ 为随机扰动项。在模型中加入产业结构升级变量，目的是验证产业结构升级对流动人口工资收入是否具有正向影响。

2. 产业升级、教育与收入的关系

(1) 影响收入的因素及其学历差异

根据2016年国家卫生和计划生育委员会开展的全国流动人口的动态监测数据，流动人口在第一产业、第二产业和第三产业就业的比例分别为22.02%、27.98%和50%。图7-1显示的是流动人口受教育程度的产业差异及其平均收入差异情况，可以看出整体上流动人口就业行业越高端，平均收入水平越高。进一步整理数据可得，第一产业、第二产业和第三产业中流动人口平均收入分别为2701元、4063元和4106元。同时，不同行业的教育收益率存在差异，比如具有研究生学历的流动人口在第三产业中的平均收入是其在第一产业中平均收入的1.62倍。就某一行业来看，不同受教育程度流动人口的就业行业存在一定差异，其受教育程度越高，在高端产业就业的可能性越大。比如具有大专以上文凭的流动人口有76.78%分布在第三产业，22.39%分布在第二产业，0.83%分布在第一产业。这表明随着产业结构升级的加快，教育的收益率会逐渐增大。

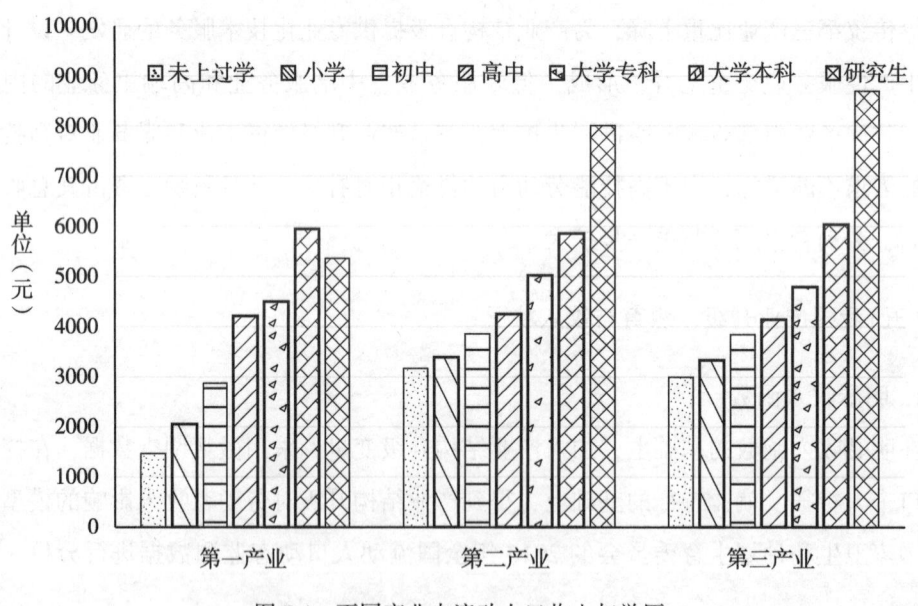

图7-1 不同产业中流动人口收入与学历

表7-2是流动人口收入影响因素的固定效应线性回归模型的结果。其中模型1和模型2为非交互模型，目的在于估计各解释变量对收入的净效应。模型3、模型4和模型5为交互模型，分别估计教育与其他主要解释变量(产业结构升级、第二产业、第三产

业)的交互效应,从而检验教育收益率是否在不同就业群体中存在显著差异。从模型1的回归结果可以发现,产业结构升级对流动人口收入具有显著正向影响,产业结构升级的边际收益率为10.7%,即产业结构比重值提高0.1,能够使个体收入增长10.7%。工作经验对流动人口收入的贡献超过了教育,其边际贡献率达到了47.2%。这一点与北京大学教育研究所《中国城镇居民教育与就业情况调查数据(2004)》显示的结果(教育对收入的贡献大于工作经验)相反,说明流动人口学历相对较低,工作经验、流动时间对流动人口收入提升具有更为重要的意义。工作经验的平方对流动收入的影响为负数,即工作经验与流动人口收入之间呈现一种倒U型关系,这也与明瑟收入函数的经验假设相符合。模型2在模型1的基础上进一步加入了反映流动人口个人特征、就业行业和流动属性的变量之后,产业结构升级、教育对于流动人口收入的影响仍然显著,不过它们对收

表7-2 流动人口收入影响因素的固定效应线性回归模型

解释变量	模型1	模型2	模型3	模型4	模型5
产业结构升级	0.107***	0.081***	−0.181***	0.081***	0.081***
性别		0.135***	0.137***	0.135***	0.135***
婚姻		0.095***	0.093***	0.095***	0.095***
户口		−0.059***	−0.052***	−0.059***	−0.059***
流动范围		0.094***	0.089***	0.093***	0.093***
累计流动时间		0.059***	0.056***	0.059***	0.059***
受教育程度	0.209***	0.151***	0.051**	0.156***	0.142***
工作经验	0.472***	0.175***	0.175***	0.175***	0.175***
工作经验的平方	−0.413***	−0.219***	−0.219***	−0.219***	−0.219***
第二产业		0.087***	0.131***	0.111***	0.089***
第三产业		0.108***	0.154***	0.107***	0.089***
产业结构升级与教育交互			0.319***		
第二产业与教育交互				−0.026**	
第三产业与教育交互					0.025**
常数项	7.149	6.781	6.589	6.473	6.421
R^2	0.303	0.286	0.295	0.281	0.293

注:*、**和***分别表示拟合结果在10%、5%和1%的显著性水平上显著。

入的贡献率出现了下降。整体来看呈现以下特点：第一，流动人口个体收入存在明显的性别差异，控制了其他因素后，男性的收入比女性多13.5%；第二，城城流动人口与城乡流动人口之间存在一定的收入差距，若其他控制因素不变，城乡流动人口收入比城城流动人口收入低5.9%；第三，跨省流动人口比省内流动人口收入更高，流动范围对流动人口收入的贡献率达到了9.4%，也就是说与省内流动人口相比，跨省迁移人口收入要高9.4%；第四，流动时间越长，收入越高，其他条件相同的情况下，流动时间每增加1年，流动人口收入增加5.9%；第五，婚姻对流动人口收入具有正向影响，与未婚流动人口相比，已婚流动人口收入要高出9.5%；第六，流动人口收入存在显著的产业差异，与第一产业相比，第三产业收入最高，它们之间的差距达到了10.8%，第二产业比第一产业收入高8.7%，而第三产业比第二产业收入高1.57%，这一点与产业结构升级对流动人口收入的正向显著影响一致。总体而言，以上结果符合我们的预期。

表7-2中模型3在模型2的基础上，增加了教育与产业结构升级的交互项，目的是检验产业结构升级对收入影响的学历差异。可以看到，受教育程度的主效应系数为0.051，表明控制了其他变量后，在产业结构最低端的城市中，最高学历流动人口的收入比最低学历流动人口高出0.051个百分点。这意味着在产业结构层次较低的城市中，不同学历流动人口之间仍存在显著的收入差异。产业结构升级的主效应系数为-0.181，表明在考虑到教育对产业结构升级进而对收入的影响后，产业结构升级对低学历流动人口收入具有负面的作用。在其他变量保持不变的情况下，产业结构升级每提升一个单位，低学历流动人口收入就会减少0.181个单位。在产业结构升级后，如果低学历流动人口的受教育程度提升缓慢，流动人口收入在短期内很可能会下降。产业结构升级与教育的交互项回归系数是0.319，而且统计显著，这说明产业结构升级对不同受教育程度流动人口收入的影响确实存在显著差异，对高学历流动人口的作用更大（比对低学历流动人口的作用大0.319个单位），即其他因素保持不变的情况下，产业结构升级每增加一个单位，高学历流动人口收入增加0.138个单位（0.319-0.181=0.138）。图7-2的结果也直观地证明了这一结论，图7-2中高学历流动人口回归直线（产业结构升级与收入的关系）的斜率明显大于低学历流动人口，流入城市产业结构层次越高的流动人口群体，其学历对收入的影响越大。随着产业结构升级，低学历流动人口群体与高学历流动人口群体的收入差距呈现扩大趋势。具体来看，具有小学、初中、高中和大专学历的流动人口，其收入差距呈现出缩小趋势，具有研究生学历和本科生学历的流动人口，其收入差

距呈现扩大趋势。总之,产业结构升级的加快会拉大低学历和高学历流动人口群体之间的收入差距。

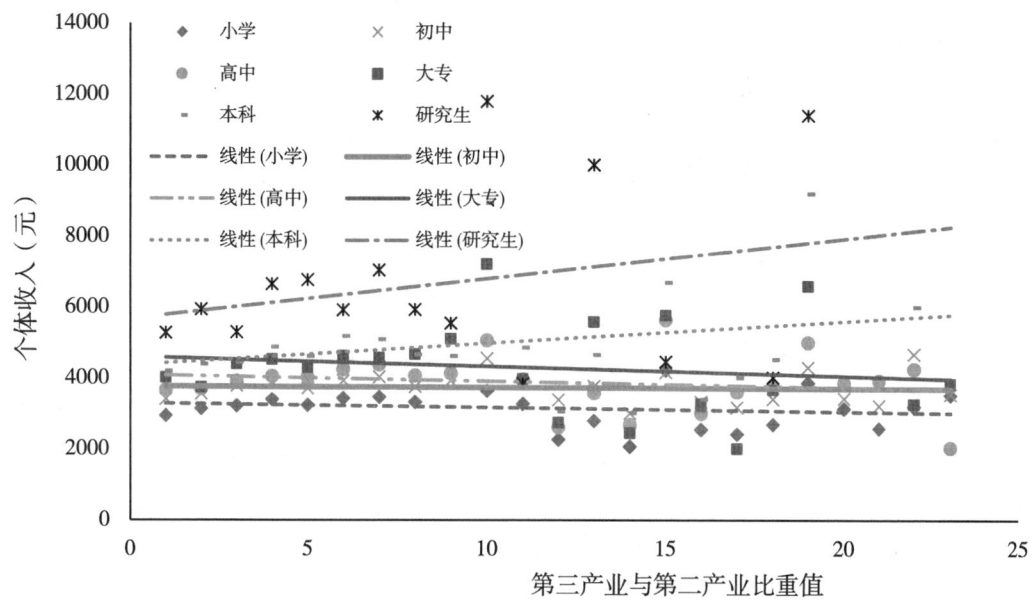

图 7-2　产业结构升级与流动人口收入的散点图和线性趋势图(分学历)

注:第三产业与第二产业比重取值范围为 0.4~5,为了更清晰地表现在图中,对产业结构升级分为 23 类,采用赋值方法为 0.4~0.6=1,0.6~0.8=2,0.8~1=3,…,4.8~5=23。

表 7-2 的模型 4 估计了第二产业与受教育年限的交互响应。结果显示,第二产业的主效应系数为 0.111($P<0.001$),表明低学历的流动人口在第二产业就业的收入与在第一产业就业的收入差异较大。受教育年限的主效应系数为 0.156($P<0.001$),表明受教育程度对在第一产业就业的流动人口收入具有正向影响,控制其他变量后,受教育程度每增加一个单位,第一产业流动人口收入就会增加 0.156 个单位。第二产业与教育年限的交互项回归系数为-0.026,且统计显著,表明个人受教育程度对收入的影响是存在产业差异的,对第一产业影响更大(比对第二产业的影响大 0.026 个单位)。即在控制其他变量后,个人受教育程度每增加一个单位,第二产业流动人口收入就会增加 0.13 个单位(0.156-0.026=0.13)。表明流动人口学历越低,其在第一产业和第二产业就业的收入差距越大。图 7-3 直观地印证了这种情况,从图 7-3 可以看到第一产业和第二产业的回归直线(受教育程度与个体收入的关系)是非平行直线,呈现逐渐相交的趋势。随着

自变量(受教育程度)的提高,第一产业和第二产业的收入差距呈现缩小趋势。这些结论表明流动人口受教育程度越高,则其在不同行业中的收入差距越小。

表7-2中的模型5估计了第三产业与受教育年限的交互效应。可以看到,第三产业的主效应系数为0.089,且显著($P<0.001$),这表明第三产业与第一产业中的低学历流动人口存在显著的收入差距。受教育年限的主效应系数为0.142($P<0.001$),表明教育对第一产业中的流动人口收入具有正向影响,受教育程度每增加1个单位,第一产业中流动人口收入就会增加0.142个单位。第三产业与受教育年限的交互项回归系数为0.025,表明教育对第三产业影响更大(比对第一产业的影响大0.025),在其他变量保持不变的情况下,受教育年限每增加一个单位,第三产业中流动人口收入就会增加0.167个单位(0.142+0.025=0.167)。图7-3中第三产业中流动人口学历和收入回归直线的斜率略大于第一产业中流动人口学历与收入回归直线的斜率,更直观地印证了这一模式。同时也可以看出,在低学历流动人口中,第三产业中的教育收益率低于第二产业,随着受教育程度的提升,第三产业中的教育收益率会逐渐与第二产业持平,并最终超过第二产业。整体上来看,受教育程度越高,对第三产业中流动人口收入的作用越大,其次是第一产业,最后是第二产业。这一结论表明,教育在不同产业中的收益率存在显著差异。

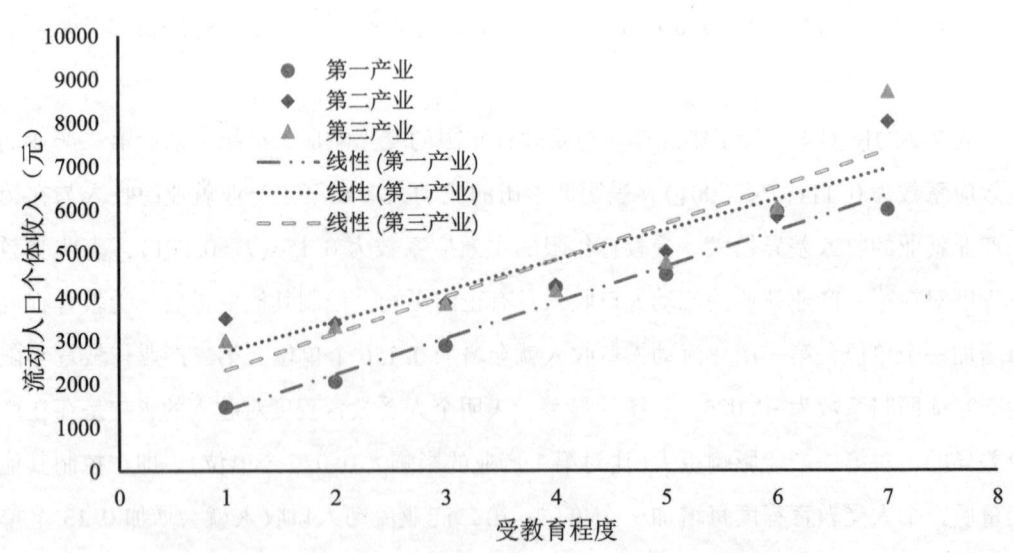

图7-3 流动人口受教育程度与收入的散点图和回归直线(分产业)

注:受教育程度赋值为:1=未上过学,2=小学,3=初中,4=高中,5=大专,6=本科,7=研究生。

(2)产业结构升级对不同流动人口收入的影响及其差异

除了理解产业结构升级中影响流动人口收入因素的教育差异以及导致这种差异的作用机制外,本研究还尝试对产业结构升级与流动人口个人特征(婚姻、户口、流动属性等)在流动人口收入中的相互作用机制进行探讨。表7-3中模型1、模型2、模型3、模型4、模型5和模型6分别在表7-2模型2的基础上加入了产业结构升级与其他变量(工作经验、性别、婚姻、户口、流动范围、流动时间)的交互项,从而检验产业结构升级对收入的影响是否在不同群体之间存在显著差异。模型1的目的是验证产业结构升级对不同年龄流动人口收入影响的差异性。可以看出产业结构升级的主效应系数为0.119,且显著,表明其他变量不变的情况下,产业结构升级对低龄流动人口收入具有正向影响,产业结构升级每增加一个单位,低龄流动人口收入增加0.119个单位。产业结构升级与流动人口工作年限的交互项回归系数为$-0.056(P<0.001)$,表明产业结构升级对低龄流动人口收入的作用更大(比对高龄流动人口收入的作用大0.056),产业结构升级每增加一个单位,高龄流动人口收入增加0.063个单位($0.119-0.056=0.063$)。模型2的目的是检验产业结构升级对收入影响的性别差异。可以发现表7-3模型2中性别变量的主效应系数为$0.111(P<0.001)$,表明控制了其他变量后,在产业结构最低的流入城市中男性的收入比女性多11.1%。产业结构升级的主效应系数为0.066,表明产业结构升级每增加一个单位,女性流动人口的收入增加0.066个单位。性别与产业结构升级的交互项回归系数为0.031,表明产业结构升级对流动人口收入的影响存在性别差异,对男性的作用更大(比对女性的作用大0.031个单位),即在其他因素不变的情况下,产业结构升级每增加一个单位,男性流动人口收入增加0.097个单位($0.066+0.031=0.097$)。这种研究结论证实了,产业结构升级对流动人口收入的影响存在性别和年龄差异,即产业结构升级对男性或低龄流动人口收入的影响大于女性或高龄流动人口。

表7-3模型3检验了婚姻与产业结构升级之间的交互效应。模型中婚姻变量的主效应系数为0.073,且显著,表明控制其他变量之后,在产业结构最低的流入城市中,已婚流动人口收入比未婚流动人口高7.3%。产业结构升级的主效应系数为0.055,表明产业结构升级对未婚流动收入具有正面影响,产业结构升级每增加一个单位,未婚流动人口收入增加0.055个单位。婚姻与产业结构升级的交互项回归系数为$0.036(P<0.001)$,产业结构升级对已婚流动人口收入的影响为0.091($0.036+0.055=0.091$)。表7-3模型4检验了产业结构升级与流动人口户口的交互效应。可以看出,户口变量的主

效应系数为 0.026,且没有统计显著性,表明在产业结构最低的流入城市中,城城流动和城乡流动人口收入没有显著差异。产业结构升级的主效应系数为 0.157($P<0.001$),表明产业结构升级每增加一个为单位,城城流动人口收入增加 0.157 个单位。户口与产业结构升级交互项的回归系数为−0.108,表明产业结构升级对城乡流动收入的影响要低于城城流动流动人口(比城城流动人口低 0.108 个单位),产业结构升级每增加一个单位,城乡流动人口收入增加 0.049 个单位(0.157−0.108=0.049)。模型 3 和模型 4 的研究结论也说明了产业结构升级对流动人口收入的影响存在婚姻和户籍差异,即产业结构升级对已婚或城城流动人口收入的作用要大于未婚或城乡流动人口。

表 7-3 模型 5 估计了流动范围与产业结构升级的交互效应。可以看出,流动范围的主效应系数为 0.03,且显著,表明即使在产业结构最低的流入城市中,也存在跨省流动人口与省内流动人口收入的显著差异。产业结构升级的主效应系数为 0.014,表明产业结构升级对省内流动人口收入的影响较为轻微,在控制其他变量后,产业结构升级每增加一个单位,省内流动人口收入增加 0.014 个单位。流动范围与产业结构升级的交互项回归系数 0.133,且显著,表明产业结构升级对跨省流动人口收入的作用更大(比省内流动人口大 0.133 个单位),产业结构升级每增加一个单位,跨省流动人口收入增加 0.147 个单位(0.014+0.133=0.147)。表 7-3 模型 6 估计了累计流动时间与产业结构升级的交互效应。可以看出累计流动时间主效应为 0.012,且显著,产业结构较低的城市中流动人口累计流动时间越长收入越高,但这种效应要低于产业结构较高的城市。产业结构升级的主效应系数为 0.041($P<0.001$),表明产业结构升级每增加一个单位,流动时间最短的流动人口收入增加 0.041 个单位,累计流动时间不同的流动人口收入存在显著差异。流动时间与产业结构升级交互项的回归系数为 0.055,表明产业结构升级对累计流动时间较长的流动人口收入具有更大的作用,产业结构升级每增加一个单位,流动时间长的流动人口收入增加 0.096 个单位(0.041+0.055=0.096)。模型 5 和模型 6 证明,产业结构升级对流动人口收入的影响存在流动范围和流动时间的差异,即产业结构升级对跨省流动人口或累计流动时间长的流动人口收入的作用大于省内流动人口或累计流动时间短的流动人口。以上研究表明,产业结构层次越高,流动人口个体(不同性别、不同婚姻、不同户口、不同流动属性)之间收入差距越大。

表 7-3 产业结构升级对流动人口收入影响的个体差异性回归模型

解释变量	模型 1	模型 2	模型 3	模型 4	模型 5	模型 6
产业结构升级	0.119***	0.066***	0.055***	0.157***	0.014**	0.041***
性别	0.191***	0.111**	0.135***	0.192***	0.192***	0.191***
婚姻	0.112***	0.095***	0.073***	0.112***	0.113***	0.113***
户口	-0.047***	-0.059***	-0.059***	0.026	-0.047***	-0.048***
流动范围	0.121***	0.094***	0.094***	0.119***	0.03***	0.121***
累计流动时间	0.044***	0.059***	0.059***	0.043***	0.043**	0.012**
受教育程度	0.193***	0.152**	0.151***	0.191***	0.19**	0.193***
工作经验	0.336***	0.175***	0.176***	0.295***	0.296***	0.295***
工作经验的平方	-0.370***	-0.218***	-0.22***	-0.367***	-0.369***	-0.367***
第二产业	0.097***	0.091***	0.087***	0.087***	0.086***	0.081***
第三产业	0.206***	0.106***	0.108***	0.109***	0.108***	0.108***
工作经验与产业结构升级交互	-0.056***					
性别与产业结构升级交互		0.031***				
婚姻与产业结构升级交互			0.036***			
户口与产业结构升级交互				-0.108***		
流动范围与产业结构升级交互					0.133***	
累计流动时间与产业结构升级交互						0.055***
常数项	6.741	6.768	6.813	6.779	6.819	6.827
R^2	0.297	0.315	0.311	0.278	0.361	0.401

注：*、**和***分别表示拟合结果在10%、5%和1%的显著性水平上显著。

(3) 不同产业中流动收入的影响因素

针对三次产业，本部分分别构建两个模型以分析不同产业中流动人口收入的影响因素，结果见表7-4，其中模型1a、2a、3a仅估计了产业结构升级不同产业流动人口收入的影响，而模型1b、2b、3b则加入性别、婚姻、户口、流动范围、流动时间、受教育程度等控制变量以观察产业结构升级的收入效应被其他因素的解释程度。表7-4模型1a中产业结构升级的回归系数为0.173，表明产业结构升级对在第一产业中的流动人口收入影响为17.3%；模型2a的结果显示，在第二产业中流动人口收入受产业结构升级的影响程度为 10.8%；模型 3a 的结果显示，产业结构升级对在第三产业中流动人口收入的影响程度为 15.1%。对比模型 1a、2a 和 3a 可以发现，产业结构升级对第一产业流动人口收入的影响最大，第三产业次之，第二产业最小。如果对比模型 1b、2b 和 3b 中产业结构升级的回归系数(分别为 0.098、0060 和 0.087)，可以得到相同的结论，即在控制了其他变量后，并不会改变流动人口在不同行业中收入差异程度与产业结构升级之间的这种关系模式。总体而言，表 7-4 的研究结论表明，产业结构升级会缩小第一产业与第二产业之间的收入差距，会拉大第二产业与第三产业之间的收入差距。

表 7-4　不同产业中流动人口收入的回归模型(分产业)

解释变量	第一产业		第二产业		第三产业	
	模型 1a	模型 1b	模型 2a	模型 2b	模型 3a	模型 3b
产业结构升级	0.173***	0.098***	0.108***	0.060***	0.151***	0.087***
性别		0.212***		0.220**		0.182***
婚姻		0.011		0.105***		0.122***
户口		-0.141***		-0.044***		-0.048***
流动范围		0.138***		0.125***		0.116***
流动时间		-0.045**		0.084***		0.036***
受教育程度		0.298		0.199		0.186
工作经验		0.44***		0.292***		0.286***
工作经验的平方		-0.446***		-0.348***		-0.368***
常数项	7.352***	6.544***	8.059	7.26	7.952***	7.179***
样本数	1961		34450		88705	
R^2	0.261	0.265	0.228	0.391	0.213	0.386

注：*、**和***分别表示拟合结果在 10%、5%和 1%的显著性水平上显著。

表 7-5 为不同学历的流动人口在不同产业中的收入影响因素估计结果。即在每个产业层次中，估计两个模型，一个是低学历样本的模型，另一个是高学历样本的模型。将受教育程度变量分为高中及以下学历(低学历人群)和大专及以上学历(高学历人群)两类，并在原始数据的基础上重新定义，分别针对两类学历的流动人口进行回归分析，探讨影响不同产业中低学历和高学历人员收入因素的差异。从表 7-5 可以发现，对第一产业流动人口而言，低学历流动人口样本(模型 1a)中户口、流动范围和流动时间的系数

分别为-0.177、0.160和-0.048,且显著,而高学历流动人口样本(模型1b)中这三个变量都不显著,表明第一产业中高学历流动人口收入不存在户口、流动范围和流动时间的显著差异。其次,无论是高学历流动人口还是低学历流动人口,产业结构升级对其收入都有显著的正面效应。但其效应存在一定的差异(低学历样本中的回归系数为0.109,而高学历样本中的回归系数为0.233),对高学历流动人口的作用明显更大。第三,低学历和高学历样本的收入存在显著的性别差异,低学历样本中性别的回归系数明显大于高学历样本,表明在第一产业中学历越低,男性优势越明显,比女性收入越高。最后,工作年限在低学历样本和高学历样本中的回归系数分别为0.3和0.734,高学历样本中流动人口工作经验的作用明显大于低学历样本。

在第二产业中(模型2a和模型2b),各变量的作用存在明显的学历差异。第一,男性、已婚、农村户口和流动时间较长的流动人口收入存在明显的学历差异,低学历样本的回归系数(绝对值)大于高学历样本的系数,表明流动时间越长,收入的学历差异越小。第二,流动范围对高学历流动人口收入的促进作用大于低学历流动人口(低学历样本回归系数为0.105,高学历样本回归系数为0.184),表明跨省流动会拉大不同学历流动人口之间的收入差距(高学历流动人口的优势更大)。第三,工作经验对高学历流动人口的收入效应远大于低学历流动人口,表明流动人口工作经验越长,其收入的学历差异越大。第四,产业结构升级对高学历流动人口收入的影响(回归系数为0.127)远大于其对低学历流动人口收入的影响(回归系数为0.045),表明产业结构层次越高端,收入的学历差异越明显(或高学历流动人口优势更大)。第三产业中(表7-5模型3a和模型3b),除了性别和婚姻外(该两个变量的收入效应在低学历样本中略大),其余解释变量收入效应的学历差异模式与第二产业(表7-5的模型2a和模型2b)的模式基本一致:(1)第三产业中收入的学历差异程度,在产业结构层次较高的城市中更为明显;(2)工作经验越多的流动人口群体,其在第三产业中收入的学历差异越大;(3)相比于城乡流动人口,城城流动人口收入的学历差异更大;(4)相对于省内流动人口而言,跨省流动人口收入的学历差异更大。总而言之,表7-5中所有模型的结果与表7-2中模型结果是基本一致的。

3. 我国产业升级、教育与收入的特征

产业结构升级和教育对流动人口收入的影响具有群体差异性,影响收入的各要素效应受到产业结构升级的影响。其特征可以概括为以下几点:

表 7-5 不同产业中流动人口收入影响因素的回归模型(分学历)

解释变量	第一产业		第二产业		第三产业	
	模型 1a	模型 1b	模型 2a	模型 2b	模型 3a	模型 3b
产业结构升级	0.109***	0.233***	0.045***	0.127***	0.056***	0.168***
性别	0.279***	0.153***	0.252**	0.184**	0.196***	0.189***
婚姻	0.034	−0.001	0.113***	0.099***	0.125***	0.107***
户口	−0.177***	−0.073	−0.034***	−0.023*	−0.034***	−0.057***
流动范围	0.160***	0.063	0.105***	0.184***	0.094***	0.190***
流动时间	−0.048**	0.001	0.088***	0.086***	0.029***	0.063***
工作经验	0.300***	0.734***	0.205***	0.379***	0.236***	0.302***
工作经验的平方	−0.433***	−0.595***	−0.343***	−0.268***	−0.391***	−0.257***
常数项	7.388***	7.571***	7.661***	7.572***	7.634***	7.616***
样本数	1781	180	29621	4829	72150	16555
R^2	0.283	0.219	0.228	0.377	0.308	0.329

注：*、**和***分别表示拟合结果在10%、5%和1%的显著性水平上显著。

第一，流动人口受教育程度越高，其在高端行业就业的可能性就越大，这表明随着受教育程度的提高，流动人口在第三产业就业比例会越来越大。第三产业劳动生产率高于第二产业和第一产业。产业结构升级会促进流动人口的收入增加。

第二，在第三产业、第一产业和第二产业中教育对流动人口收入的影响程度依次递减，工作经验则对第三产业、第二产业、第一产业中流动人口收入的影响程度呈现依次递增，这表明不同产业的教育收益率存在差异性。随着产业结构升级，教育对收入的作用会越来越大，工作经验的作用会出现相对弱化。

第三，产业结构升级对流动人口收入的影响受其学历差异的制约。主要表现为：(1)产业结构升级对高学历流动人口收入的影响为正效应，对低学历流动人口收入的影响为负效应，即产业结构升级会拉大不同学历流动人口之间的收入差距。(2)低学历流动人口在第一产业、第三产业和第二产业中收入依次递增，高学历流动人口的收入则呈现第一产业、第二产业、第三产业依次递增的趋势。高学历流动人口收入的行业差距低于低学历流动人口。表明教育可以缩小流动人口收入的行业差距。(3)在不考虑产业结构升级与教育相互作用的情况下，产业结构升级对流动人口收入具有正向影响。

第四，产业结构升级对流动人口收入的影响具有显著的群体差异。表现为：(1)流动人口年龄越低,其收入受产业结构升级的影响程度越大;(2)产业结构升级对男性流动人口收入的影响程度大于女性流动人口;(3)产业结构升级对已婚流动人口收入的影响大于未婚流动人口;(4)产业结构升级对城城流动人口收入的影响程度要大于城乡流动人口;(5)相比于省内流动人口,跨省流动人口收入受产业结构升级的影响更大;(6)流动时间越长的流动人口,其在产业结构升级中获取更高收入的可能性越大;(7)产业结构层次越高,流动人口个体(不同性别、不同婚姻、不同户口、不同年龄、不同流动属性)之间的收入差距越大。

第五,不同产业中低学历和高学历人员收入的影响因素存在显著差异。表现为:(1)第一产业中高学历流动人口收入不存在户口、流动时间和流动范围的差异。低学历流动人口流动时间越长,反而收入越低。(2)产业结构升级对第一产业、第三产业和第二产业中流动口收入的影响程度依次递减,对第一产业收入作用最大,对第二产业收入作用最小,表明产业结构升级会缩小第一产业与第三产业之间的收入差距,但会拉大第二产业与第三产业之间的收入差距。

4. 产业升级中增收策略

配第-克拉克的产业结构演变理论认为随着经济发展水平的提高,一方面,第一产业中劳动力比重会逐渐下降,第二产业中劳动力比重会逐渐上升,在经济进一步发展后,第一产业和第二产业中的劳动力会逐渐向第三产业转移,使第三产业中劳动力比重增大。而劳动力在行业间转移流动遵循传统的分工理论,有直接或间接的技能和学历选择性,具备一定自身优势的劳动力会率先实现从低端产业向高端产业的转移,进而实现增收的目的。另一方面,在产业结构层次较高的城市中,流动人口更容易受到先进生产方式和人力资本外溢的影响,参照城市中户籍人口的职业来定位自己的职业追求,积极参与高端行业的经济活动,进而提高自己的收入。因此产业结构升级对流动人口收入的影响存在着明显的群体性差异,在产业结构层次越高的城市,这种收入的群体性差异越突出。从宏观层面来看,伴随着中国人口结构的变动和现代化、工业化的推进,传统的粗放型经济增长方式难以为继,劳动密集型产业式微,学历在收入中重要性开始进一步凸显出来,最明显的就是高学历人口越来越受到社会重视,比如高学历流动人口在第三产业中的收益率最高。所有这些与我国流动人口收入的学历(高学历和低学历)差异变动趋势基本一致。在微观层面上,不同的流动人口群体受产业结构升级的影响程度存在差别,而这种差别能够解释产业结构升级对不同流动人口群体收入效应的差异性。比如省内流动人口受产业结构升级的影响可能低于跨省流动人口,因此,产业结构升级对跨省流动收入的影响程度更大。工作经验较多的流动人口群体，由于年龄相对较大，对新事物接受能力较弱，因此产业结构升级对年轻流动人口收入的影响要大于年龄大的流动人口。除此之外，流动(人)口所在行业越低端，教育的收入效应越小。因此，应该逐渐消除劳动力市场障碍，推进城乡一体化的劳动力市场制度建设，加强就业培训，提升流动人口就业质量，促进流动人口不断从低端行业向高端行业转移流动。

第三节 国际贸易与收入分配

国际贸易与收入分配的关系一直是当代贸易理论和收入分配理论关注的重点问题。随着经济全球化的不断扩大，国际贸易与收入分配之间的关系越来越紧密。不同国家和地区的区域效应，通过影响生产要素、产业结构和技术进步等因素，进而对收入分配产生着影响。

一、国际贸易与收入分配的趋同效应

1. 斯托尔帕-萨缪尔森定理

全球化国际贸易的发展能够引起收入分配格局的变化，进而对整个世界经济发展产生影响。萨缪尔森(Paul A. Samuelson)和斯托尔帕(Wolfgang Stolper)在《保护主义与实际工资》一文中，探讨了国际贸易以及关税对市场生产要素价格和收入分配的影响，并将其称为斯托尔帕-萨缪尔森定理(The Stolper-Samuelson Theorem)。根据斯托尔帕-萨缪尔森定理可知，一个国家开展国际贸易后，会使具有比较优势的出口行业所生产的产品价格上涨，从而使该行业密集使用的生产要素报酬提高，进而使进口竞争行业所生产的产品价格下跌，从而使该行业中密集使用的生产要素的回报率降低。这表明国际贸易将增加一国充裕生产要素所有者收入水平，减少稀缺生产要素所有者收入水平。萨缪尔森还推理出了生产要素平均化的定理，也叫作新古典主义的趋同过程，它证明了国际贸易在引起国内生产要素收入变化的同时，也会造成其他国家的要素价格趋于相同。从国家利益角度来看，该结论表明通过不同国家进行国际贸易，将具有比较优势的产品进行出口，同时进口具有比较劣势的产品，有利于缩小发达国家与发展中国家的收入差距，以便实现发展中国家对发达国家的经济趋同。

2. 结构主义观点

结构主义认为，发展中国家以出口劳动密集型以及初级产品为主，贸易条件的恶化严重损害了发展中国家的贸易利益，从而会拉大发展中国家与发达国家的收入差距。普雷维什在《外围资本主义：危机与改造》中指出，由于贸易条件的不断恶化，发展中国家与发达国家之间收入分配的差距会越来越大。如果贸易条件的恶化没有得到及时改善，即使提高生产率，贸易利益也会从国内流向国外，这说明国际贸易并没有使所有国家的利益得到提升与改善，反而使发达国家与发展中国家的收入分配差距有逐渐扩大的趋势。当出口产品是初级产品时，比如附加值比较低的农产品、轻工业产品或者工业原材料等，这类产品与其他种类繁多的进口产品相比，在价格上具有明显的劣势，就会导致本国生产率的增长所带来的利益成果流向国外。

3. 新经济地理理论

新经济地理学将运输所带来的成本纳入国际贸易的考虑范围内。随着经济全球化和贸易自由化的发展，产业的空间布局制约着不同国家间实现经济趋同的进程，国际贸易活动倾向于选择在地理位置较好的国家间进行，参加国际贸易并通过分工获得收益有利于促进贸易双方的经济发展，缩小国家之间的收入差距。那些地理位置不具备优势的国家便不能获得平等广泛地参与国际贸易的机会，因此国际贸易很难在要素价格与收入分配之间产生影响。

4. 新制度经济学理论

新制度经济学理论强调社会制度与激励模式的重要性，认为国际贸易仅仅是影响收入分配的部分因素，而制度变革才是促进经济发展的根本因素所在。如果没有进行有效的制度变革，国际贸易对于不同国家之间的收入差距不会起到缩小作用。由于国家制度具有路径依赖的特点，所以当缺乏产权明晰、合同执行能力强和有效性的政府时，国际贸易对经济增长与收入分配便不能很好地发挥作用，所以新古典主义预测的趋同过程是很难发生的。

二、国际贸易在价格层面上对收入分配的影响

在经济全球化的背景下，贸易的自由化带来的影响使具有比较优势的国家所生产出的产品价格上升，而使具有比较劣势的产品价格下降，特别是国家想要大力保护的产品，这些产品的价格更会大幅度地下降。如果国际贸易导致分配格局发生的改变极不合

理或者不公，就会影响到社会稳定和经济稳定增长。因此，政府必须通过一些恰当的手段来加以矫正和规范，比如运用税收、补贴等手段，保证任何一个团体或者个人在对外开放过程中收入水平不会下降。

产品价格对于收入分配有影响，而产品价格同时受到市场竞争的影响，因此不同国家和地区的收入分配会因市场的竞争而不同。随着国际贸易自由畅通的进一步增强，阻碍贸易的因素也逐渐消失或减弱。很多邻近且贸易往来频繁的国家正努力实现地区经济一体化，其主要目的就是使各国之间的贸易更加畅通自由。国家间贸易自由化体现在发达国家和发展中国家之间以及发达国家和发展中国家之间，既表现为不可取代的商品的贸易自由化，还表现为可以互相取代乃至同类商品的贸易自由化。与传统市场竞争相比，贸易自由化会使市场的竞争更加剧烈，市场的范围进一步扩大，那些具有比较优势的产品便具备了更加显而易见的优势。

贸易的自由化打破了原有的市场竞争格局，出现新的均衡。具体而言，当一个国家的企业面临着来自国内外企业的竞争时，通常采取这样一系列的措施来调整：如降低在职员工工资，用资本和技术替代劳动，用熟练的劳动力替代非熟练的劳动力，改变经营方向等。前二者将使职工工资下降，熟练劳动力替代非熟练劳动力将使非熟练劳动力工资下降而熟练劳动力工资上升，同时企业也将转变经营方向并通过产业结构调整对收入分配产生影响。另外，那些不具备竞争优势的企业则会面临被淘汰，导致大批员工失去工作，收入来源得不到保障。

三、国际贸易通过作用于产业结构进而影响收入分配

各国或各地区贸易进出口自由化后，国际市场力量将向国内市场扩展，使得市场竞争机制能够在本国得到充分应用，从而推动本国经济结构发生变化。在一国或一地区贸易自由化过程中，由于价格机制的导向，并将其比较优势作为产业结构调整与升级的标杆，会导致部分行业规模扩张、部分行业规模萎缩、部分行业被淘汰。在规模狭小和面临淘汰的产业中就业的劳动力将会面临失去工作的危险，随之收入也会受到影响，而那些在规模宏大、具有良好发展前景产业就业的劳动者的收入会随之增加。有些发展中国家出现了严重的部门分离现象，即以工业部门为中心的现代部门与农业部门为中心的生存部门出现了分离。在该模型中，劳动力供给是完全有弹性的，其收入是由生存部门工资决定的。只有当生存部门的劳动边际产出高于生存工资水平，且在部门发展取得显著

成效的时候,工资水平才能出现上升。在生存工资尚未决定增加时,要增加发展中国家工资总水平,就非常困难。在某些国家,如果工资增长过快也会导致失业增加和经济停滞,从而影响社会稳定。但是在同类行业管理阶层中,熟练劳动力工资水平高企,存在显著上升可能性。

四、国际贸易通过促进技术的发展来影响收入分配

现代经济增长理论模型指出,技术进步可以促进经济发展以及人们收入水平的提高。由于技术的缺乏,随着居民平均资本的提高,资本的边际效益则呈现递减趋势,因而人均产出的提高会受到阻碍。英国经济学家希克斯把技术进步分为三种类型,即节约劳动的技术进步、节约资本的技术进步和中性技术进步。希克斯中性,也就是说技术进步之后各因素的边际产出收益仍然维持原来的值,但是只要各部门中没有同时出现技术进步就会出现近似于斯托尔帕-萨缪尔森定理的收入分配效应。

(一)技术进步对不同生产部门劳动者收入的作用

我们假设一个国家有两个生产部门——生产劳动密集型产品的部门和生产资本密集型产品的部门,这时可以认为这个国家的技术进步是希克斯中性的。对于一定数额的资本和劳动力数量,无论它们所对应的生产要素是否具有密集性,如果商品的价格保持不变,由于技术的进步,这个部门的产量也会相应提高,但另一部门的产量会下降。因为部门的技术进步能够降低单位产品的生产成本,所以改变要素的价格比例就显得十分重要,这是因为如果两个部门资本与劳动力的比例保持不变,就会出现供需失衡的现象。只有通过市场对这种失衡进行调节,生产要素才能达到最优化的利用。但是不管技术进步作用于哪个部门,它对收入分配的影响以及斯托尔帕-萨缪尔森定理的结论是一致的,即在生产规模扩大部门中密集使用的要素收入会增加,而在生产收缩部门中密集使用的要素收入会减少。

(二)技术进步对低技能劳动者收入的影响

一般而言,技术进步大多发生在资本比较密集的行业,而技术密集的行业通常也是资本或劳动力密集的行业。对低技能劳动力比较丰富的发展中国家来说,科技的发展可能导致低技能劳动者实际工资收入的减少和收入水平的降低。技术进步对生产力诸要

素，如劳动手段、劳动对象和劳动力的影响，推动了经济结构的优化，进而使劳动者的收入结构发生变化。从美国来看，信息产业促进了美国国内生产总值的发展，已经代替汽车制造业、建筑业而成为经济增长的新源泉。信息技术在美国各领域中不断渗透，使传统产业劳动生产率不断上升，社会分工不断变化。在第一、二产业中从业的美国就业人口比例不断减少，而在第三产业中的比例不断上升。信息技术代替了一部分人的肢体和脑力劳动，改变了传统的劳动方式，使工厂的工人减少，白领阶层扩大，导致收入分配差距越来越大。

五、国际贸易通过政府因素对收入分配产生影响

随着国际贸易自由化的不断发展，各国越来越依据国际规章制度办事而不是继续依靠政府的行政效力来调整政策，所以旧措施、旧手段就不适用了。也就是在推行贸易自由化以后，对外开放由原来的独立可控转变为以国际规章制度约束为主，各项政策执行必须兼顾国际因素。贸易自由化弱化了政府对市场干预的作用，贸易自由化需要按照市场规律办事，由市场对经济运行与分配活动进行自发调节。各种因素都会使政府放弃其在市场活动中制约经济发展的行为。但这并不意味着贸易自由化和政府不负责经济运行，而是需要市场经济中政府转变功能定位。当今市场经济对于我国来说是一个全新的考验，从经济自由化到现在世界出现了一体化发展趋势，政府对于市场所起到的作用有待调整。从实践上来说，市场经济和贸易自由化都无法抹去政府在经济发展中的职责。因此，政府需要改善宏观调控的手段，可以通过转移支付的方式来增加弱者的收入或者对国家想要保护的产业进行补贴，以此来平衡收入分配的差距。

☞ **思考题：**

1. 分析经济增长与收入分配的关系。
2. 简述国际贸易、产业结构与收入分配的关系。
3. 简述国际贸易、宏观调控与收入分配的关系。

下 篇

职业发展与职业培训

第八章　职业发展与规划

职业发展是致力于个人职业道路的探索、建立、取得成功和成就的终身的职业活动，是组织有效开发人力资源，确保组织需要的岗位有充足人选的方法。职业选择指个人对于自己就业的种类、方向的挑选和确定。它是人们真正进入社会生活领域的重要行为，是人生的关键环节。通过职业选择与职业规划，可以更好地将人与工作岗位相结合，使个体更好地融入社会工作中，从而促进社会化的顺利进行和实现。职业选择有助于实现经济、社会效益等多方面共赢，从而推动人的全面发展。

第一节　职业分类及发展趋势

一、职业的概述

(一)职业的含义

不同的人，不同的社会，对职业的含义都有不同的观点和理解。目前从事职业研究的理论工作者认为，职业是通过参加社会分工，运用专业的知识和技术，为社会创造物质和精神财富，获得合理的报酬，以满足人们的物质和精神需要。它反映了人的生活方式、经济状况、教育程度、行为方式和道德情操，体现了人的权利、义务和职责。

职业是人们在社会中所从事的作为主要生活来源的工作，通常也被称为工作岗位。在国家层面上，每一种职业都是一种社会性的分工；在社会层面上，职业指劳动者所拥有的诸如医生、教师、律师、公务员等的社会角色；在个体层面上，职业指在"扮演"着社会角色的同时，劳动者为社会担负着某种义务和责任，并能够获得相应的回报。总体来看，职业一词的外延包括几层意思：一是有工作，即有事可做，有事可为；二是有收入，即获得工资或其他形式的经济报酬；三是有时间限度，一般规定为不超过全天活动时间的 1/2。

(二) 职业的作用

职业对于个人的生存和发展都起着举足轻重的作用。职业对个人的影响主要体现在以下几方面：第一，职业活动为人类的物质生活提供了基础，是人类赖以生存的手段；第二，职业可以使人的心理需求得到满足，使人的个性得到健康的发展；第三，参加社会活动，履行社会责任，为他人提供服务。职业对社会的作用表现为：职业与职业生活是人类社会生活的组成部分，是社会存在与发展的基础。第一，职业劳动创造了社会物质和精神财富，构成人类社会发展的基础；第二，职业分工和劳动是构成社会经济体系和运行的重要内容；第三，职业变迁促进了社会的发展；第四，维持社会稳定，实现"安居乐业"，基本手段就是就业。

(三) 职业的特点

1. 职业的多样性

随着社会的发展，社会的分工更加细化，各种类型的职业也日益增多。我国早就有"三百六十行"之说，现代社会职业更是成千上万种。职业除了具有多样化特征外，还具有差异化、分层化的特征。比如，工程技术人员分为高级工程师、工程师、助理工程师、技术员，而高等院校教师则分为教授、副教授、讲师和助教。

2. 职业的专业性

每一种职业都需要专门的知识、技能和特定的职业道德品质，只有具备了特定的要求，才能胜任所对应的职业。例如，从事数控机床加工，要有机械制图、机械原理等方面的知识，具备数控机床操作的技能和一丝不苟、精益求精的工作态度。随着科学技术的发展，对职业的专业性和技术性的要求也在不断提高。

3. 职业的连续性

一般而言，一个人可以长期从事某一行业，并且通过其职业活动获得稳定的收入。职业正是因为具有明显的经济性和连续性，才与人们的社会活动和日常活动有着密切的关系。

4. 职业的时代性

职业是有时代特征的，在各个时代都有其流行的职业。我国曾出现过"当兵热""从政热"，到"上大学热""考研究生热"，又发展到"下海热""出国热""外资企业热"等，无不体现出特定时期人们对某种职业活动的热衷程度。从多个视角进行剖析，职业除了上述特性外，还有社会性和规范性等特性。

二、职业分类

1. 职业分类的概念

职业分类是以特定的分类原则，运用特定的标准和方法，对不同专业的职业进行全面、系统的划分和分类。我国的职业分类是以工作性质的同一为基础，对其进行了系统的划分和分类。所谓工作性质，即一种职业区别于另一种职业的根本属性，一般通过职业活动的对象、从业方式等的不同而表现出来。应当指出的是，从技术角度上解释工作性质的同一性，取决于具体的职业类别。

职业分类是一国产业结构、产业组织、产业政策的制定基础，形成产业结构的概念的基本依据，对于社会各个行业的发展有着十分重要的意义。各国的职业类别都会对其国民经济各个领域的管理活动产生一定的影响和制约。首先，它是劳动力社会化管理的基础；其次，以现代职业分类为基础，开展教育、培训和就业工作；再次，现代职业分类为国民经济信息统计和人口普查提供服务。

2. 我国的职业分类

在职业分类中，产业、行业与职业三者之间存在着归属关系，不同产业对应的是各类行业，而行业又对应地包括各类职业。

产业是国民经济中最基本的分类。根据国际上通行的原则，一个国家的国民经济可以划分为三大产业。第一产业包括农业、林业、畜牧业、渔业和矿业。第二产业包括机械制造业、加工业和建筑业。第三产业指广泛的服务业(除第一、二产业以外的其他各业)，包括流通部门，如交通运输业、邮电通信业、批发零售贸易和餐饮业；为生产服务的部门，如综合技术服务和信息咨询服务等单位；为居民生活服务的部门，如旅馆、理发店、生活用品修理部等单位；为提高居民文化和身体素质服务的部门，如学校、医院、体育馆、电影院等单位；为社会管理服务的部门，如国家各级行政机关、社团组织等。

行业指从事相同性质的经济活动的所有单位的集合。行业是根据经济活动的同质性原理来进行分类的，也就是每一个行业类别都按照同一种经济活动的性质划分。根据我国的具体国情，国民经济行业可以划分为门类、大类、中类和小类四级，共有20个行业门类，95个大类，396个中类，913个小类。20个行业门类包括：(1)农林牧渔业；(2)采矿业；(3)制造业；(4)电力、燃气及水的生产和供应业；(5)建筑业；(6)交通运输、仓储和邮政业；(7)信息传输、计算机服务和软件业；(8)批发和零售业；(9)住宿和餐饮业；(10)金融业；(11)房地产业；(12)租赁和商务服务业；(13)科学研究、技术服务和地质勘察业；(14)水利环境和公共设置管理业；(15)环境管理业；(16)居民服务和其他服务业；(17)教育；(18)卫生、社会保障和社会福利业；(19)文化、体育和娱乐业；(20)公共管理和社会组织。

大类是职业分类中的最高层次。大类的划分是从工作性质的同一性出发，综合考虑我国的管理体制、产业结构和发展状况，将我国的整个社会职业大致分为管理型、技术型、事务型、技能型等八大职业类别。第七类和第八类不再进行下一层次的划分。中类是大类的子类，中类的划分是大类职业体系的分解，是根据职业涉及的知识领域、使用工具与设备、加工和运用的技术以及提供的产品和服务种类的同一性进行的，《职业分类大典》将8个大类分为66个中类。

小类是中类的一个子类，通常指工作范围，根据劳动者的工作环境、条件和技术性质的同一性对其进行小类的划分。一般情况下，第一大类的小类以工作领域、职责范围和业务同一性进行划分；第二大类的小类以工作或者研究领域、专业的同一性进行划分；第三、第四大类的小类以所办理的事务属性同一性和所从事的项目同一性进行划分；第五、第六大类的小类以所从事工作的操作程序规范的同一性、工艺技术的同一性、操作对象的同一性以及生产产品的同一性等进行划分。《职业分类大典》将66个中类分为413个小类。

细类是国家职业分类最基本的类别，即职业。一个职业包含一组性质相同、具有通用的职业知识和职业技能的工作。细类的划分一般采用工作分析法，即将工艺技术、对象相同、操作流程和方法相似的若干工作种类或者岗位，归并为一个细类(职业)。第一大类的细类(职业)主要是按照工作的复杂程度和所承担的职责大小划分，第二大类的细类(职业)主要是按照所从事工作的专业性与专门性划分，第三大类的细类(职业)主要是按照工作任务、内容的同一性或者提供服务的类别、服务对象的同一性划分，第五、第六大类的细类(职业)主要是按照工艺技术的同一性、使用工具设备的同一性、使用原材料的同一性、产品用途和服务的同一性，按先后顺序划分。

三. 职业发展趋势

1. 职业的种类大量增加

由于传统生产技术相对稳定，一项重大技术发明的生产周期较长，因此它的发展速度较慢，所以，它的社会工作也比较稳定。但是，随着社会的发展，科学技术的进步，各种职业的种类也在快速增多，新的产业层出不穷，新的职业大量涌现，这就导致了新旧职业的快速更迭。

2. 第三产业职业数量增加

我国加入世界贸易组织和吸引外资对第二产业的制造业起到了积极的推动作用，所以近年来第二产业的用人需求比重呈现上升态势。从未来我国经济增长和产业结构变动的趋势看，工业就业比重上升的空间已经较小，而我国第三产业扩张的空间很大，我国目前第三产业从业者的比例虽然比较低，但随着科学水平的提高，产业结构的调整，第三产业在国民经济发展中所起的作用越来越大，如金融、商务、传播、物流、卫生、教育、旅游等。第三产业的就业人数不断增加，这是现代社会发展的大趋势。

3. 职业活动的内容不断弃旧从新

同样的职业，在不同的年代，技术方法、工作手段都是完全不同的。如工程设计绘图，过去用图纸、丁字尺等，现在用 CAD 技术；机械加工，以前用普通车床，现在用数控车床。一些职业，因新的工作设备和条件变化，对职业内容有了新的要求。如行政工作人员，在以前只要求具备较好的组织协调能力、分析问题解决问题能力、文字能力、口头表达能力等，但现在除要求他们具备上述能力以外，还要求具备社会交往及计算机辅助管理、办公自动化操作能力等。职业的演变对从业人员的素质和技能要求也随之提升。

4. 职业向高科技化、智能化、专业化方向发展

信息技术、航天技术、生物技术、新能源技术、新材料技术和海洋技术等是 21 世纪世界各国公认并列入重点开发的领域。近年来，我国兴建了一批高新技术产业开发区，出现了一批高新技术公司，建立了一批外资和中外合资高新技术企业。因而，在加快高新技术发展政策的实施过程中，与此有关的职业将得到较快发展。随着科学技术的发展，职业的专业化和复合化程度越来越高。

5. 职业的流动性强

随着社会职业类型的日益丰富，人们的职业选择机会越来越多，职业的相对稳定性

受到破坏。现代社会职业兴衰演化迅速，职业的更新速度不断加快，导致人一生面临的职业变化也会越来越频繁。同时，永久性职业减少。只有少数人能拥有"永久性"的工作，而从事计时、计件或临时性职业的人会越来越多。

第二节　自我认知与职业发展

一、确定志向

自我认知的前提是确定志向。梁启超①指出"少年富则国富，少年强则国强，少年独立则国独立，少年自由则国自由，少年进步则国进步，少年胜于欧洲则国胜于欧洲，少年雄于地球则国雄于地球"，说的是少年志向与国家力量的辩证关系。一个人在少年时期的志向与一生事业成功、实现理想抱负关系重大。志向包括两个方面，一是理想，二是实现理想所必备的意志和毅力，两个方面缺一不可。志向是事业成功的基本前提，没有志向，事业的成功也就无从谈起。俗话说："志不立，天下无可成之事""有志者事竟成"。

传说中的愚公②，立志移山，经过子子孙孙寒来暑往的努力，终于成功；司马迁③写《史记》，王冕④学画都是个人立志成功的典范；苏洵⑤从 37 岁才开始刻苦读书，终于名列唐宋八大家。毛泽东⑥从小就立有远大志向，最终缔造了中国共产党及中华人民共和国。袁隆平⑦为实现解决世界粮食短缺问题的理想，从 20 世纪 60 年代开始致力于

---

①　中国近代思想家、政治家、教育家、史学家、文学家，戊戌变法(百日维新)领袖之一。

②　愚公是中国神话传说中的人物，愚公移山故事的主人公。常用以比喻做事有顽强毅力、不怕困难的人。

③　司马迁(公元前 145—前 90 年)，字子长，夏阳(今陕西韩城南)人，一说龙门(今山西河津)人。

④　王冕(1310—1359 年)，字元章，号煮石山农，亦号食中翁、梅花屋主等，浙江省绍兴市诸暨枫桥人，元末著名画家、诗人、篆刻家。

⑤　王冕(1310—1359 年)，字元章，号煮石山农，亦号食中翁、梅花屋主等，浙江省绍兴市诸暨枫桥人，元末著名画家、诗人、篆刻家。

⑥　毛泽东(1893 年 12 月 26 日—1976 年 9 月 9 日)，字润之(原作咏芝，后改润芝)，笔名子任。湖南湘潭人。伟大的马克思主义者，伟大的无产阶级革命家、战略家、理论家。

⑦　袁隆平(1930 年 9 月 7 日—2021 年 5 月 22 日)，汉族，生于北京，无党派人士，江西省九江市德安县人。

杂交水稻的研究，经过多年的努力，成功培育出的杂交水稻成为我国第一个转让美国的农业技术专利。目前，越来越多的外国专家到中国来取经，印度、越南等20多个国家和地区还引种了杂交水稻。袁隆平为解决世界粮食短缺问题作出了贡献，被誉为"世界杂交水稻之父"。以上几个梦想的故事，不难说明立志、梦想与成功有着必然的联系。

二、认识自我

我们每个人都有巨大的潜能，每个人都有自己独特的个性和优势。对自己的正确认识很大程度上直接关系到一个人的前程，甚至是命运。如何才能正确认识自我？在走出迷失的自我的基础上，掌握正确的自我认知方法便能全面正确地得到自我认知。只有当认识自己之后，才能客观地评价和正确对待自己的优点和缺点，从而扬长避短。认识你自己，才能够从失败中总结教训，不断成长，使自己的职业生涯更精彩。

(一) 走出迷失的自我

一个人要想成功，首先要从迷失的自我中解脱出来，真正了解自己，做自己最擅长的，这样才能获得最大的成功。麦克尔·杜马斯(Michael Dumas)在他的《一生的成功计划》中说："你是自然界最伟大的奇迹。在这个世界上，没有一个人和你一样，你是自然界独一无二的造化。作为一生成功计划最重要的一部分，就是：一定要正确认识自我，对自己充满信心，正视自己，既不要妄自菲薄，也不要用假面具来满足自己的虚荣心。"然而，人生最难认识的就是自己。据说，在希腊帕尔纳索斯山南坡上的石碑上面，写着这样一句话："认识你自己。"人们认为这句格言就是阿波罗神的神谕。

在古希腊神话中，底比斯城外有一个带翼的怪物叫斯芬克斯。她有美女的头、狮子的身子。斯芬克斯经常盘坐在悬崖边一块巨石上，对路过的底比斯居民提出各种各样的谜语，猜不中谜语的人就被她撕碎吃掉。其中有一个谜语难倒了不少人。谜面是："早晨四条腿走路，中午两条腿走路，晚上三条腿走路。在一切生物中，这是唯一用不同数目的腿走路的生物。用腿最多的时候，正是力量和速度最小的时候。"无数人因回答不出来而丧命。终于，一个叫俄狄甫斯的流浪汉听到这谜语后，微微一笑，觉得很容易。"这是人啊。"他回答说，"人在幼年，即生命的早晨，是个软弱无力的孩子，他用两条腿和两只手在地上爬行；到了壮年，正是生命的中午，当然只用两条腿走路；但到了老年，已是生命的迟暮，只好拄着拐杖，好像三条腿走路。"这个故事很多人都听过，也觉得谜底非常有意思，它用一天的经历浓缩了人的一生。为什么这个谜语能难倒这么多人呢？原因是人们通常以为外部世界不易发现，对自己了如指掌。一个人若想有一番成就，最好是及早地正确认识自己，然后扬长避短，努力去发掘自己的独特潜能。对于一个想有所成就的人来说，创造生命的意义，就是生命的价值，体现在他的一生是如何度过的。人一定要做到不为虚度光阴而后悔，不为一事无成而遗恨。其实，人一生中最大的危机就是失去了自我。它来去悄无声息，仿佛什么都没有发生。相反，一项物质财产的损失却更能够吸引人们的注意力。

(二) 认识自我的基本方法

如今，随着社会的不断发展，人们对于自我的认识，也进入了一个突破性的新阶段。自我认知就是使自己明白：我喜欢干什么——职业兴趣；我能够干什么——职业技能；我最看重什么——职业价值观；我适合干什么——个人特质。自我认知不是一件容易的事。有一句话说得好，"旁观者清，当局者迷"，说的就是认识自己的困难。其实，这句话同时也为我们指明了一种认识自己的方法，即借助于旁人。现代公司经营倡导"换位思维"的思维方式，就是鼓励人们脱离"当局者迷"，站在"旁观者"的角度去理解自己。有效的自我认识应当包括自我反省、他人反馈，以及对人才的科学评估。通过橱窗分析法、360度评估法以及借助于人才测评法等综合起来进行全方位的自我认知。

1. 橱窗分析法

橱窗分析法是进行自我认知的一种常用方法。所谓橱窗分析法，是一种借助直角坐标不同象限来表示人的不同部分的分析方法，它以别人知道或不知道为横坐标，以自己知道或不知道为纵坐标，如图8-1所示。

橱窗1："公开的我"（自己知道、别人也知道的部分，其特点是个人展现在外，无所隐藏。比如身高、年龄、学历、婚姻状况等）

橱窗2："隐藏的我"（自己知道、别人不知道的部分，其特点是属于个人私有秘密，不外显。比如平常自己不愿袒露的缺点，以及心中的愿望、雄心、优点等不敢告诉别人的部分。可以采取撰写自传或日记的方式来了解自我，可以了解我们自身成长的大致经历和自我计划情况等）

橱窗3："潜在的我"（自己不知道、别人也不知道的部分，其特点是开发潜力巨大，但通常别人和自己都不容易发觉。我们可以通过人才测评来发现自己平时注意不到的潜

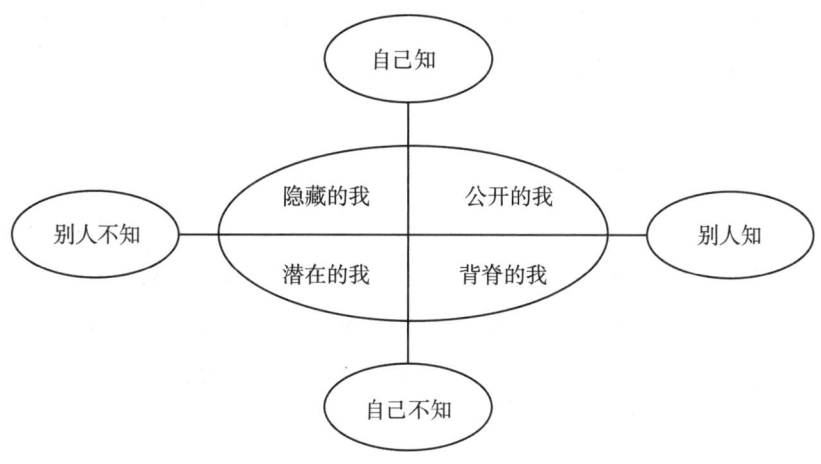

图 8-1 橱窗分析法示意图

力,也可以在学习和生活过程中,多做尝试来发现自己的潜力)

橱窗 4:"背脊的我"(自己不知道、别人知道的部分,其特点是自己看不到,别人却看得清清楚楚。我们可以采取同自己的家人、朋友等交流的方式,可以借助录音、录像设备。要做到尽量开诚布公,对别人提出的意见有则改之,无则加勉)

2. 360 度评估法

360 度评估法又称为多渠道评估法,是指通过自我评估、父母家人评估、同学朋友评估、老师领导评估以及其他社会关系评估等,收集与自己有密切关系的、来自不同层面人员的评估信息,来全方位地评估自己的方法,如图 8-2 所示。通过评估回馈可以从

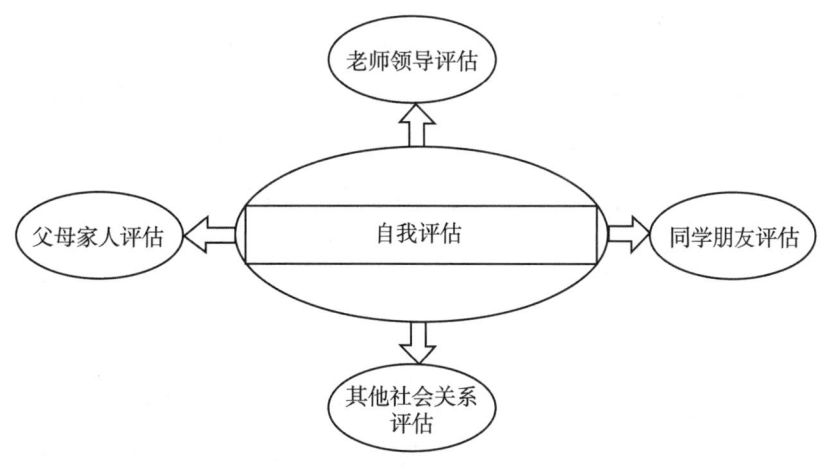

图 8-2 360 度评估法

各方面得到对个人的素质、能力等评价,比较全面、客观地了解自己的特质、优点和缺点,从而为自己的职业生涯规划和能力发展提供依据。

3. 人才测评法

(1)什么是人才测评

人才测评指现代心理学、测量学、管理学、社会学、统计学、行为科学及计算机技术相结合的一种综合性技术。它通过人机测评、结构化面试、情景模拟、评价中心等技术,对人才的知识水平、能力及其倾向、工作技能、内在动机、个性特征和发展潜能进行测量,并根据工作岗位要求及组织特性进行评价,从而实现对人才全面、准确、深入的了解,将最合适的人才用到最合适的工作岗位(人、岗匹配),以实现最佳工作绩效。

(2)人才测评的由来

人才测评学是一门既古老又年轻的科学。说古老,是因为人才测评的思想和实践从古代就有,我国早在两千多年前就出现了考试,它是统治者用以选拔官员的重要手段;说年轻,是因为其系统研究自20世纪初期才开始。1905年,法国心理学家比奈(Alfred Binet)成功研究出了世界上第一个智力测验题;20世纪四五十年代,心理测量学家们开始尝试评价求职者的"岗位适合度",通常包括能力倾向测验、投射性测验;60年代以后,人才测评技术在各国许多大公司开始应用,测评对象不是仅仅以普通员工为主,而且扩展到中高层管理人员。

我国的人才测评经历了复苏阶段(1980—1988),初步应用阶段(1989—1992),以及繁荣发展阶段(1993年至今)。经过20多年的发展,人才测评技术在人才招聘、人才选拔、培训、考核、诊断等方面的应用日渐加强。企业是人才测评技术应用最为活跃的领域,近年来,随着政治体制改革的推进,国家公务员录用考试制度的建立,现代人才测评技术如纸笔测验、结构化面试、文件筐测验、无领导小组讨论、情景模拟等人才测评技术得到了越来越广泛的应用。近年来,随着就业评估工作的专业化,人才测评技术在高校毕业生的就业指导、职业生涯规划等方面都得到了广泛的运用。大学生在进行职业生涯规划时可以借助于人才测评网中的测评工具进行个人职业兴趣、职业能力、职业价值观、职业素质等多方面的测量。

(3)人才测评的作用

人才测评不仅能为个人职业生涯规划提供科学的依据,而且能为用人单位识人、选人、用人、育人、留人等人力资源管理和开发工作提供极具价值的帮助。个人通过人才测评能够在短期内获得对自己较为客观、准确的描述和评价。其作用具体是:

第一,提高对自己的认识:人才测评可以帮助个体对自己有一个客观的认识和了解,了解自己的能力水平、兴趣爱好和职业价值观,在职业规划的过程中,可以对自己的职业发展作出正确的判断,并能根据自己的情况来指导自己的职业发展。

第二,促进个人择业:对不同类型的人才进行专业的第三方评估,为不同类型的企业提供评价人才服务,让个体可以根据这些评估结果来判断和寻找合适的工作和职业。

第三,促进自我的发展:人才测评能让每一个人认识到自己的基本品质,了解自己的强项、弱项、优点和缺点,以便有针对性地进行培训,在实际工作中,扬长避短,提高自身的能力。

人才测评有三种主要方法:一是心理测验,二是面试,三是评价中心技术。我们在此着重介绍运用人才测评工具进行心理测验。心理测验是对行为样本进行测量的系统程序。该方法在测照内容、测照过程、测照分数等方面均是系统化的,因而测照的结果既有一致性又有客观性。通俗地讲,心理测试是一种科学方法,它是根据特定的原理,根据人们的典型行为,对贯穿于人的行为活动中的心理特征进行推理和定量的分析。心理测验广泛运用于大学生职业生涯规划中的自我认知。心理测验包括认知测验(成就测验、智力测验、能力测验等)和人格测验(用来评价、测量人的情绪、兴趣、态度、价值观、动机、性格等方面的测验)。心理测试是以"人才素质测评"的方式进行的,它是教育测量学、心理学、行为科学、管理学等领域的研究成果,利用先进的计算机技术,对人员的知识能力水平、个性特征、发展潜力等进行准确定位,为人才职业生涯设计提供科学的指导,并根据工作岗位需求和组织特征进行评估;为企业、事业单位、政府机关识人、选人、用人、育人、留人等人力资源管理和开发工作提供富有价值的参考信息。

(4)职业能力倾向心理测评

职业能力指在从事专业活动过程中产生的一种心理特征。它直接影响着人们的工作效率,从而保证职业活动顺利地进行。职业能力倾向测试是一种心理测试,综合利用心理学、行为学、管理学、测量学、计算机技术等多种学科和技术,通过严密的测评过程和客观的评分标准,对人的知识水平、能力结构、个性特点、职业倾向、发展潜能等素质进行综合测评。它能够发掘个人的潜能,预测个人在将来的学习和工作中可能达到的成功程度,并有助于选择合适的职业。

现代职业能力倾向测试的真正兴起始于西方工业革命时期,从早期的心理缺陷诊断发展到心理评估,从教育层面扩展到社会管理,为学生升学、就业、选拔、晋升、培训等提供辅导与服务,已经成为西方国家的重要行业之一。特别是20世纪五六十年代以来职业能力倾向测试的思想和方法日新月异，人们开发了名目繁多、内容丰富的测评技术，包括智力测验、能力测验、性向测验、成就测验、情景模拟等。这些技术客观科学，得到了广泛运用。现在在西方，无论是政府机关选拔公务员，还是公司录用新员工，抑或个人进行职业生涯设计，均要实施严格的测评。在如今日益激烈的竞争中，个人的履历和工作经历已经无法满足人力资源管理的需求。因此，开展职业技能测评将有助于我们更好地把握自己的工作方向，制定自己的职业生涯规划，提高自己的职业竞争力。

第三节　职业兴趣与职业发展

一、职业兴趣

兴趣是获得知识的首要步骤，也是决定其事业发展方向的重要依据。了解自我的兴趣类型，了解兴趣与职业发展的关系，懂得在兴趣的基础上设计自我的发展目标，对于一个人的成功来说非常重要。

(一) 兴趣与职业兴趣

兴趣指个人对某一事物或参与某一活动的心理趋向，它表现为个体对某种事物或从事某项活动的积极态度。推而论之，职业兴趣事实上就是个体力求了解某种职业或从事某项职业活动的心理倾向。人的兴趣是在需要的基础之上、在活动之中发展起来的，是一种强大的内部驱动力，促使人们寻求知识，参与活动。一个人在从事自己感兴趣的活动时，注意力会更加集中，思维会更加活跃，行为会更为稳定，并能呈现愉快的心理状态。

个人兴趣在广度、深度、稳定性和效能方面所表现出的不同特点被称为兴趣的品质。第一，兴趣具有广阔性。兴趣的广阔性指兴趣的范围大小。有些人兴趣广泛，对什么都感兴趣，琴棋书画样样乐于探求；有的人兴趣比较单一，范围非常狭窄。第二，兴趣具有中心性。兴趣的中心性指兴趣的深度。人不可能对所有的事物都抱有浓厚的兴趣，只能对某些方面特别感兴趣，因此，只有广阔兴趣与中心兴趣相结合，才能促使人更好地发展。否则，什么都知道又什么也不深入，浅尝辄止，博而不专，很难有大的发展。第三，兴趣具有稳定性。兴趣的稳定性指兴趣的持久稳固程度。人与人之间的差异很大，有些人会对自己所做的工作和研究的问题产生很大的兴趣，不管工作上有多大的困难，他们都能解决，从而获得职业上的成功。第四，兴趣具有效能性。兴趣的效能性指兴趣对活动的效果的影响程度。凡是能促使人积极主动地学习和工作，并产生明显效果的都是积极的、有效能的兴趣。

当人们的兴趣对象指向职业活动时，就形成了人的职业兴趣。职业兴趣主要是回答"我喜欢做什么"的问题，对人的职业活动有着重要的影响。一项与自己的兴趣爱好相匹配的工作往往会让你感到愉悦、满足，因此在选择职业时，人们总会将自己是否对此有兴趣作为考虑因素之一。从感到有兴趣开始，到逐渐形成更加稳定、持久的乐趣，进而与自己的奋斗目标相结合，形成有着明确方向性和意志性的志趣，这是人的兴趣发展的过程。人们在从事自己感兴趣的职业活动时，可以产生强烈的探索和创造热情，可以在良好的体能、智能、情绪状态之下从事有意义的职业活动，从而心甘情愿全身心地投入。从事自己感兴趣的职业活动可以使人比较容易适应变化的职业环境，在追求职业目标时表现出坚定有恒的意志力。因此，在进行职业设计时，职业兴趣是一个很重要的因素。从个人的角度看，兴趣是一个人进行职业选择的主要依据，可以激发一个人的工作能力，而兴趣与能力的适当组合会极大地提升工作的效能，兴趣也是保证职业成功的重要因素。

(二) 霍兰德的兴趣类型理论

美国著名的生涯辅导理论家霍兰德(Holland)自20世纪70年代以来提出了一系列的研究假设。他认为：

第一，职业选择是人格的一种表现，某一类的职业通常会吸引具有相同人格特质的人，这种人格特质反映在职业上就是职业兴趣。第二，大多数人的职业兴趣可以归纳为六种类型，即现实型(realistic type，简称R)、研究型(investigative type，简称I)、艺术型(artistic type，简称A)、社会型(social type，简称S)、管理型(enterprising type，简称E)和常规型(conventional type，简称C)。第三，个人的职业兴趣往往是多方面的，很少只集中在某一种类型上。大家可能或多或少地具有所有六种兴趣，只是偏好程度不同。因此，为了比较全面地描绘个人的职业兴趣，通常用最强的三种兴趣的字母代码来表示一个人的兴趣，这个代码即"霍兰德代码"(Holland code)。这三个字母间的顺序表示了兴趣的强弱程度的不同。比如，SAI 和 AIS 的人具有相似的兴趣，但他们对同一类型事物的兴趣的强弱程度是不同的。

以下是职业兴趣六大类型与职业类型相互对应关系的描述。

第一类：现实型。具有这类倾向的个体身体素质和机械协调性都比较好，沉溺于工具和技术的世界，沉着、实际，喜欢有规律的活动和技术工作，愿意自己动手，实践能力很强。但他们往往不善言语，对人际关系、人事管理、监督等活动缺乏兴趣。这类人群倾向于选择的职业领域有：需熟练技能方面的职业、动植物管理方面的职业、机械管理方面的职业、生产技术方面的职业、手工艺技能方面的职业、机械装置与运转方面的职业等。

第二类：研究型。有这种倾向的人，热衷于理论和数理统计方面的研究，并且对抽象问题有着强烈的兴趣；他们往往会通过思考、分析来解决问题，而不一定落实到具体操作；大多是好奇心强、聪明、内省、批判性强，喜欢具有创造性、挑战性的工作，对常规的工作也不感兴趣；在人事管理和人际关系方面有显著的独立性。他们倾向于选择的职业领域有：分析员、设计师、生物学家、数学家、实验室工作者等。

第三类：艺术型。具有这种趋势的个体，对具有创造、想象和自我表达的空间的工作具有显著的偏爱。与那些有研究型倾向的人一样，他们的创作倾向是显著的。他们不喜欢结构化程度较高的任务及环境，也不喜欢机械和程式化的工作。艺术倾向明显的人更注重自我表达，想象力更丰富，直觉更强，更敏感开放。他们倾向于选择的职业领域有：各类艺术创作的工作，包括美术、音乐、舞蹈、戏剧等方面的职业。

第四类：社会型。具有此类倾向的个体，喜欢以人为对象的工作。他们通常言语能力优于数理能力，善于表达，容易沟通，乐于与人相处，给人提供帮助，具有人道主义倾向，有强烈的责任感，习惯与人商讨或调整人际关系来解决面临的问题，不太喜欢机械和物品为对象的工作。适合从事咨询、培训、辅导、劝说类工作。他们倾向于选择的职业领域有：学校教育以及社会教育方面、社会福利事业方面、医疗与保健方面，以及各种直接为人服务和商品营销方面的职业等。

第五类：管理型。这类倾向的人热衷于制定新的工作计划、职业规划和建立新的组织，并积极开展有效的组织工作；喜欢影响、管理、领导他人；自信，精力充足，支配欲与冒险性强，具有较高的成就需求。他们不喜欢具体精细或需要长时间集中心智的工作。他们倾向于选择的职业领域有：推销员、企业经理、政治家、工商与行政管理人员等。

第六类：常规性。具有此类倾向的个体喜欢高度有序、要求明晰的工作，不能很好地适应规则模糊、自由度大的工作；不喜欢承担领导者的责任，习惯于服从，一般较为忠诚、可靠、偏保守；在工作中与人交往会保持一定距离；工作仔细、有毅力、有条理、责任心强；对社会地位、社会评价比较在意，通常愿意在大型机构做一般性工作。他们倾向于选择的职业领域有：银行职员、图书管理员、会计、出纳、统计人员、计算机操作人员、办公室职员等。

二、价值观

(一) 基本含义

价值观是人们对人、事、物等客观事物以及其自身行为结果的意义、作用、影响和重要性的综合评估，是人们对"什么是好的"和"什么是应该的"的总的观点，是促使和引导人们作出决策和行动的原则和标准，是人的心理结构的核心要素之一。社会中存在个人价值与社会价值两个范畴：个人价值指作为价值客体的社会，对于作为价值的主体的个人所具有的价值；社会价值是指作为价值客体的个人，对作为价值主体的社会所具有的价值。

从内容方面看，价值观就是关于价值的观念。价值，其实就是我们通常所说的"好坏"含义，包含了善恶、美丑、利弊、得失、优劣、有用无用、应该不应该等。凡是需要用"好坏"判断的，就属于价值的问题。价值观是关于价值、价值关系的整体的、根本的看法、观点和态度，是人的一种自觉意识。价值观念是具体的，比如，民主、自由、权力、幸福、人生、求偶、求学、就业价值观念等。价值观存在于价值观念之中，通过价值观念表现出来，但它是价值观念的内核，是最基本的价值观念。因此，价值观念与价值观实质是具体与一般的关系。

从形式方面看，构成价值观所特有的思想、观念、精神形式，主要指人们头脑中的信念、信仰、思想系统。价值观与知识、理论和科学体系不同，价值观的本质并不在于显示人们"了解、懂得、能做什么"，而在于揭示人们到底"信仰什么、想要什么、坚持追求和达成什么"，是以知识为基础的人的内心定位、定向系统。从来源和基础方面看，没有一个人的价值观是无中生有的，任何人的价值观都不是凭空产生和改变的，归根到底它反映了人的社会存在，即生存方式、生活条件和实践经历等特征。

从功能层面上，价值观的最大作用就是成为人们心目中的评价标准系统。人就是用这种秤和尺来衡量、评判所有人和事情，并由此得出自己的态度和选择，对于个人来说，价值观就是理想、信念和精神支柱。价值观是世界观、人生观的重要组成部分。世界观、人生观都包含价值观，每一种世界观、人生观确立的同时就意味着确立起一种价值观。当你处于不自觉状态时，价值观是以隐性形式存在的；当你处于自觉状态时，它是以显性形式存在的。价值观对人的行为和生活选择有着不可估量的影响，对个人的思想和行为具有重要的导向和调节作用。价值观就像"一只看不见的手"，它在不知不觉中决定了我们选择以什么样的方式度过一生。因此，对自身价值观的探究，将使我们的生活更有方向感，将有助于我们更好地回答"我是谁""我适合做什么工作""我的生命有什么意义"。

(二) 特性

1. 价值观因人而异

每个人的出生和成长环境不同，生活经验也不一样，其价值观的形成会受到不同的影响，也会因此形成自己的价值观和价值观体系。在同一客观环境下，人们的价值观念、价值系统也会因其动机的不同而产生不同的行为。

2. 价值观相对稳定

价值观是人们思想认识的深层基础，它形成了人类对世界、对人生的看法。它是受环境和教育的影响，在人类的认知能力发展过程中逐渐形成的。人们的价值观一旦形成，便是相对稳定的，具有持久性。但价值观在特定的环境下又是可以改变的。随着环境的改变，经验的积累和知识的增长，人们的价值观念也会随之改变。

(三) 职业价值观

1. 职业价值观概念

职业价值观(work values)这一术语最早见于20世纪50年代美国职业学家萨柏(Donald E. Super)的职业发展理论中。萨柏认为职业价值观就是一种工作目的表达，是个人对其工作赞同与尊重的渴望。职业价值观是价值观的重要组成部分，是个体对职业所持有的相对稳定的个性倾向，它的形成和发展是个人长期生活经验积淀的结果。在个人职业生涯发展中，职业价值观是指导个人完成职业规划与设计的灵魂所在。

每种职业都有各自的特性。不同人对职业特性可能有不同的评价和取向，这就是所谓的职业价值观，也叫择业观。职业价值观作为人们对待职业的一种信念和态度，体现了一个人真正想从工作中得到什么，往往决定了人们的职业期望，影响着人们对职业方向和职业目标的选择。

2. 职业价值观的类型

萨柏曾经概括过15种职业价值观类型：助人、美学、创造、智力刺激、独立、成就感、声望、管理、经济报酬、安全、环境优美、与上级关系、社交、多样化和生活方式。也有专家把职业价值观分为以下六大类。

表8-1 六类职业价值观的特点和相对应的职业类型

职业价值观	特点	相应职业类型
自由型	不受别人指使，凭自己的能力拥有自己的小"城堡"，不愿受人干涉，想充分施展本领	室内装饰专家、图书管理专家、摄影师、音乐教师、作家、演员、记者、诗人、作曲家、编剧、雕刻家、漫画家等
小康型	渴望能有社会地位和名誉，希望常常受到众人尊敬。欲望得不到满足时，由于过于强烈的自我意识，有时反而很自卑	记账员、会计、银行出纳、法庭速记员、成本估算员、税务员、核算员、打字员、办公室职员、统计员、计算机操作员
支配型	有野心，敢于竞争和冒险，追求权力或财富，且视此为无比快乐	推销员、进货员、商品批发员、旅馆经理、饭店经理、广告宣传员、调度员、律师、政治家、零售商等
自我实现型	不关心平常的幸福，一心一意想发挥个性，求真理不考虑收入、地位及他人对自己的看法，尽力挖掘自己的潜力，施展自己的本领，并视此为有意义的生活	气象学者、生物学者、天文学家、药剂师、动物学者、化学家、科学期刊编辑、地质学家、植物学者、物理学者、数学家、实验员、科研人员、科技工作者等
志愿型	富于同情心，把他人的痛苦视为自己的痛苦，不愿做表面上哗众取宠的事，把默默地帮助不幸的人视为无比快乐	社会学者、导游、福利机构工作者、咨询人员、社会工作者、社会科学教师、护士等
技术型	认为立足社会的根本在于一技之长，因此钻研一门技术，认为靠本事吃饭既可靠，又稳当	木匠、农民、工程师、飞机机械师、野生动物专家、自动化技师、机械工、电工、火车司机、公共汽车司机、机械制图等

第四节　职业目标与职业发展

一、职业目标概述

1. 目标的含义

目标，一般指人们在未来一定的时期内要实现的一定目的的指标。目标通常是个体的某一行动所要达到的预期目的，或预期结果的状态和标准。目标包括指标、定额和时限等。职业生涯规划中的目标就是个人为之努力奋斗的方向和所希望达到的未来状况。

2. 职业目标的分类

职业生涯的目标是有时间限制的。按照时间的跨度来划分，目标可以分为终极目标、长期目标、中期目标、短期目标和近期目标。各个时期没有严格的时间限制，可因人而异。但各期目标都有其自身的特点。

终极目标——即整个职业生涯的总目标，时间长达 30~40 年，设定整个人生的发展目标，最终目标取决于一个人的价值观念、知识能力水平，是对环境、企业、自身条件、家庭条件最大量分析之后得到的结果。

长期目标——即 10~20 年的目标，是自己认真选择的，与社会发展需求相结合，非常符合自己的价值观，为自己的选择感到骄傲，有实现的可能，并有一定的挑战性，能用明确语言定性说明，对目标的实现充满渴望。

中期目标——即 5~10 年内的职业目标和任务，是结合自己的志愿、内外环境制定的目标，基本符合自己的价值观，能用明确的语言表述，由各个短期目标组成，有且可做适当的调整，与长期目标相一致。

短期目标——即 1~5 年以内的目标，主要是确定这个时间内应完成的具体任务，是切合实际、具有可操作性的，以一个个近期目标为基础，对实现目标有把握，适应环境需要。

近期目标——即眼前一段时间或 1 年以内的目标，近期目标由一个个小目标组成，能明确具体的完成时间。

3. 目标的作用

美国的戴维·坎贝尔(David Campbell)说过："目标之所以有用，仅仅是因为它能帮助我们从现在走向未来。"只有有了明确的目标，才会激励自己努力奋斗，并积极去创造条件实现目标，这样就可以避免无目标地四处飘浮，随波逐流。在设计职业发展路径前，应对自己的目标职业进行多维度的分析。

不同职业、不同岗位不但对从业者的专业知识、通用技能有不同的要求，而且对从业者的职业兴趣、职业气质、性格类型、职业价值观以及能力倾向等综合素质都有不同要求。为了更有效地实现自己的职业理想，了解职业对从业者综合素质的要求，有针对性地努力塑造自我，增强自身对职业的适应性，实现"人职匹配"显得十分重要。

二、实现职业目标的途径

1. 确定职业发展总目标

实现个人职业生涯规划，必要的前提是考虑个人的目标取向、能力取向和机会取向的有机结合，确定个人的职业发展总目标。一个人的职业选择和职业生涯总目标与个人的理想兴趣、素质能力以及各种环境密切相关、互相作用。目标取向指从个人理想、成就动机、兴趣、价值观等方面来决定自己想往哪一路线发展。能力取向指分析自己的智力、技能、情商、性格的优缺点，从而判断出自己的发展方向。机会取向是通过对政治环境、社会环境、组织环境、经济环境给自己带来的挑战与机会的分析，明白自己可以往哪一路线发展。

2. 职业目标的分解

目标分解是把目标明确化、具体化的过程，是把目标量化为可执行的一种行之有效的方法。目标分解有助于我们在真实情况与理想之间建立起可以拾阶而上的有效途径。

3. 职业发展目标的组合

目标组合是处理不同目标相互关系的有效方法。如果只考虑到目标间的排斥性，则只能在不同的目标中进行排他式的选择；如果能够发现目标间存在的因果和互补，那么就可以主动地将各种目标结合起来。目标组合是解决各种目标之间关系的一种行之有效的手段，而目标组合则侧重于目标之间的因果、互补关系。全方位组合已超越出职业的范畴，它涵盖了人生全部活动。

4. 设定成功的标准

职业生涯规划中的成功标准是规划者个人对自己职业生涯目标实现程度的认可描述，反映其本人的价值观。成功需要有标准，但每个人都可以，也应该对自己的职业生涯成功下不同的定义。成功定义包括成功意味着什么，成功的时机，成功之后的收获，成功与健康，成功与家庭，被认可的社会地位，被认可的生活方式，获得满足的财富、权利、社会地位等，在职业生涯中，每个人的价值观念不同，对成功有不同的标准。成功只有在内职业生涯、外职业生涯平衡的基础上才能体现出其真正的意义。

☞ **思考题：**

1. 简述职业的特点。
2. 简述如何做好职业选择。
3. 实现职业目标的途径是什么？

第九章　职业培训

在发达国家，职业培训是解决结构性失业和促进再就业的重要途径。在当前严峻的就业形势下，要想更好地做好就业工作，就必须不断地对就业培训机制进行创新，不断完善人才培养体系。职业培训是促进就业的一种重要方式，它不仅可以促进我国的就业工作向前发展，还可以把"人才强国"战略和促进就业结合起来。根据"细分化"的指导思想，结合不同群体的特征，有针对性地提高劳动者的职业技能水平，是促进就业的动力源泉。

第一节　职业培训的基本理论

一、职业培训的内涵

职业培训是一种职业教育活动，它是根据职业发展的需要，对受训人员进行思想政治、职业道德、职业知识、职业技能、职业辅导等方面的职业教育。职业培训的目的是使劳动者具备一定的文化知识和技术能力，使之适应新的职业需求。由于职业培训和就业具有密切关系，在管理方面，大部分国家由劳动行政部门来承担职业培训，并且将职业培训作为积极就业政策的重要内容。

二、职业培训的特点

职业培训不同于学历教育。职业培训具有以下三个特点：

1. 针对性强

职业培训的培训目标、专业设置、教学内容等都要按照就业市场的要求、企业的实际需要和职业标准来决定。经过职业培训的劳动者可以直接上岗就业。

2. 灵活度大

职业培训可以采取联合办学、委托办学、定向培训等形式，在培训期限实行灵活的学制，采用"长"和"短"相结合的方式，既可以脱产，也可以半脱产。根据工作需要灵活安排职业培训对象，不受年龄、学历等因素的制约，没有入学资格障碍，入学方式开放。在训练和教学方面，不拘泥于一定的固定模式，应按照专业规范的要求，采取不同的教学方法。

3. 技能性强

技能提升是职业培训的本质要求，是以培养目标为依据的。培训方式上，注重理论知识与实践训练的有机结合，注重技能操作培训，注重运用技术和技术分析的能力，促进培训与就业、实际应用能力的结合。

三、职业培训与职业培训机构

就业培训可分为就业前培训、转业培训、学徒培训、在职培训和再就业培训。按照职业技术规范，培训水平可以分为初级、中级、高级职业培训和其他适应性培训，以培养技能型人才为主。培训工作主要由技工学校和各类职业培训机构承担。职业培训机构包括由各级劳动保障部门管理的就业训练中心、技工学校和行业部门以及企业举办的职业培训机构，失业单位、社会团体和个人举办的承担职业培训任务的其他培训机构。

第二节 我国职业培训工作的发展历程

一、我国职业培训工作的演变

中华人民共和国成立以来，我国职业培训大致经历了四个阶段。

1. 国民经济恢复时期以失业工人转化训练为主的阶段

中华人民共和国成立初期,全国大中小城市的失业人员多达 400 多万人,国家通过以工代赈、生产自救、回乡生产、发放救济等方式来解决失业问题。同时,组织各类转业培训班,根据当地的生产建设需求,开设各类专业,培训下岗职工。训练内容以操作技能为主,加上必要的政治、文化学习,该时期的转业培训对于解决当时的就业问题起到了积极的作用,并为我国的职业培训工作提供了一些有益的经验。

2. 大规模经济建设时期以培养后备技术工人为主的阶段

1953 年,我国实行了第一个五年计划。由于当时处于大规模经济建设阶段,各个行业都急需大批新技术工人,因此,有计划地培养新技术人才已成为这一阶段的重要工作。这一时期的培训主要采用了技工学校教育和学徒培训两种形式。技工院校主要是培养技术比较复杂的工种人才,学制一般为 2 至 3 年,毕业时要具备熟练操作技能,达到中级技术工人水平。学徒培训针对 16 岁以上的城镇社会青年,根据国家规定的学徒期限、培养目标和要求,由师傅带徒弟到生产现场进行培训,以培养初级技术工人为主。

3. 党的十一届三中全会以后的职业培训蓬勃发展阶段

党的十一届三中全会作出了全党工作重点转移的重大战略决策,我国进入到社会主义现代化建设的新历史时期。这一时期职业培训得到了快速发展。技工学校迅速恢复和发展,学徒培训继续发挥应有的作用,就业训练中心异军突起,在职工人技术培训日益走上正规化。经过近 20 年的改革历程,基本确立了社会主义市场经济体制,劳动力市场机制在劳动力资源配置中发挥了重要的作用,并逐渐形成了市场化的就业机制。目前,我国已初步形成了一套以职业分类、职业需求预测、职业技能标准制定、职业培训、职业技能鉴定、职业指导和职业技能竞赛为主要内容的职业培训工作系统。

4. 20 世纪末以来的职业培训调整改革发展阶段

20 世纪末,由于国企改革、职工大量下岗、高校扩招等因素的影响,很多人不愿接受职业培训,不愿再做技术工人的工作,职业培训工作受到一定冲击。为适应我国经济社会发展对技能人才的需要,我国劳动保障部在 2000 年对职业培训工作提出了调整布局、提高层次、突出特色、服务就业的建议。职业教育和职业培训工作引起了国家高度重视,国务院于 2002 年召开了全国职业教育工作会议,进一步明确了加强职业学校教育和职业培训工作的目标任务和方针政策。目前,我国已初步形成了以职业分类大典、国家职业标准为基础,以职业活动为导向、以职业能力为中心,并与国家职业资格相对应的职业资格培训体系。在提高劳动者素质、服务企业发展、促进就业和再就业等方面，开展职业培训具有十分重要的意义。

二、职业培训改革的基本经验

随着社会主义市场经济体制的逐步完善，市场导向的就业机制开始形成，职业培训工作不断适应新形势的要求，加快自身改革步伐，积累了许多有效的经验。基本经验包括：首先，职业培训必须坚持党在新时期的教育方针，坚持社会化、市场化的改革方向，动员社会各类培训力量参与职业培训工作；其次，职业培训要坚持以就业为导向，以适应劳动力市场的需要，使其更具针对性、实用性和有效性；再次，在职业培训中，不仅要重视劳动者个人技能的提升，还要重视劳动者对职业转变的适应能力、自主就业、自主创业等方面的培养。具体做法有以下六个方面。

1. 职业培训的社会化

职业培训是一种具有普遍性的职业教育，需要从根本上改变教育观念，调动全社会的积极性，并广泛调动社会力量参加职业培训。要改变现有的培训机构重复建设、规模小、效率低的现状，按照结构优化、配置合理、突出特色、服务就业的原则，打破条块分割，优化配置和有效利用培训资源。在实施远程培训的同时，要充分运用现代科技手段，加大职业培训质量和规模效应。

2. 职业培训的市场化

职业培训要适应产业结构调整，扩大劳动就业，提高企业竞争力和满足劳动者的终生学习需求服务。首先，要根据劳动力市场需求调整和把握培训方向。其次，要根据企业生产经营的实际需求开设课程，制订教学方案，以保证职业培训服务于企业生产、管理、服务等方面的具体要求，同时，要突出操作技能的培养。再次，要重视培训质量，职业培训应向多功能、综合性发展，为学员提供全方位的职业培训、技能鉴定、职业介绍和就业服务。

3. 开展有针对性的培训

针对参加培训人员的特点，进行不同程度、不同内容的培训。要加强对年龄较轻者的专业技能训练，以便他们能够在最短的时间内掌握专业知识，以满足他们的就业需求。对大龄急需就业者，要按照市场需求，对他们进行实际的培训，以促进他们早日找到工作。对于没有达到技术水平的人员，可以进行升级训练，为其提供更好的发展条件。对具有创新意愿、具有一定创业精神的员工，要进行创业意识和创业技能培训，为他们自己找工作或开办小型企业创造有利条件。对年龄较大、文化程度较低、就业观念陈旧、具有一定技术技能的人员,要进行就业政策宣传,让他们了解情况,了解政策,转变就业观念。

4. 政府购买培训服务

一些地方在开展就业培训工作中采取了政府购买服务的方式,对下岗工人进行培训,达到上岗条件,并通过考试,实现就业,政府将为其提供相应的培训经费。具体措施包括搭建培训机构网上服务平台,以招标的形式选择培训机构进行培训,对就业率达到一定标准的培训项目,实行培训费用全额和部分或奖励性补贴。政府出资购买培训成果,促进了培训与就业的结合,促进了培训向社会化、市场化、优质化方向发展,提高了培训质量。

5. 校企合作

政府应积极引导、组织、协助培训机构与企业开展合作,为企业提供高素质的专业技术人员。再就业培训方面,由用人单位和劳动保障部门确定的再就业培训机构自愿联合起来,并在组织、培训、鉴定、推荐就业、经费等方面明确双方的责任,共同开展培训,增强再就业培训的针对性和实用性。在培养后备技术人员和企业在职人员方面,要根据企业的实际情况,结合企业生产岗位需求,建立培训机构与企业之间的协作关系,进行有针对性的培训,提高培训的效率。

6. 建立职业培训综合基地

职业培训基地是各地不断探索和总结的一种行之有效的培训和就业相结合的方法。基地主要依托培训实体,着眼于实体自身改革和机制更新,扩展培训就业服务功能,面向社会开展培训工作。培训基地以社区为基础,以整合和动员全社会力量开展培训,并充分发挥劳动保障部门的作用,加强培训、就业、鉴定等方面的联系,成为区域性职业培训工作的主导力量。通过建立职业培训综合基地,扩展培训机构的服务功能,增强职业培训的吸引力,促进培训与就业的紧密结合。

第三节 再就业培训的基本理论

一、再就业培训的概念

再就业培训概念最早出现于20世纪80年代末期。在国企改制、全员劳动合同制、资源配置优化等措施的推行下，企业开始出现富余员工。为促进剩余劳动力的再就业，国家劳动部出台《关于加强待业职工转业训练工作的通知》，明确规定，对国有企业剩余劳动力进行转业培训，培训的人员可以享受减免培训费用和优先就业的优惠政策。90年代中期，随着失业人数的逐年增多，为了减少失业和促进就业，我国开始实施再就业工程，其中一个重要内容是，失业人员在下岗期间要进行转业培训，并为参加这类培训的人制定免费的培训政策。1998年，随着国企改革和调整的力度加大，国企职工的下岗问题越来越严重。党中央、国务院十分关注下岗人员的生活和再就业问题，提出了在做好下岗职工基本生活保障的前提下，加强劳动市场的建设和培训，并对其培训对象、培训目标和任务进行了明确。劳动部出台了一系列的政策和措施，促进了我国的再就业培训工作，使我国的再就业培训工作更加规范，并对我国的再就业工作起到了积极的促进作用。

二、再就业培训的特点

1. 针对性

再就业培训的针对性指要针对下岗失业人员的特点进行培训。下岗失业人员的特点是文化素质低、年龄大、技能单一。要让这一部分重新就业的弱势群体能够适应市场的就业需要，首先要解决其思想上的问题，这是第一要务。要根据其个人特征，有针对性地进行培训。对大龄女性下岗失业人员的培训要在家政服务和第三产业上做文章。对于技能单一的老龄员工，应选择具有简单技能和高就业率的劳动密集型工作岗位进行岗前培训。对年轻的下岗失业人员，要从产业结构调整要求的角度安排他们参加新知识、新技能的培训和职业资格培训。

2. 实用性

再就业培训的实用性指根据市场需求信息确定培训内容。要选用有使用价值的内容开展培训，采取干什么学什么、缺什么补什么的原则。要注重实践技能的培训，争取在短期内通过培训，使之能够满足企业的工作需求。培训时间要灵活，并要注意效果。

3. 有效性

再就业培训的有效性指再就业培训必须有助于促进下岗失业人员再就业。评价和验证培训有效性的标准，是看培训的质量有多高，培训后的再就业率高不高，培训和就业结合得好不好。提高再就业培训的有效性就业必须实行培训伙伴计划和政府购买成果等新形式，鼓励和引导培训机构与企业、职业介绍机构开展更多的合作，开展订单式、定向式培训,以促进培训后的就业。

三、再就业培训的作用

再就业培训是一项长期的任务,做好再就业培训工作,是促进下岗失业人员实现再就业的需求,是推进产业转型升级和加快经济发展的需要。

1. 再就业工作有利于提高失业人员再就业能力

造成失业者再就业的原因有:第一,失业人员择业观念落后,不能满足市场需求;第二,产业转型升级,技术水平提高,产品更新换代,部分人员技能不适应产业转型升级的要求。所以,通过对下岗失业人员进行职业技能培训,有助于他们建立起市场就业的观念,增强其就业和创业能力,从而实现对劳动力资源的开发和利用,促进其早日找到就业岗位。

2. 再就业培训有利于促进失业人员尽快实现再就业

再就业培训的目的是通过增强失业人员的就业能力,使之能够尽快实现再就业。为了实现这一目标,一方面,劳动保障部门加大了劳动市场需求信息的收集和发布,用信息引导培训机构调整专业设置和培训内容可促使培训与市场需求相衔接;另一方面,要积极引导和鼓励各培训机构发展订单式培训,主动地与用人单位进行联络与交流,根据用人单位的岗位需要,制定相应的培训方案,以满足用人单位的需要,培养用人单位需要的劳动者。

3. 再就业培训有利于加快经济发展

对产业转型升级、调结构、促转型、淘汰落后产能都会涉及下岗失业人员的分流和再就业。搞好再就业培训,可以帮助下岗失业人员重新掌握一门新技能或提高技能水平,对加快企业富余人员的分流,推动再就业,提高效益具有积极的作用。帮助失业人员在技能提高的基础上实现再就业,也将对国民经济的可持续发展产生重要推动作用。

☞ **思考题:**

1. 简述职业培训的含义与特点。
2. 简述如何推进职业培训的改革。
3. 简述再就业培训的作用。

第十章　基于劳动就业的收入分配策略

我们要辩证地看待收入分配差距。适当的收入差距有利于打破平均主义，调动各生产要素的生产积极性，使市场运行更有活力，经济发展更加迅速。但是过大的收入分配差距，会对经济运行、社会稳定以及社会价值观产生消极影响。现实生活中，收入上的适度差距是客观存在的。特别是在对外开放、市场经济发展的今天，由于资源占有、个人素质、社会贡献等原因，在初次分配上必然存在着差异。在市场经济条件下，相对于平均主义的分配方式，这种产生适度差距的收入分配制度会使资本、土地、劳动力、技术和管理等生产要素获得更为充分的回报，会对各生产主体起到激励作用，从而有助于生产效率的提高。

第一节　收入分配中要正确处理政府与市场的关系

一、市场与政府的关系

政府与市场之间的关系是当前社会发展中的一个重要问题，而政府与市场之间的关系是一对矛盾，二者既是对立的，也是互补的。认识好政府和市场的关系，我们必须坚持唯物辩证法，做到"两点论"和"重点论"的统一，既抓住和解决好主要矛盾，也重视次要矛盾的解决。

政府与市场并非非此即彼的关系，而是相互补充的关系，发挥市场配置资源决定性作用的同时必须更好地发挥政府的作用。无论是宏观层面的问题，还是微观层面的问题，都要求政府和市场密切合作。市场经济的基本规律就是市场决定了资源的分配，但是决定性作用并不是全部作用。市场的"失灵"使得"看不见的手"存在许多不能做、做不好的事情,例如提供公共物品、收入两极分化、市场垄断和外部性的内在化等问题。解决市场失灵问题就需要政府这只"看得见的手"进行有限的调节,弥补市场缺陷,为市场机制充分发挥作用创造条件。与此同时,市场也可以帮助政府、校正政府,通过引入竞争机制提高政府内部行政效率,增加提供公共产品和服务的质量。

二、政府可以改善市场作用

市场要在资源的配置中起决定性作用,需要国内外和平的市场经济运行环境,还要有法律法规的制度保障,以及市场自由环境的维护,这些都是政府管理国家应尽的基本责任。对我国而言,改革开放以来市场经济体制不断完善,在经济发展领域,政府的首要任务是深化经济体制改革,为市场机制充分发挥作用创造有利环境,及时弥补市场缺陷。

要使市场在配置资源中发挥决定性的作用,绝不是说政府无所作为,而是要坚持有所为,有所不为,努力提高宏观调控和科学管理水平。首先,要健全现代市场体系。一个健全的市场体系可以保障生产要素的自由流动,并形成平均利润,同时还可以减少企业之间的交易费用,降低产品的生产成本。其次,要加强宏观调控目标和政策手段机制化建设。不断增强宏观调控能力,通过经济逆周期调控克服市场经济本身固有的盲目性和滞后性缺陷。再次,要深化体制改革,如健全促进宏观经济稳定、支持实体经济发展的现代金融体系,发展多层次资本市场,稳步推进利率和汇率市场化改革,为市场内部资金自由流动创造条件,推进金融创新,维护金融稳定。最后,要加快建设下一代信息基础设施,不断发展现代信息技术产业体系,健全信息安全保障体系,推进信息网络技术广泛运用。信息基础设施的建设减少了交易成本,充足对称的市场信息反映了市场供求的及时变化,促进了合理市场价格的形成,为"看不见的手"充分发挥作用创造了条件。无论是传统的还是其他宏观调控手段,重点在于保障经济稳定增长,完善基本公共服务均等化,建立新型的收入分配制度,提高人们的生活水平和全社会的福利水平。

三、市场能够改善政府职能

在认识到政府可以弥补部分市场缺陷的同时,我们也要认识到市场在完善政府职能上的重要作用。在公共领域引入市场竞争机制能够有效改善包括经济职能、文化职能和社会公共职能等在内的政府职能。

就经济职能而言，市场能够通过价值杠杆和竞争机制等方式实现资源高效配置，同时对各种经济信号进行灵敏反应，促进生产与需求之间的及时协调，改善政府在微观经济活动与复杂多变的社会需求之间难以发挥有效调节作用的状况，进而更好地实现其经济职能；就文化职能而言，市场机制推动了各种文化生产要素的优化配置，通过供求、价格等机制实现文化生产要素的合理流动，从而减少政府在履行文化职能中的投入，提高文化产品和服务的市场竞争力，同时通过市场化配置使文化资源向社会效益与经济效益显著的文化生产部门集聚，确保一切创造财富的文化资源得以充分开发和有效利用，推动文化产业结构的优化升级；市场机制对政府社会公共服务职能的改善主要体现在其对公共物品及服务供给质量的优化上，在供给公共物品和服务方面引入市场机制可以有效提高效率，减少财政浪费，市场也能在一定程度上承接政府职能转移，与政府共同承担提供公共产品的任务，从而完善政府的社会公共服务职能。

第二节 强化职业培训，提高劳动者职业技能

随着经济结构的调整，新产业、新业态、新产品纷纷涌现，对技能人才将产生更大需求。有效的技能培训是促进就业的重要基础，高水平的技能培训是实现高质量就业的前提。从长远来看，我国的就业结构矛盾日益凸显，急需加强职业技术培训，提高素质人才培养水平，用更高质量的职业教育培训来促进实现更高质量的就业。

一、保护劳动者享受职业教育的权利

劳动法规定，员工的教育和训练资金应当按照国家的规定提取、使用，但在法律责任上，却没有明确规定企业不提取或不按规定使用经费等的处罚。就教育的形式而言，目前的职业教育有三大类：高等职业学校教育、职业培训和民间学徒制。高等职业学校教育毕业生将直接进入社会就业，由于他们没有继续接受高等教育的机会，因此难以通过继续学习和深造来改变其社会处境。高等职业教育仅与普通高等教育的专科水平相当，无法与一般的教育系统相衔接，使得劳动者在就业后很难得到终身职业教育，因而无法得到平等的机会和权利来提高自己的能力。

我国可借鉴德国的"双元制"教育，使企业承担更多的培训经费和主要责任。首先，学生在企业接受培训的时间要比在职业学校多一倍，公司是实现职业教育的最重要的场所，学生在企业是学徒，将来就读普通高等学校也不会受到影响，这是一个很好的制度，这种体制值得我们借鉴。其次，为落实国家职业教育经费的筹集，加强对经费的管理，可以参考英国的做法，即由劳动保障部门会同中华全国总工会，根据不同的行业类型，设立专门的职业培训管理机构，统一征收和管理企业的职业培训资金，强化企业支付职业培训经费的法律责任。最后，要借鉴美国和日本两国的实践经验，建立适合我国高职教育的终身培训观念，构建适应各类劳动者多元化职业培训需要的职业教育体系，并通过立法协调促进企业、政府、社会合作办学，公平保障各主体的权利，形成一整套有利于推进职业教育现代化的法律制度体系。

二、高度重视高技能人才的培训和管理

首先，要把高技能人才工作放在首位，必须从两个方面着手。

第一，要深入调研高技能人才需求结构，提高人才培养和培训的针对性和有效性。当前，我国高技术人才总量偏低，但要解决高技术人员总量不足的问题，必须以科学掌握人才需求结构为前提，突出重点，以培养高技术、高技能人才为重点，对高技术人才的需求状况进行深入调查，找出什么行业急需，哪些职业紧缺。只有掌握了我国高技能人员的需求现状和发展动向，才能更好地发挥培训的针对性和有效性，避免资源浪费和人才浪费。

第二，要创新评价考核模式，拓宽高技能人才的培养途径。为实现高技能人才的培养目标，职业技能鉴定工作必须积极配合国家高技能人才振兴计划的实施，创新评价考核模式，打破年龄、资历、身份、比例等界限，不拘一格地开展高技能人才的评估和考核。高技术人员在企业中成长，在企业中应用，要大力倡导"岗位成才"，在企业中积极推行与企业工作实际相结合的高技能人才评价模式，重点关注岗位工作能力和工作业绩。要重视挖掘生产服务第一线的技术骨干，鼓励技术精湛、能够解决生产中的技术难题、掌握绝活并取得突出的实用效果的技能工人参加技师、高级技师考评。对合格的高技能后备人才和有一定技能水平的在岗人员，要进行及时地组织鉴定。职业技能竞赛是一种特殊的技能鉴定，应充分发挥其积极作用，通过对具有较高技术含量、通用性强、从业人员多、社会影响较大的行业，广泛开展多层次技能竞赛，对通过各级各类职业技

能竞赛的优秀技术人员，按有关规定，直接给予晋升或优先安排参加技师、高级技师考评。要大力鼓励和支持高技术人员的社会化鉴定工作，为高技术人员的职业鉴定工作提供便利。

其次，加大以高层次人才和高技能人才为重点的各级人才队伍建设力度。第一，要加大对公立中高级职业院校的经费投入；第二，要加大对自收自支的社会培训机构的支持力度；第三，要加大公共实训基地建设，让公共实训基地成为政府为企业、院校和社会培训机构提供高水平装备和优质资源的平台。在实地培训器材的使用上，要坚持无偿和有偿相结合的原则，一方面为职业院校提供免费的实地培训，另一方面为其他单位提供有偿的实地培训，努力使公共实训基地实现技能竞赛基地、师资培训基地、学术交流基地等延伸功能。

第三节　促进中低收入职工工资合理增长

在增加劳动报酬比例的基础上，必须对其进行合理的分配，否则收入分配差距不仅不能缩小，还会进一步加大。从劳动力市场供求关系看，我国劳动力市场仍处于供大于求的阶段，资强劳弱的整体格局没有发生根本改观，工会组织力量薄弱和工资集体协商建设推进缓慢，对于提高收入分配份额没有发挥应有的作用。在初次分配改革中，通过市场手段使劳动报酬增长水平和企业利润增长同步，同时政府部门要及时调整分配政策导向，使用好国有企业工资总额调控、制定工资指导线和最低工资标准等调控工具。在今后的劳动报酬比例不断提高的情况下，将增量用于调节收入分配关系，使低收入人群更多地增加劳动收入，使中等收入人群得到合理增长，同时控制不合理的高收入者，从而使收入分配的持续恶化得到抑制并逐渐逆转。

一、促进中小企业发展

要充分认识到中小企业在解决社会就业和改善民生方面所起的不可替代的作用。在我国，多数中小企业在市场竞争中仍处于弱势，如果在政策和资源配置上不给予特殊优惠，生存和发展将非常困难。所以，要加大对中小企业的扶持力度，尤其是财政、税务等部门要下大力气把生产要素和政策要素更多地集中到中小企业上来，让中小企业蓬勃发展、中小企业员工快速富裕。不能把中小企业当作税收的主要来源，要下决心为中小企业，特别是小型、微型企业减税减费，进一步减轻中小企业负担，增强其发展后劲，使其留出更多利润空间用于员工加薪。

二、推进工资集体协商机制建设

建立工资集体协商机制是市场经济条件下保证工资增长的根本途径。工资集体谈判制度的不完善导致普通劳动者收入形成过程没有保障。我国的集体谈判大多是在上级组织的推动下启动运行的。这种方式构建起来的集体合同制度，很难看到职工的诉求表达与愿望，更不用说职工主体的直接参与，其实际意义有限。我国的工资集体谈判机制尚未真正建立，原因包括：第一，雇主和劳动者的组织化程度仍然比较低；第二，我国的工会组织形式与功能存在着诸多脱节，其本质上是由国家领导的半官方组织，其作用主要是协调劳资纠纷，而忽略了执行工资谈判的功能，因而无法保障劳动者在工资谈判中的权益，导致工资谈判制度沦为一张白纸，或流于形式；第三，集体谈判制度自身不完善，制约作用不大，以至于在企业开出的薪酬面前，劳动者只能被动地作为劳动力市场中的一个个体而接受，这就造成了私营部门从业者的收入偏低。

集体协商需要注意三点：一是工资由劳资双方共同决定；二是要通过协调谈判的方式；三是协商谈判是工人集体劳动权利的具体实施。为此，首先，要对企业规模小、分散、企业内劳资双方组织建设难以到位的行业，促进建立区域性、行业性业主组织和工会组织，开展区域性、行业性工资集体协商；其次，对于切实开展工资集体协商、建立了工资决定机制的企业，进行适当激励，给予一定税收优惠；最后，通过协商形式，在有条件的中小企业推行劳动股权制，实现盈利的企业可将一部分利润采用按劳分红的办法进行分配，使劳动者有更多途径分享企业收益。

三、完善公务员工资正常增长机制

目前我国公务员工资体系还存在着一些问题，这主要体现在以下两个方面：第一，总体来说，公务员的工资水平相对于其他组织的职工来说是比较低的，因此，要考虑到如何合理、适当地增加公务员的工资，以吸引更多的优秀人才，并使公务员的队伍更加稳定；第二，内部分配不平等，各个等级的工资水平没有明显的差别，很难体现岗位的价值和职责的复杂性程度。

四、建立事业单位激励与约束相结合的工资制度

要建立一个既有激励又有制约的事业单位工资制度。事业单位工作人员工资包括基本工资、绩效工资、津贴补助。事业单位薪酬分配要考虑到各行业事业单位的性质，体现岗位职责、业绩和实际贡献等方面的因素。事业单位及其工作人员依法参加社会保险，工作人员依法享受社会保险待遇。事业单位工作人员的工资水平应当与国民经济发展相协调、与社会进步相适应。正常的增长机制就是根据国民经济社会发展、社会可比人员的工资水平及其变动以及物价的变动等情况来安排事业单位工作人员收入的增长，让事业单位的工作人员能够共享国民经济社会发展的成果，同时使他们的收入与其所提供的公益性服务、绩效的好坏挂钩，得到其应得的劳动报酬。

第四节　健全要素市场决定的报酬机制

一、生产要素按贡献参与分配

生产要素按贡献参与分配是由我国所有制的性质决定的，符合生产力发展对生产关系的要求。人类社会的一切生产活动，都是以某种生产关系为基础，以某种社会经济的运行方式来实现的，特定的生产关系和社会经济运行形式，决定着生产要素特定的社会性质和经济表现形式。我国社会主义市场经济以公有制为主，多种所有制经济共同发展，决定了所有的生产要素都是以商品形式存在的，生产要素的使用都是以价值形成和价值增值为目的。从这个意义上讲，现阶段生产要素都具有资本的属性。

二、完善知识、技术和管理入股机制

通过赋予技术人员股权，让他们以股东身份参与决策和利润分享，不仅使技术人才的价值得以充分发挥，技术转移难、技术不值钱的现象得到了改观，而且能进一步激发

技术人员从事技术研发和技术成果转化的积极性。技术入股在推进过程中，还存有一些亟待解决的问题。一是认识上有偏差。一些企业和单位对技术这一无形资产的价值认识不足，潜意识中不想让技术持有人占有股份。二是体制上有障碍。在技术入股审批中，一些国有企事业单位往往因程序多、用时长，影响了技术成果转化的时效性。有些高校、科研机构因股份权属关系不够明晰，增加了技术入股的难度。三是缺乏管理的问题。主要表现在有关技术入股的政策不健全、技术成果估价存在随机性、部分技术人员携带技术成果到企业"地下"投资等方面。

要加快技术入股，加快科技成果的转化，推动经济、社会的创新发展，必须从三个方面着手。第一，要进一步解放思想。目前，世界上许多经济发达国家已把技术入股誉为现代企业管理制度的"经典法则"。第二，逐步破除障碍。技术入股一靠政策，二靠市场。要逐步消除制约科技成果转化的政策壁垒，打破阻碍技术发展的条条框框，建立和完善相关激励政策，尤其是要注重通过扩大科研单位及企业的自主权、采取税收激励政策等措施，促进技术、资本与市场的紧密结合，让技术的能量得以充分释放。第三，切实规范管理。要科学、合理、真实、公平地评估技术成果，以保证技术成为企业的真实资本和合理股份。争取简化技术投资审批手续，将技术成果转化的时间最小化。公司的参与分配以多种方式进行，例如经营者持股、股票期权等。随着市场经济的发展，企业的经营管理工作日益复杂化，能否找到一名合格的企业家或专业经理已成为决定企业成败的关键。所以，让管理人员参与到分配中来，才能体现经营管理者的复杂劳动的价值，从而激发他们的创业精神和创新动力。

第五节 健全再分配调节机制

一、完善税收制度

要充分发挥税收对收入分配的调控功能。通过健全税收制度，运用积极的税收手段来缩小收入分配的差距，从而在法制政策上逐步实现社会公平。

1. 强化公平理念，完善税收调节机制

我国现行税收政策对个人收入的调节作用，主要通过征收个人所得税、财产税和消费税来调节，这些税种对调节居民个人收入差距起到了一定的作用。但是，在我国现行的税收制度中，间接税比重过大，直接调节个人收入分配的税种比较少，没有形成一个科学的个人收入的税收调节机制，而且消费税、个人所得税制不完善，财产税制度不健全。我国现行的税收制度主要由间接税构成，没有有效地调整当前的居民收入差距。大部分的流转税都带有累退性，其结果是导致物价上涨，进而转移到消费者身上，增加其税负，尤其是低收入人群，更不利于实现收入分配的公平。

从构建和谐社会的视角来看，应该加强税收分配中的公平观念，并从公平的收入分配视角对我国的税制结构进行优化。应立足于整个税制体系的建设，协调间接税和直接税，构建一个包括个人所得税、企业所得税、社会保障税、遗产税和赠与税、房地产税、消费税等在内的税收征管体系，调控高收入者的收入，缓解和缩小收入差距矛盾。

2. 避免在税收监管中出现对收入分配的逆调节

改革开放以来，在鼓励一部分人先富起来的政策引导下，我国社会已逐步发展成为金字塔结构，少数先富起来的人占有了多数社会财富已经是不争的事实。但实际上，真正的富人，他们的收入来源较为多样化，而且主要不是薪酬，大部分收入可以实施避税行为。

高收入群体税收监管存在盲区，而工薪收入者不但税负重，而且征管严，由此造成的贫富阶层实际税负不公，不仅没有起到调节收入分配的作用，反而使贫富之间的鸿沟越来越大。国家应在加强税收征管的同时，设计更合理的税制结构以改变目前税收在收入分配差距上出现的"逆调节"。

3. 调整个人所得税结构，缓解收入分配不公

通过调整我国个人所得税税制结构，增强我国税收制度的调节作用。要提高税收的调控功能，必须强化个人所得税征管，实施累进税率的个税征收模式，提高个税起征点，把目前工薪阶层为主的个税纳税群体向富人阶层转移；调节税率级次和税率水平也可以在一定程度上增加高收入者的个税负担，进而实现公平收入分配。

目前，我国的个人所得税实行分类、分项、分别定率、分别征收的办法，不像其他国家那样实行分年征收，而是按月征收。因此，应对税制进行结构性改革，建立公平税负的税收制度。要提高税收对收入分配的调节作用，在降低流转税占总税负比例的基础上，逐步提高个人所得税在总税负中的占比，并调整个人所得税的内部结构，降低工资所得税占个人所得税负的比例，提高资产性税收。

4. 通过开征财产税及资源税等税种进一步促进分配公平

开征遗产税也是一种有益的尝试。目前我国大部分富裕阶层还没有形成捐赠和慈善的习惯，而富人的遗产也没有一个能促进社会和谐和子孙后代努力的好去处。只要投对娘胎便可一世衣食无忧，这样严重损害了社会的公平。目前很多富人都想尽办法少缴或不缴个税，但财产是无法带走的，不捐赠慈善事业的话，必然要留给后代，开征遗产税就会使富人无法逃税。此外，征收遗产税，不仅能帮助穷人，还能促进良好的社会风尚，激励先富裕的人承担更多的社会责任。

资源税对经济的调控功能，以及对社会财富的调节，都没有反映出来。比如，在国外，政府要向电信公司的空间频道资源征税，而我们却是一片空白，原本应该由政府征收的税收，却被其他公司利用，成为了其他产业的高收益来源。另外，土地、煤炭、铁矿、铜矿这些年来都是一笔巨大的财富来源，因此，税收也应该起到一定的作用。

二、全面建成覆盖城乡居民的社会保障体系

社会保障体系建设，是实现社会财富二次分配、经济平稳运行、社会公平和谐的关键。建立更加公平、可持续的社会保障体系，为百姓构筑坚实的民生后盾，人民才能享受到更多的发展红利。

1. 推进统一的城乡居民基本养老保险制度

2014年2月，国务院常务会议决定合并新农保和城镇居民养老保险，建立全国统一的城乡居民基本养老保险制度。这个制度使所有人都有同样的机会和权利。在制度模式、筹资方式、待遇支付等方面，都要做到城乡之间的无缝衔接，使进城务工人员、农村居民享有与城镇居民同等的社会福利和便利。

2. 完善住房保障制度

通过多年的实践探索，在住房保障制度的改革中，我国已有了重大的进步和宝贵的经验，但目前保障性住房覆盖面还比较低，特别是进城落户的务工人员尚未完全覆盖，应继续推进住房保障制度改革，整合发展以公共租赁住房为主要形式的住房保障模式，探索建立更加符合我国国情的住房保障制度。一是强化针对性、有效性和公平性，积极探索保障性住房建设、分配和管理的有效途径，构建更为健全的经济适用住房供给制度，从根本上解决住房困难的问题，尤其是新一代城市的工业劳动者的居住需要，以消除因大量低收入人群而引发的社会矛盾。二是建立健全公开规范的住房公积金制度，改进住房公积金提取、使用、监管机制，实行全国统一垂直管理，着力提高住房公积金使

用效率，更好发挥住房公积金的住房保障功能。此外，可以考虑给符合一定条件的下岗职工、困难职工提前办理住房公积金，为其提供一定的生活保障，减轻其基本生活压力。

在农村危房改造上，应进一步整合扶贫、移民等涉农建房资金，积极发动社会力量，集中对特困农户实施重点帮扶。为提高乡村整体建设水平，还应积极推进整乡（镇）、整村改造模式。

3. 健全城乡低保和救助制度

城乡低保制度在保障贫困人口、促进和谐社会建设方面起着重要作用。但随着经济社会的发展和环境变化，该制度需要进一步完善：一是要加快对低收入家庭的确认，为低收入家庭扩大医疗、教育、住房等社会救助政策提供拓展依据；二是推进最低生活保障制度统筹发展。

在低保家庭中，要加强对老年人、未成年人、重度残疾人和重病患者的救助，应采取多种措施提高其救助水平。鼓励机关、企业、社会团体和个人积极参与扶贫工作；健全城镇最低生活保障与就业联动、农村最低生活保障与扶贫发展的衔接，促进就业；实施《社会救助暂行办法》，明确政府部门、行政人员、救助对象的权利、责任、义务，加大对违法违规行为的整治。

4. 加快建立社会养老服务体系

随着我国迅速步入人口老龄化社会，老年群体的养老保障问题日益凸显，党和政府高度重视，社会各界普遍关注。为了积极应对人口老龄化，使更多的老年人能够过上更好的晚年生活，就必须加快建立社会养老服务体系，大力发展老年服务产业，以更好地满足老年人的特殊服务和保障需要。要动员社会各方面力量加快养老院、老年公寓、老年活动室等老年服务基础设施建设，积极发展老年护理、保健等老年服务产业。要采取政府购买服务、民办公助等多种形式，探索和发展社区养老，完善民办养老机构资金扶持和税费减免政策，积极引导社会组织和个人投资兴办养老服务业。同时，应结合城镇化发展和新农村建设，依托乡镇敬老院等，推动中心敬老院向区域性养老服务中心转变，向留守老年人及其他有需要的老年人提供日间照料、短期托养、配餐等服务。在建制村及较大自然村，通过村民自治、集体经济等方式，积极探索推进新型农村互助养老模式，使广大农村老年人得以安享晚年。

5. 健全特殊群体的服务保障制度

首先，要构建农村留守儿童、妇女和老年人的关爱服务系统。要完善组织领导制度，建立领导责任制度和相关部门工作协调机制。要完善社区卫生服务系统，以保障社区居民的基本生活、教育、就业、卫生、心理、情感等为主要内容。要完善社会保障制度、强化配套基础设施、完善社会救助和就业支持等。要加快完善农村劳动力输入地的户籍政策，落实好进城务工人员的基本公共服务政策，以促进更多的留守人员尽快融入城市生活，积极解决两地居住问题。

其次，完善残疾人权益保障制度。重点是要健全残疾人基本医疗、康复服务体系，落实各类用人单位按比例安排残疾人就业制度，为残疾人就业创业提供政策扶持，将残疾人纳入社会保障制度，加强残疾人权益法律保护，大力营造尊重残疾人的良好社会氛围，真正让残疾人平等享有各种社会权益。

再次，健全困境儿童分类保障制度。根据当前我国儿童福利事业发展的新形势，应坚持总体统筹和分类保障相结合，以完善孤儿保障体系为基本原则，进一步明确困境儿童保障工作责任主体，完善工作机制和监管机制，加强政策制度创新和服务体系建设，加快探索建立困境儿童分类保障长效机制。

三、合理配置教育资源

社会公平的基本原则是教育公平，保障所有儿童都能拥有接受教育的机会和资源，才能从根本上缩小人与人之间的能力差异，并进一步缩小收入差距。

1. 教育公平的含义及意义

教育公平包含三个层次：一是机会平等，即所有人都能拥有接受平等教育的机会；二是过程平等，也就是在接受教育的过程中享有平等的教育资源；三是结果平等，也就是教育的最终成果应该体现出平等。教育公平对于缩小收入差距，实现共同富裕，促进社会公平正义具有重要作用。教育公平的基本要求在于实现人人平等接受教育的权利，实现教育公平的关键在于实现教育机会公平、促进义务教育均衡发展和扶持困难群体，根本措施是合理配置教育资源，向农村地区、边远贫困地区和民族地区倾斜，加快缩小教育差距。教育公平的主要责任在政府，全社会要共同促进教育公平。

2. 建立财政教育投入稳定增长机制

教育投入是发展教育的重要物质基础，而教育的公共产品属性又是以政府投入经费为主导的，这既是世界上许多发达国家的普遍做法，也是由我国的历史和国情所决定的。其中，义务教育应全面纳入财政保障范围，实行中央和地方各级人民政府根据职责共同负担、省级政府负责统筹落实的投入体制,非义务教育可实行以政府投入为主、受教育者合理分担、多种渠道筹集经费的投入机制。未来中国发展教育事业,仍然需要加大公共财政对教育的投入,推动教育经费筹集和管理朝着制度化、科学化方向发展,建立财政教育投入稳定增长机制:一是要严格执行相关的法律、法规,各级财政支出中的教育经费比重要随着国民经济的发展而逐渐增加,要确保教育经费的增加超过政府的经常性收入的增加,在校学生人数平均教育费用逐步增长,保证教师工资和学生人均公用经费逐步增长;二是制定好各级各类教育投入标准,标准是投入的依据,要研究制定学校办学基本标准,制定和完善各级各类教育生均经费标准和生均财政拨款标准,并建立稳定增长机制;三是要建立定期监督地方财政对教育的投资,强化责任追究,督促地方政府增加投资。

☞ **思考题:**

1. 简述职业培训与收入分配的关系。
2. 简述政府和市场在收入分配调节中的作用。
3. 简述就业质量与收入分配的关系。
4. 简述产业转型升级与收入分配的关系。

参 考 文 献

[1] 李实,万海远.中国收入分配演变40年[M].上海:格致出版社,上海人民出版社,2018.

[2] 贾康.深化收入分配制度改革研究[M].北京:企业管理出版社,2018.

[3] 权衡.中国收入分配改革40年经验、理论与展望[M].上海:上海交通大学出版社,2018.

[4] 权衡.构建合理有序的公务员收入分配制度研究[M].上海:上海社会科学院出版社,2018.

[5] 周文.中国宏观收入分配结构变化对货币需求的影响研究[M].武汉:湖北人民出版社,2018.

[6] 陈宗胜.中国居民收入分配通论由贫穷迈向共同富裕的中国道路与经验三论发展与改革中的收入差别变动[M].上海:格致出版社,2018.

[7] 贾东岚.国外工资收入分配政策[M].北京:社会科学文献出版社,2018.

[8] 常兴华.关于收入分配问题研究[M].北京:中国计划出版社,2018.

[9] 孔泾源.中国居民收入分配年度报告[M].北京:经济科学出版社,2018.

[10] 吴婷.中国初次收入分配格局走向何处[M].北京:国家行政学院出版社,2019.

[11] 赵锦春.收入分配与经常项目顺差问题研究[M].南京:江苏人民出版社,2019.

[12] 常兴华.收入分配:新发现与新思考[M].北京:中国计划出版社,2019.

[13] 王弟海.中国二元经济发展中的经济增长和收入分配[M].上海:复旦大学出版社,2019.

[14] 黄新华.基于发展成果共享的合理有序收入分配格局研究[M].厦门:厦门大学出版社,2019.

[15] 潘文轩.百家文库收入再分配政策的国际比较研究[M].北京:中国书籍出版社,2019.

[16] 权衡，黄协安．中国收入分配改革 40 年[M]．上海：上海交通大学出版社，2020．

[17] 张方波．金融发展与收入分配差距[M]．北京：中国社会科学出版社，2020．

[18] 李实，罗楚亮．国民收入分配与居民收入差距研究[M]．北京：人民出版社，2020．

[19] 李实，赵人伟．中国收入分配与劳动力市场研究[M]．北京：中国劳动社会保障出版社，2020．

[20] 王亚欣．西藏寺院旅游收入分配机制研究[M]．北京：社会科学文献出版社，2020．

[21] 刘丹鹭．服务业发展与城市居民收入分配[M]．北京：中国财政经济出版社，2020．

[22] 韩心灵．新时代国民收入分配格局的经济增长效应研究[M]．北京：中国财政经济出版社，2020．

[23] 孙敬水．收入分配公平的评价体系与预警机制研究[M]．杭州：浙江工商大学出版社，2020．

[24] 林峰．收入分配格局及其优化研究[M]．上海：上海财经大学出版社，2021．

[25] 龚志民．重构供求联动机制收入分配的视角[M]．北京：社会科学文献出版社，2021．

[26] 熊玉先．马克思收入分配理论中国化研究[M]．北京：中国社会科学出版社，2021．

[27] 刘长庚．新视域共享发展与收入分配改革[M]．湘潭：湘潭大学出版社，2021．

[28] 吕光明．中国居民收入分配份额变动与公平优化研究[M]．北京：科学出版社，2021．

[29] 谭永生，李璐．建设体现效率促进公平的收入分配体系研究[M]．北京：中国计划出版社，2021．

[30] 蔡萌．中国居民收入分配变动趋势与关键政策研究[M]．北京：中国商务出版社，2021．

[31] 杨志才．要素错配收入分配差距与产出增长研究[M]．北京：中国社会科学出版社，2021．

[32] 张炜．房地产泡沫的财富效应和收入分配效应[M]．天津：南开大学出版社，2021．

[33] 刘炫.优化收入分配的公共品供给策略研究基于城市化背景[M].北京：经济管理出版社，2021.

[34] 郭庆旺，贾俊雪.中国地方政府规模和结构优化研究[M].北京：中国人民大学出版社，2012.

[35] 宋扬.中国收入分配格局的现状与改革措施[M].北京：中国人民大学出版社，2015.

[36] 夏晶.促进中国内外经济均衡的财政政策研究[M].北京：新华出版社，2015.

[37] 程恩富.重建中国经济学[M].上海：复旦大学出版社，2015.

[38] 李重阳，卢明名.教育人力资本、文化建设与劳动者获利能力：新时代收入分配改革的制度创新[J].中国商论，2022(08)：120-123.

[39] 刘诚.数字经济与共同富裕：基于收入分配的理论分析[J].财经问题研究，2022(04)：25-35.

[40] 李力行，周广肃.平台经济下的劳动就业和收入分配：变化趋势与政策应对[J].国际经济评论，2022(02)：46-59+5.

[41] 黄姝菡，张奎，谭永生.新发展格局下构建高质量收入分配体系的路径研究[J].经济问题探索，2022(02)：58-66.

[42] 杨盼，王沐阳.全球化时代的博士教育：发展趋势、共同特征与现实使命[J].现代教育管理，2021(12)：111-117.

[43] 刘翠芹.关于我国当前宏观经济形势下收入分配问题与对策的探讨[J].财经界，2021(35)：191-192.

[44] 陈翔，唐聪聪.中国劳动力流动的特征、成因与经济效果研究[J].宏观经济研究，2021(11)：93-102.

[45] 赵峰，谭璇.收入分配、政府支出结构和增长体制的政治经济学分析[J].经济学动态，2021(11)：111-130.

[46] 朱方明，贾卓强.共担、共建、共享：中国共产党百年分配思想演进与制度变迁[J].经济体制改革，2021(05)：5-10.

[47] 白晋光.基层劳动就业与社会保障公共服务体系建设的探析[J].中国集体经济，2021(25)：120-121.

[48] 李萍先.基层劳动就业社会保障公共服务平台建设[J].现代企业，2021(07)：83-84.

[49] 张克俊，方茜．基于系统理论的中国城乡劳动力合理流动研究[J]．开发研究，2021(01)：104-113．

[50] 刘文勇．社会主义收入分配的思想演进与制度变迁研究[J]．上海经济研究，2021(01)：42-55．

[51] 李海舰，李燕．对经济新形态的认识：微观经济的视角[J]．中国工业经济，2020(12)：159-177．

[52] 王金波．市场潜能与劳动力流动：基于中国的经验分析[D]．沈阳：辽宁大学，2020．

[53] 惠炜，姜伟．人工智能、劳动力就业与收入分配：回顾与展望[J]．北京工业大学学报(社会科学版)，2020，20(05)：77-86．

[54] 刘欢．工业智能化如何影响城乡收入差距——来自农业转移劳动力就业视角的解释[J]．中国农村经济，2020(05)：55-75．

[55] 曹芳芳，程杰，武拉平，李先德．劳动力流动推进了中国产业升级吗？——来自地级市的经验证据[J]．产业经济研究，2020(01)：57-70+127．

[56] 张蕴萍，赵建，叶丹．新中国70年收入分配制度改革的基本经验与趋向研判[J]．改革，2019(12)：115-123．

[57] 陈磊，胡立君，何芳．要素流动、市场一体化与经济发展——基于中国省级面板数据的实证研究[J]．经济问题探索，2019(12)：56-69．

[58] 汤灿晴，董志强．劳动收入份额和收入不平等存在相互影响吗[J]．当代财经，2019(08)：3-13．

[59] 唐佑泽．国民经济核算在宏观经济管理领域的价值分析[J]．产业创新研究，2019(06)：51-52．

[60] 张丽伟．中国经济高质量发展方略与制度建设[D]．北京：中共中央党校，2019．

[61] 孙早，侯玉琳．工业智能化如何重塑劳动力就业结构[J]．中国工业经济，2019(05)：61-79．

[62] 关博．加快完善适应新就业形态的用工和社保制度[J]．宏观经济管理，2019(04)：30-35．

[63] 汪雁，张丽华．关于我国共享经济新就业形态的研究[J]．中国劳动关系学院学报，2019，33(02)：49-59，98．

[64] 李帮喜，刘充，赵峰，黄阳华．生产结构、收入分配与宏观效率——一个马克思

主义政治经济学的分析框架与经验研究[J]. 经济研究, 2019, 54(03): 181-193.

[65] 王娟. 高质量发展背景下的新就业形态: 内涵、影响及发展对策[J]. 学术交流, 2019(03): 131-141.

[66] 白仲林, 尹彦辉, 缪言. 财政政策的收入分配效应: 发展不平衡视角[J]. 经济学动态, 2019(02): 91-101.

[67] 张成刚. 问题与对策: 我国新就业形态发展中的公共政策研究[J]. 中国人力资源开发, 2019, 36(02): 74-82.

[68] 关爱萍, 刘可欣. 人力资本、家庭禀赋、就业选择与农户贫困——基于甘肃省贫困村的实证分析[J]. 西部论坛, 2019, 29(01): 55-63.

[69] 朱松岭. 新就业形态: 概念、模式与前景[J]. 中国青年社会科学, 2018, 37(03): 8-14.

[70] 张成刚. 新就业形态的类别特征与发展策略[J]. 学习与实践, 2018(03): 14-20.

[71] 张成刚, 祝慧琳. 中国劳动力市场新型灵活就业的现状与影响[J]. 中国劳动, 2017(09): 22-30.

[72] 张衔, 蒙长玉. 功能性与规模性收入分配关系的实证分析: 马克思经济学视角[J]. 社会科学战线, 2017(06): 55-64.

[73] 董金移. 全球化与知识经济视角下现代劳动就业问题剖析——评《劳动就业原理与政策》[J]. 大学教育科学, 2017(03): 144.

[74] 汪佳. 我国城乡就业结构演化的收入分配效应研究[D]. 南昌: 南昌大学, 2017.

[75] 张车伟, 赵文. 功能性分配与规模性分配的内在逻辑——收入分配问题的国际经验与借鉴[J]. 社会科学辑刊, 2017(03): 79-90.

[76] 郝楠. 劳动力"极化"的经济效应分析——基于经济增长和收入不平等的双重视角[J]. 华东经济管理, 2017, 31(02): 118-125.

[77] 张成刚. 就业发展的未来趋势: 新就业形态的概念及影响分析[J]. 中国人力资源开发, 2016(19): 86-91.

[78] 郝楠. 我国劳动力极化问题研究[D]. 合肥: 安徽大学, 2016.

[79] 邵宜航, 汪宇娟, 刘雅南. 劳动力流动与收入差距演变: 基于我国城市的理论与实证[J]. 经济学家, 2016(01): 33-41.

[80] 李昌文. 收入分配合理化视角下江西城乡就业结构优化的机制与路径研究[D]. 南昌: 南昌大学, 2015.

参 考 文 献

[81] 许晓红. 城镇化进程中农村劳动力转移就业问题研究[D]. 福州：福建师范大学，2015.

[82] 郭东杰，王晓庆. 经济开放对中国劳动力区域流动的影响研究[J]. 西北人口，2015，36(02)：1-5，12.

[83] 韩剑，郑秋玲. 政府干预如何导致地区资源错配——基于行业内和行业间错配的分解[J]. 中国工业经济，2014(11)：69-81.

[84] 范从来，张中锦. 功能性与规模性收入结构：思想演进、内在联系与研究趋向[J]. 经济学家，2014(09)：5-13.

[85] 夏静雷，张娟. 新生代农民工劳动就业权益保障问题探析[J]. 求实，2014(07)：60-66.

[86] 黄河啸，叶春辉，曾昭豫. 劳动力就业培训对中国农民工收入的影响——基于全国5省大样本数据的DID实证分析[J]. 中国农学通报，2014，30(14)：147-152.

[87] 刘彦磊. 产品内国际分工对劳动力市场的影响[D]. 天津：南开大学，2014.

[88] 杨竹莘. 产业就业与区域收入差距研究[J]. 财经问题研究，2014(04)：28-32.

[89] 曹珊. 全球化背景下美国高等教育人才培养与劳动力市场互动关系研究[D]. 南京：南京师范大学，2014.

[90] 李中建. 农村迁移劳动力的就业身份与收入差异——基于对北京市流动人口的调查[J]. 经济经纬，2013(05)：30-34.

[91] 胡怀国. 功能性收入分配与规模性收入分配：一种解说[J]. 经济学动态，2013(08)：137-153.

[92] 田洪川. 中国产业升级对劳动力就业的影响研究[D]. 北京：北京交通大学，2013.

[93] 陈建宝，李坤明. 收入分配、人口结构与消费结构：理论与实证研究[J]. 上海经济研究，2013，25(04)：74-87.

[94] 王鹤. FDI流入、收入差距与就业转移[D]. 武汉：武汉理工大学，2013.

[95] 周明海，姚先国. 功能性和规模性收入分配的内在联系：模式比较与理论构建[J]. 经济学动态，2012(09)：20-29.

[96] 颜雅英. 福建省农村劳动力就业与农民收入关系的实证研究[J]. 青海师范大学学报(哲学社会科学版)，2012，34(05)：5-10.

[97] 周明海，姚先国，肖文. 功能性与规模性收入分配：研究进展和未来方向[J]. 世

界经济文汇, 2012(03): 89-107.

[98] 王君斌, 王文甫. 非完全竞争市场、技术冲击和中国劳动就业——动态新凯恩斯主义视角[J]. 管理世界, 2010(01): 23-35+43.

[99] 牛蕊. 国际贸易对工资与就业的影响: 中国工业部门的经济研究[D]. 天津: 南开大学, 2009.

[100] 王燕飞, 蒲勇健. 中国对外贸易的劳动就业效应: 贸易结构视角[J]. 国际贸易问题, 2009(03): 10-19.

[101] 章元, 陆铭. 社会网络是否有助于提高农民工的工资水平？[J]. 管理世界, 2009(03): 45-54.

[102] 张海涛. 农村劳动力就业问题分析——基于托达罗人口流动模型的思考[J]. 江西社会科学, 2009(02): 175-179.

[103] 黄刚. 列宁社会主义劳动就业思想研究[J]. 燕山大学学报(哲学社会科学版), 2008, 9(04): 64-69.

[104] 牛根颖. 30年来我国劳动就业、收入分配和社会保障体制与格局的重大变化[J]. 经济研究参考, 2008(51): 19-28.

[105] 李芬. 异质性劳动力流动与中国地区收入差距: 理论与实证[D]. 杭州: 浙江大学, 2008.

[106] 郑功成. 劳动就业与社会保障: 中国基本民生问题的政策协调与协同推进[J]. 中国劳动, 2008(08): 6-11.

[107] 白南生, 李靖. 城市化与中国农村劳动力流动问题研究[J]. 中国人口科学, 2008(04): 2-10+95.

[108] 王文甫. 政府支出、技术进步对劳动就业的效应分析[J]. 经济科学, 2008(03): 48-57.

[109] 丁元. 就业与居民收入分配关系的动态研究[D]. 广州: 暨南大学, 2008.

[110] 张清霞. 浙江农村相对贫困: 演变趋势、结构特征及影响因素[D]. 杭州: 浙江大学, 2007.

[111] 张得志. 中国经济高速增长过程中的劳动就业及其失业预警研究[D]. 上海: 复旦大学, 2007.

[112] 周建安. 中国劳动就业与经济增长的实证分析[J]. 中山大学学报(社会科学版), 2007(01): 116-121, 128.

[113] 周天勇. 结构转型缓慢、失业严重和分配不公的制度症结[J]. 管理世界, 2006(06): 27-36.

[114] 靳贞来. 城乡居民收入差距变动及其影响因素的实证研究[D]. 南京: 南京农业大学, 2006.

[115] 李海萍, 陈喜. 论职业心理素质与职业选择[J]. 中国职业技术教育, 2006(15): 22-24.

[116] 常凯. 论市场经济下劳动就业权的性质及其实现方式——兼论就业方式转变中的劳动就业权保障[J]. 中国劳动, 2004(06): 4-9.